U0647478

| HEGEL JINGSHEN ZHEXUE ZHIYAO |

黑格尔
《精神哲学》指要

——《哲学全书 · 第三部分 · 精神哲学》导读

杨祖陶 / 著　舒远招 / 整理

人民出版社

目　录

指 要 导 论

这本名为《黑格尔〈精神哲学〉指要》的小书，是对黑格尔《精神哲学》的一部导读性著作。在具体展开对黑格尔《精神哲学》的讲解之前，我想对精神哲学在黑格尔哲学体系中的重要地位、精神哲学的孕育和问世、《精神哲学》与黑格尔相关著作的关系以及本书的写作宗旨与方法，作出简要的交代。

一、精神哲学在黑格尔哲学体系中的重要地位

众所周知，"精神哲学"是黑格尔《哲学科学百科全书纲要》（简称《哲学全书》）中继"逻辑学"、"自然哲学"之后的第三个、也是最后一个部分。在黑格尔成熟的哲学体系中，精神哲学不仅不可或缺，而且占有一个至关重要的地位，值得我们给予高度关注。

（一）逻辑学、自然哲学和精神哲学的体系结构

在西方哲学史上，黑格尔建立了最为庞大的哲学体系。关于黑格尔哲学体系的构成，贺麟先生曾提出一个极为重要的看法：应以《精神现象

学》为全体系的导言,为第一环;以逻辑学(包括《耶拿逻辑》、《逻辑学》和《小逻辑》)为全体系的中坚,为第二环;以《自然哲学》和《精神哲学》(包括《法哲学原理》、《历史哲学》、《美学》、《宗教哲学》、《哲学史讲演录》等)为逻辑学的应用和发挥,统称"应用逻辑学",为第三环。① 贺麟先生的这个看法,是有黑格尔本人的说法为依据的。起初,在 1807 年出版的《精神现象学》中,黑格尔的确曾把"精神现象学"当作自己哲学体系的"导言"或"第一部分",而将他后来系统阐释的逻辑学、自然哲学和精神哲学当作体系的"第二部分"。也就是说,在写作《精神现象学》的过程中,黑格尔确实把作为"意识的经验的科学"的精神现象学,当作逻辑学以及自然哲学和精神哲学的前提。根据黑格尔本人的这种构想,考虑到黑格尔哲学思想的整个发展,我们完全可以认为,黑格尔哲学体系应该是由精神现象学、逻辑学和应用逻辑学构成的大圆圈。②

尽管这一看法不仅有黑格尔本人的说法为依据,而且具有着眼于黑格尔哲学思想的全部发展的优点,但是,人们通常还是认为,黑格尔的哲学体系是由逻辑学、自然哲学和精神哲学三个部分构成的,而这三个部分恰好就是黑格尔的《哲学全书》的三大部门。贺麟先生也公允地承认:这种看法当然是不错的,"因为《哲学全书》实为哲学体系的别名"③。贺麟先生还指出:这一看法不仅符合于《哲学全书》的三大部分,而且契合黑

① 贺麟:《黑格尔哲学体系与方法的一些问题》,载《黑格尔哲学讲演集》,上海人民出版社 1986 年版,第 408—409 页。

② 可参阅笔者的《康德黑格尔哲学研究》,人民出版社 2015 年版,第 208—231 页,此处详尽地探讨了黑格尔哲学体系问题。笔者在《精神哲学》的译者导言中提出,综合对黑格尔哲学体系的两种理解,我们可以认为:"黑格尔的哲学体系是以精神现象学为导言,以逻辑学、自然哲学和精神哲学为主干,是一个不可分割的严密整体,缺其一就不能真正理解黑格尔哲学。"([德]黑格尔:《精神哲学》,杨祖陶译,人民出版社 2006 年版,译者导言第 47 页。)

③ 贺麟:《黑格尔哲学体系与方法的一些问题》,载《黑格尔哲学讲演集》,上海人民出版社 1986 年版,第 407—408 页。

格尔"绝对理念"的三个发展阶段。正因为如此,西方的哲学史家和黑格尔哲学专家一般都持这种看法,都依照《哲学全书》的三个部门来阐释黑格尔的哲学体系。

我们知道,黑格尔把哲学的对象规定为理念,即自身绝对自相同一的思维。在他看来,这种思维同时表现为这样一种活动:为了成为自为的而使自己与自己本身相对立,并在这个他物中只是存在于自身中。根据这种思维活动的特点,他把哲学划分为逻辑学、自然哲学和精神哲学。逻辑学研究自在自为的即在其自身内的理念,也就是抽象的理念自身;自然哲学研究他在的即外在化的理念;精神哲学则研究由他在或外在返回自身的、即自为存在着和向自在自为生成着的理念,也就是体现为人的精神、在人的精神里实现着和实现了自我认识的理念。

(二)精神哲学作为黑格尔体系中最重要的部分

由以上论述可见,精神哲学所研究的这个理念,既不是抽象的、仅仅内在的、没有实在性的、其普遍必然的有效性尚待证实的理念,也不是在外在化的形式里仅仅自在地或潜在地存在的理念,而是内在性与外在性相统一的、自为的、自知着的现实的理念。人的精神的具体性,就在于它是这样一种对立统一的理念。因此,在黑格尔看来,人的精神虽然以自然为直接的前提,因而也以逻辑的理念为最初的前提,但是,它作为逻辑理念和自然这两个各有其片面性的东西的统一的理念,又是逻辑理念和自然的根据和真理,是它们所追求的目标的实现。精神哲学的对象在黑格尔哲学中的这种崇高地位,也就是它成为一门最高的哲学科学的根本原因。它的这种地位,加上上述精神的那种具体性,也就是它之所以是一门最高的、最困难的哲学学科的根据所在。

精神哲学在黑格尔哲学体系中的重要性,可以从其双重地位来理解:一方面,它和自然哲学一样都属于黑格尔所说的"应用逻辑学",即应用逻辑学的原理和方法来阐述精神的本质及其各个部分的联系和发展;另一方面,它作为关于人、人的精神的本质(自由)的哲学学科,又是黑格尔哲学体系中最高、最具体、最困难的部分。也就是说,它既是对逻辑学的真理性的一种证实,也是逻辑学的一种具体化和发展。正是基于这些考虑,我在黑格尔的《精神哲学》的译者导言中才强调指出:"黑格尔的精神哲学既是我们全面理解黑格尔哲学体系的不可缺失的重要环节,也是我们深入把握黑格尔有关历史、美学、宗教、哲学等讲演录的纲,尤其是我们了解黑格尔主观精神学说的唯一专著。黑格尔精神哲学所蕴藏着的无数'珍宝'是人类哲学思维的共同财富,光彩夺目,永不减色。"①我们完全可以说,抓住了精神哲学这个黑格尔的真正天才的创造,就抓住了黑格尔哲学,不了解它,也就丢掉了黑格尔哲学。精神哲学在黑格尔哲学体系中的重大意义,即在于此。

必须指出,在黑格尔的哲学体系中,逻辑学是继承和发展康德的先验逻辑和先验辩证论,以及费希特对于范畴推演的成果,自然哲学是继承和发展谢林的自然哲学的成果,唯有精神哲学是黑格尔自己的独创。在下文中,我将用较大的篇幅来评述黑格尔精神哲学的问世历程,就是想表明:这一伟大的创造绝非轻而易举、一朝一夕、一蹴而就的事,而是经过如上所述长期艰苦卓绝的研究与思考,探索出人类生活各个领域的发展线索,以及所有这些线索所从属的人的精神本质,即自由本质发展的总线索的结果。要做到这一点,没有富于创造性的天才,没有百科全书式的渊博知识是不可能的。正因为如此,黑格尔《精神哲学》开章明义的第一句话就是:"关于精神的知识是最具体的,因而是最高最难的"。②

---

① [德]黑格尔:《精神哲学》,杨祖陶译,人民出版社 2006 年版,译者导言第47—48 页。

② 同上书,第 1 页。

二、精神哲学的孕育与问世

《精神哲学》是《哲学全书》的有机组成部分,因此,我们也就有充足的理由把《哲学全书》的问世,当作黑格尔精神哲学的问世,因为精神哲学内在地包含于《哲学全书》之中。要考察黑格尔精神哲学的孕育和问世,我们绝不能撇开《哲学全书》的孕育和出版过程。

(一)精神哲学的孕育过程

《哲学全书》初版于 1817 年,如果我们把黑格尔精神哲学的正式问世的时间算作是 1817 年,那么距今有 200 年了。但是,说到"精神哲学"诞生前的孕育发展过程,那么,从 1800 年黑格尔留下的"体系残篇"①算起,直到 1817 年《哲学全书》正式出版为止,还有长达 17 年的历史。在这期间,他对体系的构建进行了反复的尝试,写出了一系列他未予发表的书稿,它们是《哲学全书》尤其是"精神哲学"孕育发展道路上的重大标志。

《1800 年体系残篇》表明:此时,黑格尔已经从通过建立新宗教和运用实践哲学来改造现实的思想转向了思辨哲学,即表现出了对社会生活和实践哲学作出系统的哲学理论说明的倾向。② 这一倾向,在同年 11 月 2 日致谢林的信中有了明确的表达:"我不满足于开始于人类低级需要的科学教育,我必须攀登科学的高峰。我必须把青年时代的理想变为反思

---

① 《黑格尔早期著作集》上卷,贺麟译,商务印书馆 1977 年版,第 491—480 页。

② 参见张慎关于《黑格尔手稿两章》的"译后记",载《德国哲学》第 9 辑,北京大学出版社 1991 年版,第 246 页。

的形式,也就是化为一个体系。"①

1802 年关于自然法的论文提出了"精神高于自然"的原则,而同年冬天的《伦理体系》书稿则把人的活动的诸方面综合为一个整体,这实际上是通过伦理概念及其各个成分的相互结合,表达了精神哲学的三个主要方面——主观精神、客观精神和它们所指向的绝对精神。②

接着,黑格尔又写出了三个"体系草稿":1.《自然哲学和精神哲学》(1803—1804)。2.《逻辑学、形而上学和自然哲学》(1804—1805)③:提出了逻辑学应先于自然哲学,在形而上学中讨论了属于主观精神的理论自我或意识、实践自我,并以单独一节讨论了他初次提出的"绝对精神"。3.《自然哲学和精神哲学》(1805—1806):精神哲学部分讨论了属于主观精神的理智和意志,属于客观精神的财产与契约、等级和国家等,属于绝对精神的艺术、宗教和哲学。

正是在这样的背景和基础上,大约是在 1805 年,黑格尔形成了自己哲学体系的新概念:以精神现象学作为体系的导言和由逻辑学、自然哲学和精神哲学组成的体系。

1807 年,黑格尔出版了《精神现象学》。这是他生前发表的第一部巨著,其中就已经包含了后来的精神哲学的主要线索和轮廓:从主观精神发展到客观精神再到绝对精神。④

1808—1816 年,黑格尔在纽伦堡高级中学担任校长。期间,他一方面致力于撰写为其哲学体系奠定逻辑学、本体论、认识论和方法论基础的

---

① 《黑格尔书信百封》,苗力田译,上海人民出版社 1981 年版,第 58 页。

② 参见《张颐论黑格尔》,四川大学出版社 2000 年版,第 25 页。

③ [德]黑格尔:《耶拿体系 1804—1805:逻辑学和形而上学》,杨祖陶译,人民出版社 2012 年版,译者导言第 2 页。

④ 参见贺麟"《精神现象学》译者导言",《精神现象学》上卷,贺麟、王玖兴译,商务印书馆 1981 年版,第 23、30 页。

逻辑学——其成果就是在1812—1816年分三卷出版的《逻辑科学》(即《大逻辑》,又译为《逻辑学》);另一方面,又在其教学过程中提出了"哲学全书"概念,并致力于拟定其各个组成部分的纲要,这在黑格尔建立哲学体系的过程中是一个里程碑的事件。

在《高级班哲学预备科学:哲学全书(1808/09年口授笔录)》中,黑格尔进一步明确指出:"哲学全书是研究必然的由概念规定的关联的科学,是研究各门科学的基本概念[和]基本原理在哲学上的形成过程的科学。"因此,"全部哲学科学分为三个部分:1)逻辑学,2)自然哲学,3)精神哲学。"黑格尔还对这三个部分作了科学的具体界定。他指出:"逻辑学是关于各种作为纯粹思维产物的纯粹概念及其规律和运动的科学。""自然科学和精神科学可以看作应用科学,它们不同于纯粹科学或逻辑学,因为它们是以自然和精神的形式体现的纯粹科学的体系。"①在黑格尔的这些教程中,逻辑学是重点,拟定得最为详尽。自然哲学部分也拟定得比较完备,精神哲学相对而言就不是那么完备了。

黑格尔继而对有关精神的学说作了大量的持续的开拓性研究。就精神哲学的第一部分"主观精神"而言,他在《高级班哲学全书:特殊科学体系(1810/11年口授笔录,1811/12、1812/13、1814/15、1815/16学年修订)》中的"Ⅲ.精神哲学"部分指出:首先,"精神在它的单纯自然的定在中,在它与有机体的结合中,因而在它对有机体的情绪和状态的密切依赖中,得到考察,……是**人类学**的对象。"其次,"就精神同样涉及外在对象而言,¦精神学说¦是关于显现着的精神的学说,或关于**意识**的学说,即现象学。"再次,精神学说"就它始终停留于精神的概念而言,是真正的心理

---

① [德]黑格尔:《纽伦堡高级教学教程和讲话(1808—1816)》,张东辉、户晓辉译,梁志学、李理校,载梁志学主编:《黑格尔全集》第10卷,商务印书馆2012年版,第62页。

学,因此,它仅仅考察理智本身和处于精神开端,即处于感觉领域的实践精神。"①

在这里,还可以补充黑格尔在《中级班逻辑学:精神学说〈1808/09 年手稿〉》(见"作为哲学导论的精神学说"部分)中说的一段话:"精神学说是从精神的各个不同种类的意识考察精神的,也是从精神的各个不同种类的活动考察精神的。前一种考察可以称为意识学说,后一种考察则可以称为灵魂学说。"②关于意识学说与灵魂学说,他又在《中级班哲学预备科学:作为哲学导论的精神学说〈1808/09 年口授笔录,1809/10 学年修订〉》中说:精神学说"考察与他物联系的精神和自在自为的精神。前一种考察可以称为意识学说,后一种考察则可以称为灵魂学说"③。总而言之,黑格尔在这两个地方所指的"灵魂",即是上面所说的**人类学**的对象。

我们在此可以看到,由于黑格尔把"单纯自然定在中"的"精神"即灵魂作为人类学的对象而置于以意识为对象的精神现象学之前,他就顺理成章地使人类学成了精神现象学的前提,同时,又使之成为将自然哲学与精神哲学联结起来的有机环节。此外,我们还可以看到,由于黑格尔把"始终停留于精神概念"的、"真正的心理学"中的理论精神发展的最高阶段——"思维在逻辑中"④的发展,作为继精神现象学之后的第三个阶段,这样一来,他就使研究这种逻辑发展的逻辑学和自然哲学以及精神哲学构成了一个一环扣一环的圆圈,即一个首尾相贯的体系。

在上述《高级班哲学全书》教程中,黑格尔还对"真正的心理学"的对

---

　① ［德］黑格尔:《纽伦堡高级教学教程和讲话(1808—1816)》,张东辉、户晓辉译,梁志学、李理校,载梁志学主编:《黑格尔全集》第 10 卷,商务印书馆 2012 年版,第272 页。

　② 同上书,第 25 页。

　③ 同上书,第 102 页。

　④ ［德］黑格尔:《精神哲学》,杨祖陶译,人民出版社 2006 年版,第 294 页。

象作了进一步的规定。他指出,"精神的概念"包含:"A. 理论精神"(其内容包括感觉、表象、思维);"B. 实践精神"(其内容包括意志、冲动)。①此时,黑格尔虽然还没有像后来在《精神哲学》中那样提出作为理论精神与实践精神之统一的自由精神,但他却明确指出:"精神的包含一切规定的唯一规定是它的自由,这种自由既是它的规律的形式,也是它的规律的内容。"②

就精神哲学的第二部分"客观精神"而言,黑格尔在上述"教程"中讲到:1)法;2)道德(在这部分里还讲到家庭,他认为"家庭关系是各个个体的自然联合");3)国家。他认为"自然的家庭联合体扩大为普遍的国家联合体"。在这部分里,他还讲到历史,认为"历史是普遍的世界历史,更具体地说,是哲学的世界历史"。③

就精神哲学的第三部分"绝对精神"而言,黑格尔在上述教程中把绝对精神界定为"精神的纯粹表现":a."艺术"。黑格尔着重指出:"艺术表现的是具有个体性的、同时清除了偶然定在及其变化和各种外在条件的精神,……美自在自为地是艺术的对象,而不是对自然的摹仿,……它变成一种来源于精神的、与理念相称的自然形式,变成理想的东西。"④b."宗教"。黑格尔深刻地揭示了宗教与绝对精神的关系,他指出:"宗教不仅为直观和表象,而且也为思想和认识提供了绝对精神的表现,宗教的主要规定是将个体提升到绝对精神,产生个体与绝对精神的统一。"⑤c."哲学科学"。黑格尔强调指出:"哲学科学是绝对精神用概念进行的认识,

---

① [德]黑格尔:《纽伦堡高级教学教程和讲话(1808—1816)》,张东辉、户晓辉译,梁志学、李理校,载梁志学主编:《黑格尔全集》第10卷,商务印书馆2012年版,第273页及以下诸页;第286页及以下诸页。
② 同上书,第288页。
③ 同上书,第288—294页。
④ 同上书,第295页。
⑤ 同上书,第297页。

在绝对精神以概念的形式得到把握时,……这就是以自身为内容和用概念把握自身的概念。"①以上 a、b、c 三方面所构成的"精神的纯粹表现"就是《精神哲学》第三篇"绝对精神"的基本内容。

从 1808 年到 1816 年,即黑格尔在纽伦堡高级中学任教的 8 年时间里,他不间断地口授笔录,积累了大量的珍贵教程,一步一步地将自己的思想火花引向更深更广更新的领域,这些教程标志着后来包括精神哲学在内的《哲学全书》已从最初的胚胎发育成长为即将呱呱坠地的胎儿了。

(二)精神哲学的问世与完善

果然,就在黑格尔担任海德堡大学教授并开设"哲学百科全书"的次年,即 1817 年,《哲学百科全书纲要》就横空出世了,并成为黑格尔理性哲学的一座丰碑。由于《哲学全书》的第三部分就是《精神哲学》,因而我们完全可以说,1817 年《哲学全书》的首次出版,标志着黑格尔精神哲学的正式问世。

从上述《哲学全书》孕育、发展和正式问世的过程中,我们可以看到:创造一种能够从理论上说明人的全部生活的精神哲学体系,对于整个黑格尔哲学体系的形成来说,既是它的动因,也是它所趋向的目标。黑格尔在创建这种精神哲学上所花费的功夫和精力,绝不比创建逻辑学、本体论、认识论和方法论统一的逻辑学体系更少,甚至在某种程度上还要更多。在这里,我们就没有必要提到自然哲学的创建了。

但是,在 1817 年推出了《哲学全书》之后,黑格尔在生前还不断地修改这部著作,这当然也包括对其中的《精神哲学》的内容作出修订,从而

---

① [德]黑格尔:《纽伦堡高级教学教程和讲话(1808—1816)》,张东辉、户晓辉译,梁志学、李理校,载梁志学主编:《黑格尔全集》第 10 卷,商务印书馆 2012 年版,第 297 页。

不断地完善着他的精神哲学。

初版之后过了 10 年,黑格尔在 1827 年推出了《精神哲学》的第二版,无论在篇幅与内容上都作了较大的改动:从原来的 288 页增加为 534 页,新增添了 100 节(§)之多。因此这个版本一问世,就被学术界公认为黑格尔的一部新著,并被誉为德国哲学的骄傲。在黑格尔逝世的前一年,即 1830 年,很快就出了第三版。该版对第二版又作了某些改进与补充,但总的说来与第二版没有太大的差别。现在通行的《哲学全书》,都是按照第三版刊印的。

黑格尔逝世后,他的友人们在编订其全集时,又将学生听课笔记整理成为"附释"排在《哲学全书》有关正文之后,在"哲学体系"的总名之下,将《哲学全书》的三个组成部分分别作为独立的一卷刊出,这就是我们现在一般看到的《逻辑学》(即《小逻辑》)、《自然哲学》和《精神哲学》。

从黑格尔对《哲学全书》的反复修订上,我们看到了这位伟大的哲学家对自己的著作在理论内容和文字表达上永不休止的琢磨推敲、精益求精的大师风范和科学精神。正如他在《逻辑科学》(又译《逻辑学》,即《大逻辑》)的再版序言中提到柏拉图七次修改他关于国家的著作的故事时所说的那样:"一本属于现代世界的著作,所要研究的是更深的原理、更难的对象和范围更广的材料,就应该让作者有自由的闲暇作七十七遍的修改才好。"①

上面说的不过是包括"精神哲学"在内的《哲学全书》的诞生和成长的历史,从这部历史中可以看出:黑格尔作为一位百科全书式的大哲学家,是何等认真严肃地对待自己的哲学创作。

---

① [德]黑格尔:《逻辑学》上卷,杨一之译,商务印书馆 1974 年版,第 21 页。

三、《精神哲学》与黑格尔相关著作的关系

在这里,我们还有必要简单地说明一下《哲学全书》中的《精神哲学》同《精神现象学》(1807 年)、《法哲学原理》(1821 年)等著作的关系。《哲学全书》中的《精神哲学》的内容,与这些著作密切相关,甚至存在明显的对应性,所以,很有必要关注它们相互之间的关系。

(一)《精神哲学》与《精神现象学》

一谈到黑格尔的《精神哲学》,人们很可能会马上想到他在 1807 年出版的《精神现象学》,因为这两部著作是大致对应的。

诚然,从黑格尔的体系构想来看,《精神现象学》与《精神哲学》存在一个明显区别:《精神现象学》曾被黑格尔设想为他的包括逻辑学、自然哲学和精神哲学的体系的"导言",而《精神哲学》则被黑格尔说成是与自然哲学并列的一门"应用逻辑学"。但是,这种区别仅仅是形式上的,而并无实质性的意义。因为精神现象学作为"意识的经验的科学",它就是要描述"自然的意识"是如何从最初的"感性确定性",经过诸多的"意识形态"而一步步地最终发展到哲学这种意识形态,即发展到精神的最高形态的;同样,精神哲学作为"应用逻辑学"之一,它也要描述人的精神是如何从最初的自然灵魂,经过诸多的中间环节而最终发展到哲学这种"绝对精神"的最高形态的。诚然,《精神现象学》已经包含了《精神哲学》的主要线索和轮廓,即从主观精神发展到客观精神再到绝对精神,但与《精神现象学》相比,《精神哲学》具有鲜明的特色和不可取代的重要地位。

首先,尽管《精神现象学》已经包含了《精神哲学》的主要线索和轮廓,但尚未像《精神哲学》一样明确地把精神的运动概括为主观精神、客观精神和绝对精神三大阶段。

《精神现象学》把意识趋向于精神的运动,划分为意识、自我意识、理性、精神、宗教、哲学等六个环节。如果我们要把这些环节放在《精神哲学》所说的主观精神、客观精神和绝对精神的框架结构中,则大致可以说:《精神现象学》对意识、自我意识和理性的阐释,对应于《精神哲学》的主观精神哲学;《精神现象学》中的"精神"部分,对应于《精神哲学》的客观精神哲学;《精神现象学》关于宗教和哲学的考察,则对应于《精神哲学》的绝对精神哲学。

其次,同《精神现象学》相比,《精神哲学》的一个显著特色,就是对主观精神的阐释极为详细,其篇幅远远超过了《精神现象学》对主观精神的阐释。

主观精神哲学包括以灵魂为对象的"人类学",以意识为对象的狭义的"精神现象学",以精神为对象的"心理学"三个组成部分。这三个部分合起来占了《精神哲学》全书四分之三的篇幅,而其中以灵魂为考察对象的"人类学"部分,则占了全书约二分之一的篇幅,由此可见黑格尔在《精神哲学》中对主观精神哲学尤其是人类学是何等重视! 除了把大量的篇幅留给了人类学,黑格尔对专门研究精神的心理学也给予了极大关注。相对而言,黑格尔阐释以意识为对象的"精神现象学"的篇幅较小:它大致是《精神现象学》前面三个部分,即意识、自我意识和理性的简写和撮要,因此,它所占的篇幅就只有心理学部分的一半。

值得一提的是,《精神现象学》关于"精神"的论述,大致相当于《精神哲学》的客观精神哲学。显然,《精神哲学》中作为心理学对象的"精神"(包括理论精神、实践精神和自由精神),是不同于《精神现象学》中所说"精神"的,后者就是《精神哲学》所理解的"客观精神"。

再次,《精神哲学》对绝对精神的概括要比《精神现象学》更加成熟和完善。

在《精神哲学》中,绝对精神哲学包含了对艺术、宗教和哲学的阐释,显然,黑格尔把艺术、宗教和哲学当作绝对精神的三种具体形态,并按照从艺术到宗教、从宗教到哲学的由低到高的顺序依次展开。而在《精神现象学》中,黑格尔主要论述了宗教和哲学(绝对知识),而尚未把艺术当作一种与宗教和哲学相并列的形态。尽管《精神现象学》对宗教的论述其实也包含了黑格尔的艺术观,因为《精神现象学》所说的宗教包含了自然宗教、艺术宗教和天启宗教,而他在论述艺术宗教的过程中实际上考察了艺术(包括抽象的艺术品、有生命的艺术品和精神的艺术品),但是,它毕竟尚未把艺术、宗教和哲学三种绝对精神形态明确地并列起来。

可见,虽然《精神现象学》作为黑格尔哲学的真正诞生地和秘密包含极为丰富的内容,但是比起后来的《精神哲学》,还是存在很大的不同。《精神哲学》把人类精神明确地概括为主观精神、客观精神和绝对精神,而且将绝对精神明确地概括为艺术、宗教和哲学,这都是它超越《精神现象学》的地方。而它对主观精神的详细论述,尤其是对人类学和心理学的阐释,更是《精神现象学》所不能代替的。

(二)《精神哲学》与《法哲学原理》

应该承认,《精神哲学》对客观精神的阐释相对简略。在 1827 年的第二版中,黑格尔本人也曾特别声明:他在这一版中对客观精神的阐释要比其他部分更加简略。

黑格尔之所以在《精神哲学》中没有对客观精神展开详细阐释,是因为黑格尔在 1817 年出版《哲学全书》之后,又于 1821 年出版了专门阐释客观精神的专著《法哲学原理》。讲授法哲学的口头发挥也都作为"附释"增补进了《法哲学原理》一书,而单独讲授客观精神中的"世界历史"

的部分,则被后人整理为《历史哲学》出版了。既然已经有了一部详尽阐释客观精神的《法哲学原理》,黑格尔自然就有理由在《精神哲学》中对客观精神只做较简略的叙述。

对比《精神哲学》中的客观精神哲学与《法哲学原理》,我们可以说:《法哲学原理》中所阐释的广义的“法哲学”确实就是《精神哲学》中的客观精神哲学,两者的基本结构和观点没有太大的区别。《法哲学原理》中所说的法哲学包括了关于抽象法(权利)、道德和伦理三个方面的内容,这是一种广义的“法哲学”——关于外在强制的抽象法的理论(这是狭义的、严格的“法哲学”)不过是其中的第一部分。《法哲学原理》所阐释的客观精神,包括抽象法(权利)、道德和伦理,与《精神哲学》中对客观精神的提纲挈领式的论述是基本对应的。两者也都不仅阐释了内部国家法权,而且阐释了外部国家法权即国际关系,并由对国际关系的阐释而进入对世界历史的阐释。

但是,如果更仔细地对比《精神哲学》中的客观精神哲学与《法哲学原理》,就会发现两者在大致对应和基本一致的情况下也有一些区别。两者虽然都论述了抽象法、道德和伦理三个环节或阶段,但其实一些标题是并不相同的。例如,抽象法(权利)的第三个环节,在《法哲学原理》中叫作“不法”,而在《精神哲学》中叫作“法与不法”。而关于道德,《法哲学原理》中相应的三个标题是:“故意与责任”、“意图与福利”、“善与良心”,而《精神哲学》中的三个标题则是:“故意”、“意图与福利”、“善与恶”。显然,第一和第三个标题都有所不同。

与《法哲学原理》相比,《精神哲学》的某些内容也很有特色。例如,它在阐释善或义务的内在矛盾时,把这些矛盾概括为四种:1)各种特殊的善或义务彼此冲突;2)特殊的善与普遍的善不相一致;3)善与恶相互对立;4)主观目的与客观世界不相和谐。这些内容,恰好是《法哲学原理》所缺乏的。在《法哲学原理》中,黑格尔在批评康德道德哲学的“形式主义"倾向时也曾指出,要更好地理解康德道德世界观所包含的内在矛盾,不仅可以参考《精神现象学》中的"道德世界观"部分对康德道德哲学中内在矛盾的揭示,也可以参考《精神哲学》中对康德义务论所包含的上述四重矛盾的概括。这就表明:虽然《法哲学原理》是对《精神哲学》中的客观精神哲学的一种扩充和发挥,但后者依然具有不可取代的独特内容和价值。

在《精神哲学》中,从549节起直到552节,黑格尔对世界历史的讨论也富有特色。他依次讨论了三大问题:历史的写法,或历史中有无理性;民族精神和世界精神的相互关系和世界精神之上升为绝对精神;国家和宗教的关系。

总之,《精神哲学》中的客观精神哲学与《法哲学原理》确实存在着大致对应的关系,我们可以把《法哲学原理》视为《精神哲学》中的客观精神哲学的一种扩充和发挥,把《精神哲学》中客观精神哲学视为《法哲学原理》的一种精炼的压缩,但是,两者之间又的确存在表达形式和内容上的一些区别。正是考虑到两者之间的这种关系,本书在阐释《精神哲学》中的客观精神哲学时,才不断地参照、对比《法哲学原理》中的相应论述。

（三）《精神哲学》与黑格尔的《讲演录》

众所周知,黑格尔在生前并没有出版专门阐述绝对精神的著作,但是,他曾就绝对精神(艺术、宗教和哲学)做了大量讲演,这些讲演在他去世后都由后人整理成书并正式出版了,这就是《美学讲演录》(中译为《美学》)、《宗教哲学讲演录》和《哲学史讲演录》。

客观而言,《精神哲学》对绝对精神的论述也比较简略,而这三部《讲演录》是对《精神哲学》中绝对精神哲学的扩充和发挥。因此,我们在讲解《精神哲学》的绝对精神哲学时,可以适当地参考这些讲演录中的一些论述。

　　但是，这并不意味着《精神哲学》中关于艺术、宗教（主要是启示宗教）和哲学的论述缺乏独到的内容和特色。例如，《精神哲学》不仅阐释了哲学是一种高于艺术和宗教思维方式的概念的思维方式，它最为适切地表达了精神的概念本质，而且对哲学的阐释也显示了自己的特色。例如，它花了较多的篇幅明确地论述了哲学与宗教的关系，在肯定哲学和宗教具有相同的内容或对象的同时，不仅说明哲学的概念的思维方式与宗教的表象的思维方式的区别，而且深入地阐明了他的思辨的哲学思维方式与抽象理智的哲学思维方式的区别；它提出了关于哲学的三个推论，即把从逻辑理念到自然再到精神当作第一个推论，把从自然到精神再到逻辑理念当作第二个推论，把从精神到逻辑理念再到自然当作第三个推论，这表明黑格尔实际上认为他的《哲学全书》所论述的三个东西（逻辑理念、自然和精神）都可以充当推论的中介。黑格尔的这些论述，可以提示我们在他的体系结构中，逻辑理念、自然和精神这三个组成部分，其实构成了一个可以循环运动的圆圈。

　　综上所述，我们可以得出这样的结论：在阅读和学习黑格尔《精神哲学》的时候，既要看到这部著作与黑格尔其他大量著作的密切关联，又要看到《精神哲学》的独具特色之处。在中国哲学界，由于多年来一直没有将《精神哲学》翻译过来（我根据格洛克纳本翻译的《精神哲学》中译本2006年才由人民出版社出版），因此，人们对这部著作的内容缺乏充分的了解。另外，由于人们认为《精神哲学》仅仅是黑格尔哲学体系的一个纲要，而这个纲要的内容又在他的其他著作中得到了扩充和发挥，因而很容易形成对《精神哲学》一书的轻视。我希望本指要的出版，能够在一定程度上改变这种状况，促使人们对《精神哲学》给予更多的关注。

四、本书的写作宗旨与方法

最后,我想向读者交代一下本书的写作宗旨与方法。

(一)本书的写作宗旨

本书的写作宗旨,是尽量以通俗易懂的方式、按照《精神哲学》的结构即章节安排来呈现《精神哲学》一书的要点,同时对这些要点尤其是晦涩难懂之处作出必要的解释,以便帮助读者更好地阅读和弄懂《精神哲学》一书。

本书对《精神哲学》一书的讲解,固然要立足于《精神哲学》这部著作本身,但是,鉴于《精神哲学》只是黑格尔精神哲学的纲要,其思想在其他相关著作中有更详细的展开,所以,本书在讲解过程中也适当参照或引用了黑格尔的其他一些相关著作。具体而言,本书在讲解客观精神哲学时,较多地参照了《法哲学原理》这部专门阐释客观精神的著作,在讲解绝对精神哲学时,也引用了《美学讲演录》(朱光潜先生的中译本译为《美学》)、《宗教哲学讲演录》中的一些段落。考虑到黑格尔对主观精神的论述比较详细,所以,本书对主观精神的讲解参照和引用其他著作较少。此外,由于黑格尔的精神哲学与黑格尔体系的其他部分密切相关,所以,本书的叙述也会或多或少涉及黑格尔的逻辑学和自然哲学,尤其是逻辑学。读者可以看到,本书曾多次引用过黑格尔的《小逻辑》。当然,所有这些参照或引用都不能影响到本书叙述的基本框架和线索,而这个框架和线索完全来自于黑格尔的《精神哲学》。

本书兼顾学术性和通俗性,但是把学术性置于首位。为了使读者能够读懂黑格尔这部并不通俗的著作,本书注重表达的通俗易懂,这就要求我按照自己对黑格尔精神哲学的理解,把黑格尔的一些晦涩的术语和说法转换为能够为中国读者所容易理解的中文表述。但是,黑格尔精神哲学毕竟有大量专门的术语和概念,是难以简单地置换为通俗性的中文语言的,因此一些重要的术语和概念只能保留下来,本书对它们只能尽量给予适当的讲解。

此外,本书在完成对《精神哲学》的讲解之后,也试图对黑格尔的精神哲学的意义作出概括。由于黑格尔的精神哲学就是其关于人的本质的一种学说,所以,本书在最后的评论部分试图挖掘他的精神哲学的人学意义,尤其是其中所包含的人学辩证法思想。

(二)本书的写作方法

从总体上看,本书所采用的方法是比较"笨拙"的。为了实现上述宗旨或目的,我不仅逐章逐节地认真阅读和钻研《精神哲学》一书,而且逐字逐句地细细推敲和品味全书,尤其是一些晦涩难懂的术语和句子。为了完成本书的撰写任务,我把贯通地弄懂《精神哲学》全书当作第一要务。同时,在参照《法哲学原理》来讲解客观精神哲学时,我也花费大量时间和精力认真学习和研读《法哲学原理》一书。

《精神哲学》一书我曾经根据格洛克纳本首先翻译过,后来还根据理论著作版推出了第二个译本,这确实为我讲解这部著作奠定了很好的基础。但要提炼出其中的要点,并且用通俗易懂的中文对这些要点作出讲解,依然需要我重新推敲原著的许多表述。至于《法哲学原理》,我过去并没有作过深入系统的研究,所以,我在撰写本书的过程中不得不花费大量的时间和精力重新阅读和研究这部著作。

细心的读者也许会发现:在参照《法哲学原理》讲解客观精神哲学时,我总是有意地提示关于某个观点《精神哲学》是怎么说的,而《法哲学原理》又是怎么说的。我这样做的目的,不仅是为了让读者能够了解两本书在一些问题上的一致的或相同的观点,而且也是为了让读者了解这两本书在一些表达上的细微区别,包括标题设计上的一些不同。

　　本书引用的黑格尔著作的中译本主要有:《精神哲学》引用的是由我根据格洛克纳本翻译的译本(人民出版社 2006 年版);《法哲学原理》引用的是范扬、张企泰的合译本(商务印书馆 1961 年版);《小逻辑》引用的是我的老师贺麟先生的译本(商务印书馆 1980 年版);《自然哲学》引用的是梁志学、薛华、钱广华、沈真的合译本(商务印书馆 1990 年版);《美学》引用的是朱光潜先生的译本(商务印书馆 1979 年初版);《宗教哲学讲演录》引用的是燕宏远、张松、郭成的译本(载张世英主编的《黑格尔著作集》第 17 卷,人民出版社 2015 年版)。其他引文都在脚注中一一注明了出处,这里不再具体列举。

　　本书仅仅是一个引导读者进入黑格尔精神哲学的入门介绍,我希望这本小书能激发读者进一步阅读黑格尔《精神哲学》的兴趣。我相信,只有深入钻研黑格尔《精神哲学》的原著,才能真正领略其中的无限风光,感受黑格尔思维的无限魅力。

《精神哲学》指要

绪　　论

在《精神哲学》中,黑格尔写有一个篇幅较大的绪论,对精神概念作出了非常重要的规定,并基于这种规定对精神哲学作出了划分。仔细看来,这个绪论对精神哲学与其他精神观的区别、精神哲学的对象、任务和方法及其划分都作出了说明。由于人类精神构成了精神哲学的对象,因此,把握黑格尔所说的精神的具体规定性,是我们理解黑格尔精神哲学的关键。

一、何谓精神哲学

在《绪论》中,黑格尔一开始就对精神哲学作出了明确的界定,并将他所理解的精神哲学与种种有限的精神观明确地区别开来。

（一）精神哲学的界定

对黑格尔而言,精神哲学所要探究的精神,是人这种能够展开自觉思考的存在者的精神,这个精神也恰好构成了人的本质。因此,精神哲学就是关于人的精神的哲学,是人的一种自我认识。

基于这种理解,他在《精神哲学》绪论的一开始,就把精神哲学与古希腊德尔菲的神谕"认识你自己"相提并论。他认为,这一由苏格拉底通过哲学活动所践行的神谕所要求的,并不是给出"一种对于个人的特殊的能力、性格、倾向和弱点的自我知识"①,而是要给出"对于人的真实方面——自在自为的真实方面,即对于人作为精神的本质自身的知识"②。正由于"认识你自己"这一绝对诫命是要求对于人的精神本质的自我认识,他因而断言:关于精神的知识是最具体的,也是最高的和最难的。

（二）精神哲学与有限精神观的区别

在对精神哲学作出明确的界定之后,黑格尔对精神哲学作出了更具体的规定,这些规定也意味着他的精神哲学与种种有限的精神观存在明显的区别。

首先,黑格尔明确地把精神哲学规定为关于人的精神本质的自我认识,因而使之与那种仅仅探究个人的特殊的能力、性格、倾向和弱点的自我认识区分开来。

在黑格尔看来,后面这种关于人的自我认识无疑是一种并不触及人的内在精神本质的"有限的精神观",因而不能引起哲学的真正兴趣。这

---

① ［德］黑格尔:《精神哲学》,杨祖陶译,人民出版社 2006 年版,第 1 页。
② 同上。

种有限的自我认识不仅不能引起哲学的兴趣,对哲学而言毫无意义,甚至对个别人而言也没有多少价值,因为它不能认识人的普遍智性的和道德的本性,因而容易使人忽视自己的道德责任。

其次,由于精神哲学意味着人的精神的自我认识,并且以把握精神的本质自身为目的,因此,黑格尔认为它不仅有别于对于个人特殊的能力、性格和弱点的自我知识,而且有别于"探究别人的特性、激情、弱点这些所谓人心深处的所谓人性知识"①。

这种所谓的人性知识部分地只是在对人的精神本质的认识的前提下才有意义,部分地只是在研究精神东西的偶然的、无关紧要的、不真实的实存,而并未深入到实体性的东西即精神本身。黑格尔由此提出:这种人性知识不能从观察偶然的细节提高到理解伟大人物的性格,而唯有通过这些性格人的真实本性才在十足的纯粹中被察看到,就此而言,"这种知识对哲学来说就始终是无关紧要的"②。他甚至认为这种知识对于科学是有害的,因为它由于认不清世界历史人物的实体性性格,不能理解伟大的事业只有通过伟大的性格才能完成,就试图从那些英雄们的偶然的特性、从他们那些被信以为真的渺小的意图、爱好和激情中推导出伟大的历史事件,于是,由神圣天意所支配的历史就堕落为一场毫无意义的活动和偶然事件的游戏。

再次,黑格尔认为,精神哲学不仅区别于上述两种有限的精神观,而且区别于"理性心理学"(灵魂学)。

关于理性心理学,黑格尔在《哲学全书·第一部分·逻辑学》的绪论中,具体而言,在《小逻辑》的"思想对待客观性的第一种态度:形而上学"部分曾作过比较详尽的论述。他指出:理性心理学研究灵魂的形而上学

---

① [德]黑格尔:《精神哲学》,杨祖陶译,人民出版社2006年版,第1页。
② 同上书,第3页。

的本性,也就是研究作为一种"物"的精神的形而上学的本性。它试图认识灵魂的本性,并且曾经在复合性、时间性、质的变化和量的增减占有其地位的范围内,去寻找灵魂不灭。它把灵魂当作一种"物"来加以看待,因为灵魂就像外物那样也占有空间,甚至可以借助于感官加以表象。它还询问灵魂是简单的还是复合的,这也属于把灵魂当作物的观点。它还从灵魂的不可分的简单性出发推论灵魂不灭。黑格尔认为,尽管理性心理学高于经验心理学,但把灵魂当作一种"物"来加以研究的做法,表明了它始终是一种有限的精神观。理性心理学所研究的灵魂,绝不等同于黑格尔精神哲学所要研究的精神。"精神是和灵魂有区别的,灵魂好像是肉体与精神之间的中介,或者两者之间的联系。"①

在《精神哲学》绪论中,黑格尔对理性心理学的论述比较简略。不过,他在此对理性心理学作了非常深刻的批判,并将之与真正的思辨哲学清楚地区别开来。理性心理学还处于真正的思辨哲学之外,这是因为:"真正的思辨哲学既不可以把对象作为被给予的表象拿来接受,也不能用单纯的知性范畴来规定对象,就像理性心理学在提出精神或灵魂是否是单纯的、非物质的、实体等问题时所作的那样。"②黑格尔不仅反对理性心理学把灵魂当作一种"物"来看待和处理,更反对它按照一般知性的方式来处理范畴,把范畴当作静止的、固定不变的,最终导致这些范畴不能表达"精神的本性"。他深刻地指出:"精神不是一个静止的东西,而宁可是绝对不静止的东西、纯粹的活动、一切不变的知性规定的否定或观念性;不是抽象单纯的,而是在其单纯性中自己与自己本身相区别的活动;不是一个在其显现以前就已经完成了的、躲藏在重重现象之后的本质,而是只有通过其必然自我显示的种种确定的形态才是真正现实的,而且不

---

① [德]黑格尔:《小逻辑》,贺麟译,商务印书馆 1980 年版,第 103 页。
② [德]黑格尔:《精神哲学》,杨祖陶译,人民出版社 2006 年版,第 4 页。

是(如理性心理学臆想的那样)一个只与身体处于外在联系中的灵魂物，而是由于概念的统一性而与身体内在地联结在一起的。"①

最后，黑格尔还认为精神哲学有别于"经验心理学"。

黑格尔在《精神哲学》绪论中对经验心理学作了较多的分析和批评。他指出，经验心理学以具体的精神为其对象，把观察和经验当作认识事物的方式，由此，它就把精神的本质自身，即形而上学的实体性的内容从自身中驱逐出去了；同时，它以关于力、各种不同的活动等的通常的形而上学为依据，而从中排斥了思辨的考察。经验心理学与理性心理学一样没有达到个别东西与普遍东西的真正联结，没有达到认识精神的具体普遍的本性或概念，因而同样没有权利要求拥有真正思辨哲学的称号。经验心理学把它所要研究的精神的种种特殊能力当作被给予的东西从表象中接受下来，由此使其内容失去了精神，最终使精神成了"一个各种独立的力的单纯聚集体，其中的每一个力都只是与别的力处于交互作用中，因而是处于外部的联系之中"②。黑格尔坚决反对经验心理学的这种做法，在他看来，对精神的活生生的统一的自我感觉，会自发地反对把精神分裂为种种不同的、设想为相互独立的能力、力，或者设想为种种彼此独立的活动。对于上述各种区别和对立，都需要做概念的、思辨的把握。

总之，上述各种关于人类精神的观点，包括理性心理学和经验心理学的观点，都被黑格尔认作是有限的精神观。而与诸如此类有限的精神观相反，精神哲学(或如黑格尔所说的"关于精神的科学")则"把精神理解为知着自己本身的、现实的理念"③。对于黑格尔的这个基本思想，我们需要作出更进一步的说明。

---

① ［德］黑格尔:《精神哲学》，杨祖陶译，人民出版社 2006 年版，第 4 页。

② 同上书，第 5 页。

③ 同上书，第 6、10 页。

二、精神的规定性

在黑格尔那里,不仅达到了主体和客体绝对同一的绝对精神是理念的实现,而且个人(诸如张三、李四等等)的有限的精神、即主观精神也必须理解为理念的一种实现。为此,就必须进一步把握精神之所以成为精神、之所以不同于自然的根本规定性。

(一)观念性:精神的根本规定性

精神的规定性是在与自然的规定性的对比中才鲜明地呈现出来的,因此,要了解精神的规定性,首先需要将之同自然的规定性加以对比。这样一来,我们就会看出精神之所以成为精神、之所以不同于自然的根本规定性——**观念性**(die Idealität)。

黑格尔明确指出:"必须把观念性,就是说,理念的异在的扬弃、理念从它的他物向自身的回复和回复到了自身,称为精神概念的与众不同的规定性。"①换言之,扬弃外在事物的外在性,使外在的东西回复到内在性,即精神本身,从而成为一种精神性的、观念性的东西,这就是精神的观念性。黑格尔也将精神的这种观念性称为精神的自相(自身)同一性,因为它实际上是理念的本性的模写或映现。而理念的本性正在于:自相同一的理念为了展示自己的内容成为自为的,就使自己与自己对立,并通过扬弃这种对立而把自己重新建立为经过对立和对立的扬弃这个中介的自相同一。正因为这样,黑格尔就强调必须"把精神理解为永恒理念的一

———————

① [德]黑格尔:《精神哲学》,杨祖陶译,人民出版社2006年版,第11页。

种模写"①。

值得注意的是,黑格尔也把精神的观念性称为精神的绝对否定性:精神使自己与自己对立是精神的第一个自我否定,精神扬弃这种对立而回到自相同一,这是对第一个否定之否定,这个否定之否定就是绝对的否定,实际上是一种保存自己、发展自己的肯定。因此,黑格尔所说的精神的观念性,也就是精神所特有的那种产生和发展自己的主体性和能动性。由此可见,精神的这种观念化或同化外在事物的活动是精神之为精神的根本性活动,可以说,精神的一切活动都无非是这种观念化或同化的不同方式。精神之成为精神,精神之所以是精神,精神之区别于自然,就在于它所实现的这种对外在性的扬弃和克服的观念化活动或同化活动。

(二)自我:精神最初的简单规定性

从精神的观念性出发来更仔细地考察精神,就可以发现"精神的最初的和最简单的规定就是:精神是自我"②。**自我**(das Ich)是一个完全简单的、普遍的东西,因为我们每个人都是自我。但是,自我又是一个自身内有区别的东西,因为自我就是自我意识,就是把自己本身与自己对置起来,使自己成为自己的对象,并从这种起初还是抽象的、不具体的区别回复到自身的统一,从而意识到作为对象的自我就是作为主体的自我。自我在其自相区别中的这种在自己本身中的存在,就是自我的观念性。但是,这种观念性只有在自我与它所面对的无限多样的材料(外在的东西)的关系中才得到证实,也就是说,当自我抓住这个材料时,这个材料就被自我的普遍性所同化或观念化,从而得到一种精神的定在。

这就是个人的有限的主观精神通过其表象活动所实现的对外在事物

---

① ［德］黑格尔:《精神哲学》,杨祖陶译,人民出版社 2006 年版,第 2 页。

② 同上书,第 14 页。

的观念化。黑格尔认为,这样的观念化是具有片面性的、不完善的观念化,因为这种观念化是以一种外在的方式进行的。在这里,是某种外在的材料与我们的活动相对立,它对我们加之于它的观念化是漠不关心的,只是完全被动地经受着观念化。只有在哲学思维中,精神才最终完成了对事物的观念化,因为精神认识到了构成事物的共同原则的永恒理念在事物中呈现自己的种种确定的方式,从而认识到了精神将事物观念化的活动是与包含在事物中的永恒理念本身对事物的扬弃活动完全同一的。这样,精神就使自己成为完全把握了自身的现实的理念,并因而成了绝对精神。

(三)自由:精神的实体或本质

黑格尔认为,从精神特有的观念性,可以看出精神的实体或本质在形式上就是**自由**(die Freiheit),即"对于他物的不依赖性,自己与自己本身相联系"①。可见,精神的自由不是一种在他物之外、而是在他物之内争得的对于他物的不依赖性(独立性),也就是说,自由之成为现实,不是由于逃避他物,而是由于克服、扬弃他物。任何个人精神的自我在面临外界事物时,都能超出其简单的自我同一或自相联系而在自身里建立起一种现实的区别,即一个跟简单自我不同的、对立的、矛盾的、否定它的他物。这个他物对于精神不仅是可能的,而且是必要的,是它所能够忍受的。因为它知道,这个在它之内的他物是它所设定起来的,因而也是它能够重新加以扬弃的,使之成为它的他物(即"我的某某表象"),就是说,它在这个他物里仍然保持着它自己,依然是自己与自己本身相联系的。这就证实了它的观念性,表明了它是自由的。所以,黑格尔强调:"他物、否定、矛

---

① [德]黑格尔:《精神哲学》,杨祖陶译,人民出版社2006年版,第20页。

盾、分裂因而是属于精神的本性的。在这种分裂中包含着痛苦的可能性。"①因此，我们就可以说，痛苦也是属于精神的。尽管如此，精神却能"保持自己"，即是说，"仍然始终是与自己同一，并因而是自由的"②。诚然，黑格尔也指出，精神能够重新扬弃它自身内任何一个他物的自由只是形式的自由，是任意，而不是真正的自由，但精神的这种重新扬弃和支配它自身的任何内容的力量，却正是精神的真正自由的基础和可能性。

为了使精神的自由成为现实的或实在的，个人精神就必须超出其自身而进入自身以外的他物，进入人与人的关系，通过实践的活动去实现自己的自由。这一发展进程是这样的：首先，从实际上扬弃外物，使之成为己有，使自己的自由具有实在性；同时，那些各怀意图而彼此不同、甚至相互冲突的个人，为了实现自己的自由和目的，也不能不在活动中限制自己的自由和彼此限制，这就顺理成章地进入了有法的、道德的国家组织的状态，也就是一个由精神所创造的并继续创造着的适合于其本质和概念的外在世界。不过，在这个外在世界里，主观精神的自由还是作为现存的必然性出现的，这就是客观精神。此时，精神的自由尚未完全实现，精神所达到的这种客观的或外化的状态，还是受其客观性和外在性限制的。仅当精神继续前进到认识了世界万物都只不过是它自身的表现或显现时，即成为主客体绝对同一的绝对精神时，它的自由才得到了完全的实现。于是，绝对精神就适时出场了。

可见，正如精神不是自然产生的现成的东西，而是它自己的产物一样，精神的现实的自由也不是精神内在的现成的东西，而是通过精神的活动正在产生着的东西，所以，"在科学里必须把精神看作是它自己的自由的产生者"③。

———————

① ［德］黑格尔：《精神哲学》，杨祖陶译，人民出版社 2006 年版，第 20 页。
② 同上书，第 21 页。
③ 同上。

（四）显示：精神的观念性的主要体现

黑格尔在《精神哲学》中还进一步从精神的观念性推论出精神的规定性是**显示**(die Manifestation)，并明确指出它并不是一个什么新的、第二个规定，而只不过是观念性这个规定的进一步的发展，因为如前所述，理念由于其异在的扬弃而从异在回到自身，就成为了自为的理念，即显示出（展示出或表现出）了自己的内容的、自知的理念，这就是自为存在的精神或精神本身。由此可见，显示是精神本身的规定。不过精神的显示有其自身的特点。首先，精神并不显示某种不同于它自身的它物，而是显示自身，即它自己的内容或内在本质；其次，精神不仅是向他物显示着的东西，而且更根本的是向自己本身显示着的东西。

精神是对自己显示自身。这无论对于简单的自我，还是对于面对多样性的外在材料的精神都是有效的。简单的自我由于使自己本身成为不同于自己的他物，即对象，并通过扬弃这个对象而意识到或知道自己是以自己为对象的现实的自我。精神面对无限的外部事物，就在自己内部建立起区别，即某种不同于精神的他物，但是，通过对这个他物的扬弃，那保持在他物里的它的内在本质就在他物里明显地显示出来，从而使这个他物成了与精神相一致的定在而对精神自己显示出来了。既然精神是对自己显示自身，所以，通过显示并不是显示一个与精神的形式不同的内容，而是显示出精神表达着其全部内容的形式，因而这形式也是精神自己的内容，形式和内容在精神中是同一的。

黑格尔基于这一点而认为，显示自身属于、甚至就是精神的本性，精神只有就它显示自己本身而言才存在，才是现实的。这样，我们就必须说：现实性就在于精神的显示，这种显示是属于精神的概念的。倘若精神的内在本质尚未显示出来，它就只是一种可能的东西；精神将其内在本质在他物中显示出来，就意味着可能的东西变成了现实。所以，精神本身就体现着可能性和现实性的统一。不过,在有限精神那里,精神的概念或本质还没有达到绝对的实现,只有绝对精神才是精神的概念和本质即可能性和现实性的绝对统一。

由此出发,黑格尔对精神的自身显示进行了层层推进的论断,概括出了精神的自身显示的三种形式。

首先,逻辑理念、即自在存在着的精神的显示方式是向自然的直接过渡,这就是自然的生成。

其次,理念作为沉睡在自然的外在性中的自在存在的精神,扬弃与其内在性相矛盾的自然的外在性,创造出一个与理念的内在性相适合的定在,这就是有自我意识的、觉醒了的、自为存在的精神,即人的有限精神,从而出现了精神显示的第二种形式,即有限精神显示的方式。此时,精神把自己和自然对立起来,使之成为自己的对象,并对之观念化,使对象成为体现着它的内在本质的东西而对它自己显示出来,从而也就成为意识到了、即知道了自己的本质的自为的精神。有限精神就在一次接着一次的观念化对象、使自己的本质在对象中显示出来、对自己显示自己的本身的过程中,从一种特殊的精神形态转变为另一种特殊的精神形态,从而一次又一次地加深和提高了对自身的认识。但是,在这种显示中,精神不可能完全显示它自身,即它的本质自身,因为精神始终与自然处在一种外在的联系中,它作为这种关系的一方就始终受到对方的限制。用黑格尔的话来说,这时精神还没有完全地或绝对地扬弃它的"在自己本身外存在",因为它还没有认识到它与隐藏在自然之内的、沉睡着的、自在存在的精神即理念的统一。

再次,绝对的知(das Wissen)构成精神的第三种、也是最后一种显示方式。黑格尔认为,在绝对的知中,上述精神的外在性或限制性最终被扬弃了。绝对的知就是绝对精神对自身的知,也就是绝对精神对自己绝对地显示自身。在这里,沉睡在自然里的自在存在的精神和在它之外的觉醒了的自为存在的精神的二元分离消失了,而是完全同一的了,绝对精神因而领悟到了是它自己在设定着存在和产生着它的他物,即自然和有限精神。这样的精神,就是"绝对地显示着自己的、有自我意识的、无限创造的精神"①,即其概念(可能性)和现实性绝对统一的绝对精神。

从有限精神的显示的不完善形式进展到绝对精神的显示的完善形式,是一个历史的过程。在这里,产生了精神试图绝对地显示自身的艺术直观的、宗教表象的和哲学思维的形式,以及每一种形式从一种特殊形态向另一种特殊形态的转化和发展,而绝对的知这种精神显示的最高形式,是只有在哲学思维形态的一系列发展的终结处才达到的。

毫无疑问,作为黑格尔精神哲学的对象的人的精神是一个极其复杂的东西。一方面,人的精神是以自然为前提、与有机体内在地联系在一起的。"人心不同,各如其面",人的精神千差万别,人的精神的活动更是五光十色,不仅彼此不同,甚至彼此矛盾、相互冲突。可是,另一方面,"人同此心,心同此理",人的精神的这个共同本质,在黑格尔看来,就是我们在上面所看到的、他所详加规定了的精神的概念。

从黑格尔所作的规定来看,人的精神不是静止不动的,而是一个绝对不静止的东西,精神本身就是一种产生自己、实现自己、认识自己的"纯粹活动"②。这种活动不是由于什么外力的推动,而是由于精神作为"从它的他物向自身回复"的理念的观念性本性。这就是:它既是简单的自相同一的东西,又同时是自相区别而有区别的东西,正是这样简单的同一性和区别的矛盾,或者说,它的这种不安静的本性推动它去实现自己,即扬弃区别、扬弃不同于它自身的他物而重建自相同一性,或在他物里自己与自己联系或映现自身,也就是回到自身,从而使自己原来只以可能性形

---

① ［德］黑格尔:《精神哲学》,杨祖陶译,人民出版社 2006 年版,第 26 页。
② 同上书,第 4 页。

式存在于自身的东西实现出来。精神的这种观念性表明精神的实体是自由,即精神本身是自由的,精神实现自身的过程,也就是通过把与其自由本质不相适合的现实改变为与之相适合的现实而实现其自由的过程。精神的观念性也表明,精神不是在其显现前就已经存在、已经完成了的隐藏在重重现象之后的本质,而是只有通过其必然的自我显示的种种形态才有其存在和现实性的东西。所以,精神自我实现的过程,既是其自由本质实现的过程,也是其显示自身的过程。

总之,精神绝不是别的什么东西,而就是这样一种从一种特殊形态到另一种特殊形态的自我实现着、自我解决着、自我显示着的东西。

三、精神哲学的任务和方法

黑格尔不仅对精神哲学作出了界定,划清了精神哲学与各种有限精神观的界限,进而阐释了精神本身的具体规定性,而且论述了精神哲学的任务和方法。

(一)精神哲学的具体任务

在黑格尔看来,精神哲学作为一门真正的科学,其任务既不是抽象地去推论什么是精神的本质,也不是对发现的精神现象进行外在的描述,而是要在精神活生生的发展中去认识精神的本质和概念,去认识精神从一个环节到另一个环节、从一个阶段到另一个阶段、从一种形态到另一种形态的必然性,这就是它成为一个自我实现、自我认识了的有机整体的必然进展。这是一个在人类对精神的认识史上从未有人提出过的空前艰巨的任务,它只能由黑格尔提出并加以回答,历史证明不可能有第二人可以做到。

（二）精神哲学的研究方法

黑格尔认为,要完成这样艰巨的任务,精神哲学所能运用的"唯一科学的方法"只能"是按必然性自己发展着的内容的严密形式"。① 这个方法的概念,是黑格尔在《精神现象学》序言中第一次明确提出来的。在此,他指出科学方法的本性是:"一方面是方法与内容分不开,另一方面是由它自己来规定自己的节奏。"②黑格尔正是用这种方法来建立精神现象学的体系的,同时,这个方法也是他建立本体论、认识论、逻辑学和方法论统一的"逻辑学"(大逻辑)体系的方法。正如他在《逻辑学》第一版序言中所说:哲学的科学方法,"只能是在科学认识中运动着的**内容的本性**,同时正是内容这种**自己的反思**,才建立并产生**内容的规定**本身。"③

在《哲学全书》的逻辑学(小逻辑)中,黑格尔更是直截了当地、简单明白地指出了这个方法的实质:"方法并不是外在的形式,而是内容的灵魂和概念。"④正因为如此,这个方法也就是黑格尔建立《哲学全书》体系、即由逻辑学、自然哲学和精神哲学构成的体系的方法,当然,这也就是建立精神哲学体系的方法。所以,他在《哲学全书》第一版序言中特别强调地提醒大家注意这个对哲学及其各个组成部分进行新的改造的方法:"这方法,我希望,将会公认为唯一的真正的与内容相一致的方法。"⑤

不仅如此,他在《哲学全书》第二版序言中可以说是万分感慨地谈到了这种"与内容一致的方法"的重要意义。他说:对于真理的科学认识"是一条极艰难的道路",一旦义无反顾地走上了这条道路,就会发现"只

① ［德］黑格尔:《精神哲学》,杨祖陶译,人民出版社 2006 年版,第 6 页。
② ［德］黑格尔:《精神现象学》上卷,贺麟、王玖兴译,商务印书馆 1981 年版,第39 页。
③ ［德］黑格尔:《逻辑学》上卷,杨一之译,商务印书馆 1974 年版,第 4 页。
④ ［德］黑格尔:《小逻辑》,贺麟译,商务印书馆 1980 年版,第 427 页。
⑤ 同上书,第 1 页。

有[正确的]方法才能够规范思想,指导思想去把握实质,并保持于实质中"①。这个方法,其实就是黑格尔在其《逻辑学》(大逻辑)里详加制定的辩证方法,而它之所以是与对象或内容一致或分不开的,正因为它就是"内容在自身所具有的、推动内容前进的辩证法"②。

我们可以说,这个方法的根本之点就在于,要使我们主观思维形式(概念、判断、推论等等)的进展与我们所研究的对象或内容自身的辩证进展相一致。黑格尔在《精神哲学》中描述这个方法的特性时指出:"正如在一般有生命的东西那里,一切东西都已经以观念的方式包含在胚芽中,而且是由于胚芽本身而不是由一种异己的力量产生出来的;同样地,活生生的精神的一切特殊形态也必须从作为它们的胚芽的精神概念中自己发生出来。与此同时,我们为概念推动的思维始终是彻底内在于也同样为概念推动的对象中的;我们仿佛只注视着对象的自己发展,而不要由我们主观的表象和想法的介入而改变这个发展。"③

其实,黑格尔在其论著中,每当谈到这个方法之应用于对象——不管是精神本身(精神哲学的对象)、自然本身(自然哲学的对象),还是纯粹思维或纯粹概念本身(逻辑学的对象)时,都会以同样的或至少类似的语言,说明方法的这种根本的特性或要求:必须"注视"对象的自己发展,不要让主观的想法去"干扰"或"改变"它。当然,这里说的"注视"不是单纯的旁观,而是要把握对象的自己发展的形式,并在思维的形式中恢复或再现出来,这的确是条极其艰难的道路。

此外,黑格尔还注意到了精神发展不同于自然演变的特点,注意到了这给精神哲学带来的特殊困难,以及由此得出的精神哲学所特有的方法论原则。这就是:精神发展的特殊阶段或规定在发展为更高级的阶段时,并

---

① [德]黑格尔:《小逻辑》,贺麟译,商务印书馆 1980 年版,第 5 页。
② [德]黑格尔:《逻辑学》上卷,杨一之译,商务印书馆 1974 年版,第 37 页。
③ [德]黑格尔:《精神哲学》,杨祖陶译,人民出版社 2006 年版,第 7 页。

不倒回来作为实存而与更高级的阶段相对照地存在,而本质上只是更高级阶段上的环节、状态或规定,从而它们本身的本性和意义,就在这更高级阶段里明白地表现出来了。黑格尔认为,这是由于较低级的、因而也较抽象的规定往往显露了较高级的东西的存在,如在感受里就显露出了更高级的精神的东西,例如法的、道德的、宗教的、伦理的等等的内容或规定性。

据此,黑格尔一方面反对把高级的东西归结为低级的东西,另一方面更为重要的是,他强调在考察低级阶段时,为了使它成为从经验实存方面可觉察、可理解的,就"同时有必要想到"和"预先处理"它们作为环节、状态或规定而存在于其中的更为发展的高级阶段。[①] 这就给精神发展的陈述带来了一种特殊的、然而也是不可避免的困难。例如,黑格尔说,在考察自然的觉醒时就必须谈到后来的更高发展阶段——意识;在考察疯狂时,就预先谈到后来的更高发展阶段——知性。此类情形,在《精神哲学》中可以说比比皆是。而不言而喻,这样的"预先想到"和"预先处理"是以对高级阶段的预先理解为前提的。这一点,黑格尔在《自然哲学》中就已经针对有机生命的发展说到了:"但为了理解低级阶段,我们就必须认识发达的有机体。因为发达的有机体是不发达的有机体的尺度和原型;由于发达的有机体内的一切都已发展到其发达的活动水平,所以很清楚,只有根据这种有机体才能认识不发达的东西。"[②]

显然,黑格尔在《精神哲学》中所提出来的为了理解精神发展的低级阶段就必须同时预想到和预先处理其发展的更高阶段的思想,就是上述《自然哲学》中所提出来的方法原则适应着精神哲学的对象的特殊性质的进一步的引申和发挥。同时,我们在此似乎也看到了马克思所提出的著名的"人体解剖对于猴体解剖是一把钥匙"的方法论原则的某种起源。

---

① [德]黑格尔:《精神哲学》,杨祖陶译,人民出版社 2006 年版,第 10 页。
② [德]黑格尔:《自然哲学》,梁志学、薛华、钱广华、沈真译,商务印书馆 1990 年版,第 581 页。

四、精神哲学的划分

在《精神哲学》绪论中，黑格尔最后提出了《精神哲学》的"划分"（结构）。他根据自己对精神哲学的对象、任务和方法的看法，将精神的发展分为主观精神、客观精神和绝对精神三个阶段，于是，《精神哲学》也就由分别研究这三个阶段的三部分即三大篇组成，即主观精神哲学、客观精神哲学和绝对精神哲学。

（一）主观精神哲学

主观精神哲学以主观精神为研究对象。所谓主观精神，是指存在于"与自己本身相联系的形式中"①的精神，即仅仅在自身内存在的个人的精神。因而主观精神就只是一种自由地存在的精神，也就是自在自由的或主观自由的精神。

主观精神哲学包括了以灵魂为对象的"人类学"，以意识为对象的狭义的"精神现象学"，以精神为对象的"心理学"三个组成部分。在人类学中，黑格尔考察了自然灵魂、感觉灵魂和现实灵魂；在精神现象学中，他考察了意识本身、自我意识和理性；在心理学中，他考察了理论精神（理智）、实践精神（意志）和自由精神。

（二）客观精神哲学

客观精神哲学以客观精神为研究对象。所谓客观精神，是主观精神

---

① ［德］黑格尔：《精神哲学》，杨祖陶译，人民出版社2006年版，第27页。

之表现于外部世界中的精神,即存在于"实在性的形式中"①的精神。不过,这里所说的"外部世界"或"实在性的形式",是指一个必须由精神来产生和已经被产生出来的世界,即法的、道德的、家庭的、社会的、国家等制度和组织。在这里,自由是作为现存必然性出现的。

客观精神哲学等于广义上的"法哲学",它包括关于抽象法(权利)的严格的法学、关于内心法则的道德学和关于伦理的伦理学三个组成部分。在其抽象法权理论中,黑格尔考察了所有物(财产)、契约、法与不法(犯罪)等问题;在道德学中,他考察了行为的故意、意图和福利、善与恶等问题;在其独特意义的"伦理学"中,他考察家庭、市民社会和国家。在他看来,伦理是抽象法和道德的统一,包括家庭、市民社会和国家三个环节。

(三)绝对精神哲学

绝对精神哲学以绝对精神为研究对象。所谓绝对精神,是主观精神和客观精神的统一,是"在其绝对真理中"②的精神,即最终在人的哲学思维发展的最高阶段上实现了对自己完全认识的、主体与客体完全同一的、完全显示了自身的、完全达到了自由境地的精神。

在绝对精神哲学部分,黑格尔主要考察了艺术、启示的宗教和哲学,它们是绝对精神的三种表现形态,其中作为绝对的知识哲学是绝对精神发展的最高形态。

我们可以在合理的意义上认为,黑格尔把精神的发展划分为主观精神、客观精神和绝对精神三个阶段,这是他对人类认识绝对真理的过程的阶段性所作的一种特殊的理论上的概括和表达。这一点,可以引用黑格尔的原话作证:"在其观念性里发展着的精神,是作为认识着的精

---

① [德]黑格尔:《精神哲学》,杨祖陶译,人民出版社2006年版,第27页。
② 同上。

神。……是理解为具体的精神促使自己去进行的认识。"①所以,精神从主观精神到客观精神再到绝对精神的发展,应该理解为人类认识绝对真理的表现和历程。

第一篇　主观精神哲学

主观精神哲学的对象是主观精神。主观精神之所以被称为主观精神,是因为"在这里精神还在其未发展的概念中,还没有使它的概念成为自己的对象"②。黑格尔这句话的意思是:这时,概念还没有使自己成为客观性的东西。

主观精神哲学的对象是个人意识,其任务是描述个人精神从最初与动物意识无本质区别的所谓自然灵魂,直到成长为具有理论的和实践的能力、企图使外部世界服从自己以实现其自由意志的所谓自由精神的必然发展过程。这个过程分为三个大的阶段:灵魂阶段、意识阶段和精神阶段,黑格尔把精神称为"在自身内规定着自己的精神,作为自为的主体"③。与此相应,人类学以灵魂为对象,精神现象学以意识为对象,心理学以精神为对象。

如前所述,主观精神部分占了《精神哲学》全书四分之三的篇幅,而其中的"人类学"部分占了全书约二分之一的篇幅,这表明黑格尔对主观精神哲学、尤其是人类学的高度重视。同时,黑格尔对专门研究精神的心理学也给予了极大关注,而相对而言,他给予"精神现象学"的篇幅较小。

---

① ［德］黑格尔:《精神哲学》,杨祖陶译,人民出版社 2006 年版,第 33 页。

② 同上书,第 34 页。

③ 同上书,第 33 页。

　　黑格尔之所以把精力主要投入于心理学的写作,是因为他一直对当时心理学的进展和现状极不满意。他在《法哲学原理》中表示希望将来有机会对心理学的问题"详加阐述",甚至感到有必要来改造和发展精神学,即通常所称的心理学,"来作出我的贡献,使人们对精神有更彻底的认识"①。尽管黑格尔一直没有机会来实现他的这个夙愿,亲自出版这样一部专著,但他在《哲学全书》的新版和讲授中,还是作了某些"详加阐述"。

　　《精神哲学》未对客观精神哲学和绝对精神哲学详加阐释,这是有其客观原因的。黑格尔在《哲学全书》第一版后就出版了阐释客观精神的专著《法哲学原理》(1821 年),由于这种情况,他在 1827 年出版的《哲学全书》第二版中特别声明,他在这一版中对这一部分"比起对其他部分来可以说得更简略些"②。讲授法哲学的口头发挥也都作为"附释"增补进了《法哲学原理》一书。而单独讲授客观精神中的"世界历史"的部分,则被后人整理为《历史哲学》出版了。至于绝对精神部分,黑格尔虽然没有生前出版的著作,但他有关这方面的大量讲演,都直接由后人整理成书并且正式出版了,这就是《美学讲演录》(中译为《美学》)、《宗教哲学讲演录》和《哲学史讲演录》。

　　由于上述情况,主观精神的学说,特别是人类学和心理学就成了《精神哲学》全书中的重头戏。

一、人类学——灵魂

　　灵魂是人类学的对象,它作为直接来源于自然的精神,是内在于自然

---

　　①　[德]黑格尔:《法哲学原理》,范扬、张企泰译,商务印书馆 1961 年版,第 11 页。

　　②　[德]黑格尔:《精神哲学》,杨祖陶译,人民出版社 2006 年版,第 316 页。

中的自在的精神扬弃其外在性而进入精神的观念性的第一步。这种"自在的或直接的"精神实际上还不是精神，或者说，只不过是"自然精神"。灵魂虽然是精神一切规定和活动的绝对基础和实体，但它现在还只是"精神的睡眠"，是亚里士多德所说的那个按可能性是一切东西的被动的理性①，是一种人畜共具的低级的模糊意识。

人类学就是要考察灵魂从这种最原始的自然状态发展到摆脱了自然性的自我的过程，这个过程经历了自然灵魂、感觉灵魂和现实灵魂三个阶段。

（一）自 然 灵 魂

自然灵魂是"在其直接的自然规定中"的灵魂，对于它，我们只知道它仅仅存在着（是）。这是一种无区别、无联系的意识状态，对于它来说，没有什么东西外在于它，一切都在它之内。外部环境对它的刺激所引起的规律都表现为它自身的规定。这些规定就是：自然的质，自然的变化，感受。

1. 自 然 的 质

"自然的质"又包含三个小的环节。

首先，太阳系行星的运动所引起的气候的差异、季节的变换、一日各时段的周转等对灵魂的影响和作用。

灵魂所具有的矛盾的差异是和这些差异相应的。就动物而言，它是完全受这些自然因素支配的，正如黑格尔所指出的："动物本质上是生活在（与自然界的）这种同情同感中的；它的特殊性格以及它的特殊发展在许多情况下是完全地、而永远是或多或少与此相联系的。在人那里人越

---

① ［德］黑格尔:《精神哲学》，杨祖陶译，人民出版社 2006 年版，第39页。

是有文化,……诸如此类的联系就越是失去意义。"①这表明:由于动物还缺乏文化,因而还没有很好地从其周围的自然环境中解放出来,而人类创造的文化则使得人类更多地脱离开自然界。事实上,我们也可以把人类文化的创造,视为与原始的"第一自然"有所不同的"第二自然",文化的不断发展,意味着人类不断地从自然中解放出来。

其次,地理环境的不同所引起的人的种族、乃至同一种族的各民族的性格、心理素质的差异。

黑格尔在谈到种族时,特别地反对了种族主义,它主张一个种族可以像对待动物一样统治另一种族。他说:"人自在的就是理性的;一切人的权利平等的可能性就在这里,把人类僵死地区分为有权的和无权的之毫无价值就在这里。"②可见,他是从所有人都具有理性这一点出发,而肯定了一切人的权利平等,从而也肯定了一切种族或民族的平等。黑格尔对种族主义的这种批评是值得高度重视的,因为在他去世后,由于他曾作为"官方哲学家"而强调国家相对于个人的优先地位,许多人便将他的思想作为德国后来的"纳粹主义"的根源,但我们在此看到,他对种族主义的批判是与纳粹主义对种族主义的宣扬相对立的。

在谈到同一种族的各民族的性格时,黑格尔还特别地对西欧各民族的性格作了一些精彩的论述。他说,在意大利人中占优势的是"感受的灵活性",在西班牙人中则是"表象思维的坚定性",与此相反,法兰西人既表现出理智的坚定性,又表现出机智的灵活性。至于英格兰人,在他看来是"理智直观的民族"。这就是说,英格兰人不是在普遍性的形式中,而是在个别性的形式中去认识理性的东西,因而他们的诗人比起他们的哲学家的地位就高多了。他还说,在英格兰人那里,有力地显露出了个人

---

① ［德］黑格尔:《精神哲学》,杨祖陶译,人民出版社 2006 年版,第 48—49 页。
② 同上书,第 54 页。

的独创性。那么,黑格尔是如何看待他的所在国的居民、即德国人的性格呢？他的回答是:"我们的精神总体上比任何其他欧洲民族都更为内向。尤其是我们生活在心情和思想的内向性中。"①这就把"内向"当成德国人的典型特征了。他还提到这一内向的性格对于德国人喜欢玄思的影响:德意志人总是想理解事物的最深刻的本性和它们的必然联系,在科学中是极其系统地进行工作的,因此,他们往往以深刻的、但常常是晦涩的思想家著称。

再次,灵魂个别化为"个体的主体",出现了个体灵魂,其个体性或个别性作为自然的规定性,有天性、气质和性格的差异。这就是说,每个人作为个体都各有其天性、气质和性格,正如每个民族或种族都具有自己的个性一样。

所谓天性,是指人的自然禀赋,属于这种禀赋的又有才能和天才。黑格尔区分了才能和天才,他指出:"才能只能在特殊方面产生新东西,与此相反,天才创造新的类型。"②这表明:尽管才能和天才都意味着个体精神从自然获得的某种确定的倾向,但天才要比才能更加广阔。黑格尔还提出,人的天赋才能应该按照普遍有效的方式得到发展,只有通过这种发展,它才能证实自己的预先存在、它的力量和规模。关于天才在哲学中的作用,他指出:哲学中的天才必须屈从于严格的逻辑思维的训练,单纯的天才是走不远的。

黑格尔对气质的看法是:"我们最好把气质规定为个体如何工作、客观化自己、在现实中保持自己的全然普遍的方式方法。"③虽然每个人的气质各不相同,但气质的区分不如才能和天才的区分容易,因为后者可以通过外向的活动而清楚地显示出来,而气质的区别似乎没有这种"向外

---

① ［德］黑格尔:《精神哲学》,杨祖陶译,人民出版社 2006 年版,第 68 页。

② 同上书,第 70 页。

③ 同上书,第 70—71 页。

的联系"。黑格尔根据自己对气质的上述规定,认为气质对于自由精神并不如人们过去认为的那样重要。过去,人们曾尝试从不同的角度对气质作出区分。但在黑格尔看来,人们对气质所尝试作出的各种区分都具有某种很不确定的东西,因而人们不知道把这些区分应用到个人身上。古罗马的医学家加伦(Galen,129—199)曾把气质分为胆汁质、多血质、黏液质和抑郁质四种类型;康德在《实用人类学》第二部分"人类学的特性"的"气质"一节中,也曾就加伦的这种区分作过详细的探讨。黑格尔针对这类区分提出:在个体的行为和活动的方式方法为普遍的文化所确定的时代里,气质的区分就失去了其重要性。

黑格尔进而谈到人的性格,他认为所谓性格,始终是某种永远把人区别开来的东西。属于性格的,首先,是人在其一切行动中与自己本身保持一致的那种精力的外表方面,富有性格的人使别人钦佩,因为别人知道他们是在同什么样的人打交道;其次,就是意志的某种有价值的、普遍的内容。黑格尔强调:"只有通过实现伟大的目的,人才显示出一种伟大的、使他成为别人的灯塔的性格。"①这就把实现伟大的目的与塑造伟大的性格联系起来了,当然,这个伟大目的的内容必须是内在合理的。黑格尔进而指出:如果人的意志只坚持纯属细节的琐事、无意义的东西,则其意志就会变成**固执**,它只有性格的形式而无性格的内容。不可否认,性格有某种自然的基础,一些人比另一些人生来就更倾向于坚强的性格,正是基于这个理由,黑格尔才在人类学里谈到性格。

2. 自然的变化

自然的变化指个人的自然变化,即身体的变化所引起的灵魂的相应的变化。自然的变化可以从以下三个方面来考察:

---

① ［德］黑格尔:《精神哲学》,杨祖陶译,人民出版社 2006 年版,第 72 页。

(1) 年龄的自然进程

所谓年龄的自然进程,是指从童年、青年、成年到老年的进程所引起的意识或心理的变化。

童年:这是与外部世界自然和谐的时期,即主体自身和世界的和平时期,是无对立的开端。儿童生活在天真无邪之中,生活在父母的爱和为他们所爱的感觉中,尚未有自己的独立性。黑格尔指出,儿童其实是由未出生的、存在于母腹中的婴儿,在经过出生后的婴儿期发展而来的。未出生的婴儿尚不具备任何真正的个体性,与植物没什么分别。当婴儿脱离了他在母腹中所处的植物状态而降生之后,他便过渡到了动物的生活方式。因此,降生是一次巨大的事件。婴儿可以感受和直观外部的世界,而当他从游戏过渡到学习状态时,他就成了儿童。在此,黑格尔还谈到了儿童的教育问题。他反对把儿童教育完全归结为放任的游戏,主张对儿童进行管教,以便他学会控制自己。他还认为儿童不能仅仅待在家庭里接受教育,而必须接受学校教育,以便更好地学会普遍的规则,学校教育构成了由家庭到市民社会的过渡。

青年:这个时期的人在总体上转向于实体性的普遍的东西,他不再像儿童那样把自己的理想放在一个成年人(例如父母)身上,而是把理想理解为某种独立于这个个别性的普遍的东西。但是,青年人的理想还带有主观性,他热血沸腾,生活在理想之中,误以为自己负有使命去改造世界,或把支离破碎的世界重新加以安排。于是,他常常感到自己的理想和人格都不为世界所承认,儿童与生活世界的和平在他这里被打破了,他的理想往往显得与现实相冲突。黑格尔说,青年人把"真和善归于自己,而相反地把偶然东西、偶然东西的规定归之于世界"①。

成年人:作为本身成熟的人,他把伦理的世界秩序看作一个不是必须

---

① ［德］黑格尔:《精神哲学》,杨祖陶译,人民出版社 2006 年版,第 77 页。

由他来产生的、而是本质上完成了的世界秩序,因而超越了青年人的那种主观片面性。他放弃了完全改造外部世界的意图,而力图在与世界的结合中努力实现他个人的目的、激情和利益。尽管这样,社会还是给他留下了一些空间,供他光荣地、深入地、创造性地开展自己的活动,使他通过自己的活动来产生出一种进步。因为成年人的世界虽说在本质上是完成了的,但它并非一个完全僵死的世界,而是一个永远重新创造着自己的东西,一个在保持自己的同时前进着的东西。成年人的劳作,就在于世界的这种保持性的创造和继续前进。因为成年人还有继续创造的空间,所以黑格尔写道:"当人在五十年劳作之后回顾他的过去,他就会认识到已作出的进步。"[①]

老年人:这个时期的人安于世事,放弃了积极关切地参与世事的活动。他的生活缺乏确定的兴趣,因为他已经放弃了能够实现早先怀有的理想的希望,而对未来也不再抱新的希望。由于面对死亡,他的思想只朝向对过去的回忆,并往往认为自己有责任向青年人唠唠叨叨地进行说教。老年人虽然摆脱了有限的利益和外界的纠缠,但也渡过了使人麻木的习惯的无所事事,也就是说,生活已毫无生气。

(2) 性关系

自然灵魂的第二个方面的自然的变化,是指"性关系"(性的成熟)引起的意识或心理的变化,这就是个体在另外一个个体里寻找和发现自己。

黑格尔认为,性关系是一方为主体性(die Subjektivtät)、另一方为活动(die Tätigkeit)的一种自然区别:这种主体性在伦理、爱等感受中保持自相一致,尚未进展到国家、科学、艺术等普遍目的的极致;而这种活动则由于自身中的张力而导致普遍的、客观的利益与现有的——个体自己的和外部世界的——实存相对抗,并使那普遍的、客观的利益在此现有的实

---

① 〔德〕黑格尔:《精神哲学》,杨祖陶译,人民出版社 2006 年版,第 84 页。

存中作为首先生产出来的统一而得以实现。这表明，性关系中的主体性在伦理、爱等感受中的自相一致，与由于自身中的张力而导致普遍利益与现有实存相对抗的活动有一种区别，简言之，这就是在感受中自相一致的"主体性"与由于自我张力而导致对抗的"活动"的一种"自然区别"。不过，黑格尔认为这种由于自我张力而导致对抗的活动，也使那普遍的、客观的利益在此现有的实存中作为首先生产出来的统一而得以实现。他所说的这种统一，显然就是指家庭，因为他明确地指出："性关系在家庭里获得其精神上伦理上的意义和使命。"①

（3）**睡眠与觉醒**

黑格尔认为，睡眠与觉醒也体现了自然灵魂的一种自然的变化。

自然灵魂本身是仅仅存在着的（黑格尔称之为"只存在着的个体性"），是尚无区别的，而就它包含种种"自然的质"和种种"自然的变化"的内容而言，又是有区别的（黑格尔称之为"作为自为存在着的个体性"）。当作为个体的灵魂把这两方面区别开来时，这就是觉醒；而当灵魂作为无区别的存在着的状态，即作为"只存在着的个别性"时，这就是睡眠。换言之，睡眠是灵魂沉没在它的无区别的统一状态，觉醒则意味着它进入与这种简单的统一相对立的状态，即从尚无区别的统一状态中走出来了。一般而言，精神自为存在着地进行区分的一切自觉的和理性的活动，都属于觉醒状态。

黑格尔在人类学这里所讲的自然觉醒，只是精神模模糊糊地发现它自己本身和一个它面前的世界一般这样的事件，而由于这种发现，自然灵魂就进入了其发展的第三个规定——感受。

3. 感　　受

睡眠与觉醒的简单交替和重复是一个无聊的循环，但其中自在地包

---

① ［德］黑格尔：《精神哲学》，杨祖陶译，人民出版社 2006 年版，第 86 页。

含着一种进步。两者在分离中都是片面的而非真实的,因而要求两者的"具体统一"。而这种具体统一,在感受的灵魂中得到了实现。

黑格尔说,当灵魂进行感受时,它在自身内发现的是直接的、被给予的东西,同时,这个东西已沉入灵魂的普遍性中,就是说,是一个其直接性被否定而从观念上建立起来了的东西,这就是感受(die Empfindung)。就这样,灵魂在所感受的直接物里回到自己本身,在这个他物中即在自己本身中。因此,感受的灵魂在作为它自己的他物的这个它的他物里,回复到了自己本身,在它所感受的直接物、存在物里即是在自己本身里,它把形形色色的事物安放到它的内部,因而也就扬弃了它的自为存在或它的主观性与它的直接性或它的实体性的自在存在之间的对立。但是,感受作为自然灵魂的一个规定或环节,还不能意识到外在的客体,因为在灵魂阶段,灵魂自身就是一切,此外别无他物。所以,主客的区分只存在于灵魂的内部,而不在灵魂和它之外的他物之间。

黑格尔继续指出:感受是精神在其无意识的和无理智的个体性中模糊活动的形式,在这种形式中,一切规定性都还是直接的,按其内容来看还是未发展的,都属于精神的最特殊的、最自然的特性。正因为如此,感受的内容就是有限制的,是转瞬即逝的,因为这个内容属于自然的、直接的存在,因而属于质的和有限的存在。黑格尔承认,一切都在感受中,也可以说,一切出现在精神的意识和理性中的东西都在感受中有其起源和开端(这也是感觉经验论的常见的说法),因为起源和开端无非是某物在其中显现出来的最初的、直接的方式。但是,他认为感觉是多变的、不可靠的,意志、良心、性格之属于我,要远比感受和感受的复合体(心,Herz)稳定可靠。我们可以说心必须善良,但感受和心却并不是用以辩护某个东西是宗教的、道德的、真的、正义的等等的形式,所有这些东西都绝不能诉诸感觉或心。我们经常经验到:有些感受和心是邪恶的、坏的、无神的、卑贱的,甚至邪念、凶杀、通奸、淫乱、亵渎等等都可以从心里出来。黑格尔因此说,正如今天有必要提醒人们"思维是人借以和牲畜区别开来的最自己的东西,而感受是任何牲畜共有的"①一样,"在科学的神学和哲学把心和感受当作善、伦理和宗教的标准的时代里,有必要使人们记起上述平凡的经验"②。

从黑格尔的这些观点可以看出,尽管他在自己的道德理论中批评康德的伦理学具有形式主义的倾向,并认为康德的形式主义伦理学一旦涉及现实就会出现各种自相矛盾,但是,他作为理性主义哲学家也和康德一样反对把多变的感受当作道德良心或正义的标准。黑格尔也特别强调:虽然属于自由精神的人所特有的内容也采取感受的形式,但这种形式本身是动物灵魂和人的灵魂所共有的,因而是不适合于人所特有的内容的。精神性的东西的更高超的本性并不出现在感受的形式中,而只能出现在用概念进行的思维中。如果把精神的东西、理性的东西、法的东西、伦理的东西放进感受的形式中,就势必会使所有这些东西失去普遍的有效性,而沦为纯粹主观偶然的东西。他甚至声称:"从上述一切可见,感受是精神东西的最坏的形式,而这种形式是能够使最好的内容变坏的。"③

黑格尔进而指出,感受灵魂在自身内发现的,一方面是自然的直接的东西,作为观念在它之内并为它所有,另一方面,那原本属于自为存在的东西则被确定为自然的形体性。他的意思是,当我们感受的时候,一方面是外部事物进入我们的灵魂之中,另一方面我们总是借助于我们的身体器官(如眼睛)来进行感受活动。由此,他谈到了我们的各种感官,认为它们构成了"特殊化的物体性的简单系统",包括光感官(眼睛)和声感官(耳朵),嗅感官和味感官,还有所谓的"坚固的实在性感官"、"重物质的感官"、"热感官"、"形态感官"等等。他还明确提出:"内部感受活动在

---

① [德]黑格尔:《精神哲学》,杨祖陶译,人民出版社2006年版,第98页。
② 同上。
③ 同上书,第99—100页。

其自我形体化的特殊化过程中的系统将会值得在一门独特的科学——一门心理生理学中加以阐明和讨论。"①

黑格尔所谓的"心理生理学"（eine psychischen Physiologie）到底要研究什么东西？他的回答是：就是要研究感受与我们感觉器官的联系，或者说，要在与感觉器官的联系中研究我们的各种感受。例如，我们的感受与感觉器官的联系，已经包含在愉快或不快之中了。但心理生理学最有趣的方面，也许不是研究单纯的同情或同感，而是要更确切地研究精神的种种规定，尤其是情绪激动或内心冲动给予自己的形体化。黑格尔写道："必须加以理解的是这样的联系，由于它愤怒和勇敢是在胸口、在血液里、在应激系统里被感受到，正如反思、智力工作是在头脑这个感觉系统中枢里被感受到一样。必须对那些最熟悉的联系作出比迄今更为透彻的理解，由于这些联系才源自心灵地产生出来眼泪、一般的声音、进一步的语言、发笑、叹息，此外还有许多临近病相学和面相学所述的特殊状态。在生理学中，内脏和器官只被看作动物有机体的成分，但是它们同时也形成一个精神东西形体化的系统，并因此而得到一种完全不同的解释。"②这段话非常清楚地表明：黑格尔这位所谓的唯心主义哲学家，是何等重视我们的感受与我们的感觉器官的密切联系。

与近代许多认识理论家（如笛卡尔、洛克等）一样，黑格尔把感受也分为外部感受和内部感受两种类型。他说，如果感受的内容是来源于外界的，就是外部感受；如果感觉的内容属于灵魂的内心，就是内部感受。外部感受完全属于他的以灵魂为对象的"人类学"，但内部感受按其内在性而言，原本应该由研究精神的"心理学"来研究，黑格尔在此只是在其形体化的范围内对之加以探讨。

---

① ［德］黑格尔：《精神哲学》，杨祖陶译，人民出版社2006年版，第101页。
② 同上。

　　黑格尔认为,外部感受是我们通过各种感官而获得的。在这里,感受者是从外部被决定的,就是说,他的形体性为某种外部的东西所决定。这种决定的不同方式,构成了不同的外部感受。为什么已知的感官是五个,不多也不少?对于这个问题,他认为可以给出一种"证明"。如果我们把感官理解为概念的诸环节的表现,这种证明就可以给出了。他认为,这些环节只有三个,而五个感官完全自然地归属于三类感官。第一类感受"由有形观念性的各感官形成",包含看和听两种官能;第二类感受"由实在差别的各感官形成",包括嗅和味的官能;属于第三类感受的,是"地球总体性的感官",它只包含一个官能——触觉。① 接着,黑格尔对这五种官能作出了详细的阐释。在此,我就不再一一加以介绍了。

　　黑格尔认为,内部感受可以分为两类。其中之一是"与我在任何一种特殊环境和状态里的直接个别性有关"②的感受,如愤怒、报复、忌妒、羞耻、悔恨等;另一类则是与自在自为的普遍的东西有关,即与法、伦理、宗教、美和真有关的感受。这两类内部感受具有一个共同点,即它们都是我的直接个别的、即自然的精神在自身内发现的规定。黑格尔在谈到这两类内部感受的关系时指出:一方面,这两个类可以相互接近,这是因为要么那被感受到的法的、伦理的和宗教的内容越来越采取个别化的形式,要么那起初与个别的主体有关的感受被更大量地附加上了普遍的内容;另一方面,法的、伦理的和宗教的感受越是摆脱主体偶然特殊性的杂质,并因而把自己提升为自在自为的普遍东西的纯粹形式,内部感受的两类区别就会越来越强烈地显现出来。但是,一旦内部感受中的个别的东西向普遍的东西屈服,内部感受就在同一程度上精神化了,它们的表现也就失去了出现时的形体性。

---

　　① ［德］黑格尔:《精神哲学》,杨祖陶译,人民出版社 2006 年版,第 102 — 103 页。

　　② 同上书,第 110 页。

在对外部感受和内部感受作了详细考察之后,黑格尔指出:由于感受具有直接性,具有被发现的存在这种性质,因此,它是个别的和暂时的规定,即灵魂的实体性中的种种变化。这些变化是被置于灵魂的与这种实体性相同一的自为存在中的,但这种自为存在不仅仅是感受活动的形式的环节,灵魂自在地就是感受活动的映现了的总体,也就是说,灵魂自在地就是那个总体实体性在自己内部的感受活动,而这就是感觉的灵魂(fühlende Seele)。于是,自然灵魂就通过感受而进入了自身发展的第二个阶段——感觉灵魂。

在黑格尔看来,自然灵魂进入感觉灵魂这个阶段,是因为它已经由感受的状态进入了感觉的状态。黑格尔意识到了单纯的感受与感觉的区别,因而明确地区分了感受与感觉这两个词的不同用法。他认为,虽然在一般的用法中,感受和感觉似乎并没有什么透彻的区别,但真正说来两者还是有一些区别的:感受(die Empfindung)更多地强调感觉活动的被动性或受动性方面,即发现一个直接给予的东西,而感觉(das Fühlen, das Gefühl,黑格尔交替使用这两个德文术语)则更多地指向存在于感觉活动的自身性(die Selbstischkeit)。

在正式展开对感觉灵魂的阐释之前,黑格尔花了不小的篇幅来说明从感受到感觉灵魂的过渡。他说,感觉灵魂是感受着的个体的灵魂,这个灵魂自己与自己的实体性对立起来,面对着自己本身,在自己的种种确定的感受中同时到达对它自身的感觉,或者说,到达对自己的总体性的尚属非客观的、仅仅是主观的意识,并因而不再是单纯感受着的,因为感受本身是受个别的东西约束的。这就是说,感受是个别的,但感觉则把个别的、多样的感受统一在一个总体性的个体灵魂中。黑格尔还指出,在感觉灵魂的范围内存在着灵魂的自由和不自由的矛盾,因为灵魂一方面还束缚在它的实体性上,还为它的自然性所制约,而另一方面,灵魂已经开始同它的实体、同它的自然性相分离,并因而上升到其直接的自然生命和客观的、自由的意识之间的中间阶段。

　　黑格尔对感觉灵魂在何种意义上处于直接的自然生命和客观的、自由的意识的中间状态，还作出了进一步的说明。他有时把客观的、自由的意识叫作表象着的意识，认为感觉灵魂处在直接的感受和表象着的意识之间，是一个中间阶段。下面这段话很好地说明了感觉灵魂的居间性质："……感觉的灵魂既不囿于直接的感性的感受和依赖于直接的感性的在场，也不反过来涉及只有通过纯粹思维的中介才能被把握的全然普遍的东西，而宁可是具有一个尚未进一步发展到普遍与个别、主观与客观的分离的内容。……感觉灵魂还是作为主体和一切内容规定的中心，——作为以直接方式统治着感觉世界的力量出现的。"①

　　黑格尔还特别提出：在感觉灵魂这里，由于灵魂是在它与自己本身分裂的立场上出现的，因此，"我们对于它就将不得不在其疾病的状态中来加以考察"②。他还说，在感觉灵魂向现实灵魂发展的过程中，灵魂会处在诸如做梦、疯狂等状态，而灵魂的疯狂状态显然是病态的。我们完全可以说，黑格尔接下来对感觉灵魂的阐释，集中地反映了他对诸如做梦、疯狂等非理性的意识活动的见解。这个部分的内容，与后来弗洛伊德等人的精神分析理论是有相通之处的。

（二）感　觉　灵　魂

　　黑格尔认为，感觉着的个体是简单的观念性，是感受的主体性。这就是说，感觉个体必须把自己的实体性、即只是自在地存在着的充满（die Erfüllung）作为主体性（die Subjektivtät）建立起来，它要扬弃感受到的实在性，即一方面否定一切感受到的实在性，另一方面又把它保存在自己的

---

① ［德］黑格尔：《精神哲学》，杨祖陶译，人民出版社 2006 年版，第 119 页。
② 同上书，第 118 页。

存在里,作为对这个存在的"充满"或内容,而这个充满或内容则构成种种特殊感觉的一个总体——一个特殊的世界,灵魂则作为总体的中心或主体在这个总体或特殊世界中进行感觉活动。——这就是感觉灵魂。

感觉灵魂作为个体灵魂总是排斥性的,而且是在自己的内部建立着区别。但是,这个成为与它有区别的东西还不是一个外部的客体,像在意识(这是后面精神现象学所要研究的对象)中发生的那样,而是它正在感受着的总体的种种规定。感觉灵魂处于受自然性所规定的自然灵魂与摆脱了自然性的"自我"的中间位置,前面也说过,它处在直接的感受和表象着的意识中间,因此,黑格尔把感觉灵魂阶段称为精神的"黑暗阶段",他写道:"精神的这个阶段就其自身来看是它的黑暗阶段,因为这个阶段的种种规定没有发展成为有意识的和可理解的内容。"①

黑格尔把感觉灵魂分为在其直接性中的感觉灵魂、自身感觉和习惯三个环节,这也就是感觉灵魂的三个发展阶段。

关于这三个阶段,黑格尔曾有非常清楚的概括。他说:"在第一个阶段上我们看到灵魂囿于在梦中度过和预感其具体的自然生活。""第二个阶段是疯狂的立场,就是说灵魂与自己本身分裂,一方面它已经控制了自己,另一方面它还没有控制自己,而是被扣留在一种它在那里有其现实性的个别的特殊性中。""最后,在第三个阶段上灵魂控制它的自然个体性,控制它的形体性,它把形体性降低为一种服从于它的手段,并把其实体性总体的不属于其形体性的内容作为客观世界从自身里抛出去。达到了这个目标,灵魂就在自我的抽象的自由中出现并因而成为意识。"②

1. 在其直接性中的感觉灵魂

直接性中的感觉灵魂由于还未真正建立起其自身性、主体性,因而实

---

① ［德］黑格尔:《精神哲学》,杨祖陶译,人民出版社 2006 年版,第 125 页。
② 同上书,第 122 页。

际上表现为被动性,这就是说,灵魂这时以一种被动的方式达到对其总体、即其特殊的个体世界的感觉。另一方面,这时的感觉灵魂与其个体世界的关系又是一种无中介的关系,这是与灵魂发展到意识和理智阶段后主体与世界之间的有中介的关系截然不同的。黑格尔把这种无中介的关系,称为在其直接性中的感觉灵魂的"不可思议"的状态或关系,并认为它有两种不同的形式,即"生命的形式上的主体性"和"感觉灵魂的实在的主体性"。

(1) 生命的形式上的主体性

这种主体性是形式上的,因为它是灵魂的无区别的简单性,不包含属于客观意识、即有主客对立的意识的任何东西,而是与"客观性"或"实体性"直接同一的。这就是说,这种形式上的主体性实际上是一个未曾分离的实体性的灵魂的统一体;而正因为如此,它本身就构成客观生命的一个环节。所以,它不是什么"不应当存在"的、即病态的东西。

就其自身来看,感觉灵魂"不可思议"的关系的这种形式,又有以下三种状态:自然地做梦,母腹中的孩子,个体对其守护神的关系。

①自然地做梦

做梦是睡眠的一个环节,它处在睡眠之中,不过,从一种肤浅的观点来看,它似乎证明了睡和醒是同一的——一种既睡又醒的状态。黑格尔强调指出:一个人即使在做梦,他其实也依然处于睡眠之中,因而不可忽视睡眠与觉醒的本质区别。他还说,在做梦的状态中,人的灵魂不仅充满了种种孤立的特殊感觉,而且比起通常在清醒灵魂的种种消遣中的情况来,它"更多的达到了一种对其完整个体的本性及其过去、现在和未来的全部范围的深入而有力的感觉"①。

②母腹中的孩子

胎儿的灵魂还没有自身(Selbst),而是在另一个与之有实存联系的

_____

① 〔德〕黑格尔:《精神哲学》,杨祖陶译,人民出版社2006年版,第131页。

个体即母亲中找到它的自身。所以,母亲就是胎儿的守护神。胎儿以母亲的灵魂为灵魂,在母亲的灵魂的直接控制、指挥下生活。也就是说,母腹中的胎儿向我们显露出这样一个灵魂,这个灵魂还不在胎儿里面,而只是在母亲里面才是现实自为的,它还不能自为地支撑自己,反而只为母亲的灵魂所支撑。在这里,实际上是两个个体的尚未分离的灵魂统一体,因为两者之间的这种直接的联系,既不只是生理的,也不单纯是精神的,而是灵魂或心灵的联系。母亲与胎儿的许多不可思议的联系,都是这样的心灵联系的表现,甚至某些生理现象也是以这种联系为根源的。

③个体对其守护神的关系

什么是个体的守护神? 黑格尔说:"我们必须把守护神理解为人的那种在其一切情况和境遇中决定着行动和命运的特殊性。"①这就是说,我在我之内是一个双重性的东西:一方面,"是我按照我的外部生活和我的普遍表象知道我是的东西",另一方面,"是我在我的以特殊方式规定了的内心里是的那个东西"②。对此,黑格尔做了这样的说明:"属于一个个体的具体存在的是他的种种基本利益、他同他人和世界一般的种种本质的和特殊的经验性关系的总和。这种总体性构成他的现实性,以至于它是内在于他,而且刚才被称之为他的守护神。"③由此可见,个体的"以特殊方式规定了的内心"——"守护神",实际上是个体的不同于其在外部生活中进行有意识的、甚至理智的活动的我的另一个我。在遇到各种情况和境遇时,个体采取什么样的态度来对待,以及做什么或不做什么,都由其"以特殊方式规定了的内心"即"守护神"或"另一个我",以压倒的方式作出最后的决定。

在这里,个体对其守护神的关系,一方面同于胎儿对母亲的依赖性,

---

① ［德］黑格尔:《精神哲学》,杨祖陶译,人民出版社 2006 年版,第 133 页。

② 同上。

③ 同上书,第 134 页。

另一方面又同于做梦时灵魂得到其个体世界表象的被动方式。因此，个体对其守护神的关系，就是它前面的那两种方式的统一：它既因为守护神对于个体是一个"有自身的他者"，而包含了胎儿对母亲关系中的灵魂生命的双重性环节；又因为守护神与个体形成了一种不可分离的统一，而包含了做梦中灵魂与自己本身的简单统一性的环节。

(2) 感觉灵魂的实在的主体性

这是灵魂已发展到意识和理智后而又下沉到直接性的感觉灵魂里去的状态，即精神的更为真实的形式实存于一种更低级、更抽象的形式中的状态。这种主体性之所以被称为实在的，是因为在这里出现的，不是在梦中、在胎儿的状态中和在个体对其守护神的关系中存在的未分离的实体性的灵魂统一体，而是一个现实的两重性的感觉生命出现了两个特殊的方面：一方面，是感觉灵魂与其个体世界中的无中介的联系；另一方面，则是灵魂与其有客观联系的世界之间的有中介的联系，这样的两个方面彼此分离开来。

黑格尔认为，在"生命的形式上的主体性"阶段，灵魂虽然有了做梦之类的活动，但是，这类活动却并不是"不应当存在的东西"，即不是某种病态的东西，而是某种也必然属于健康人的东西——就像每个健康的人都要长牙一样，因为这种形式上的主体性是如此地不自以为拥有属于客观意识的东西，以至于它本身反而是构成客观生命的一个环节。但是，在"感觉灵魂的实在的主体性"阶段，上述两个方面的分离或破裂，却必须被称为病——灵魂的疾病，因为这种感觉灵魂的实在的主体性本身并不构成客观生命的任何环节。

就像我们的身体会生病一样，在灵魂生命中也会有疾病发生的。黑格尔对身体疾病的看法是：身体疾病在于一个器官或系统与个体生命的普遍和谐相违反并固定下来，这样的障碍和分离有时会走得如此之远，以至于一个系统的特殊活动使自己成为一个把机体的其他活动都集中到自己之内来的中心,例如成为增生的瘤子。他认为灵魂生命中的疾病也与此相似:如果机体的单纯灵魂方面变得不依赖于精神的意识的权力,自以为拥有后者的功能,而精神失去对属于其灵魂的东西的支配,那么,精神就控制不住自己,而是自身下降到灵魂方面的东西的形式,并因而放弃了那种对于健康精神而言是本质的、客观的同现实世界的关系,即通过扬弃外部被设定的东西而有了中介的同现实世界的关系。总之,在这个时候,灵魂方面的东西变得独立于精神,甚至将其功能占为己有。

黑格尔还提到,灵魂的疾病总是与身体的疾病相联系的,而这种与身体疾病密切相连的灵魂疾病又有多种多样的形式。他并不想描述五花八门、形形色色的灵魂疾病,而仅仅试图"对这些病症中以不同方式形成起来的普遍东西按其主要形式加以确定"①。在他看来,属于这种普遍的东西可能在其中出现的病症有:梦游、强迫性晕厥、女性青春发育期、妊娠状态,甚至舞蹈病,以及临终前的瞬间——临终的生命分裂为正在变得更加虚弱的健康而又中介的意识和越来越达到专制统治的灵魂方面的认识,等等。黑格尔还特别强调了要研究人们曾称之为"动物磁力"(der animalische Magnetismus)的状态,既要就这种状态在一个个体中的自发的发展、也要就它以特殊的方式通过另一个个体在这个个体中的产生来加以研究。

根据黑格尔的说法,灵魂的这些病态可以是"自发地"产生,即健康人由于身体疾病、个人的特殊素质,或药物的作用而引起。不仅如此,黑格尔还认为这类灵魂疾病可以通过精神的原因,特别是宗教上和政治上的"过度兴奋"所引起。黑格尔在此提到了不少的例证,如在塞文山脉战争(Cevennerkrieg,1685 年发生在法国南部塞文山脉的胡格诺教派起义战争)中无拘无束地出现在灵魂中的东西,表现为在儿童、女孩特别是老人

———————————

① [德]黑格尔:《精神哲学》,杨祖陶译,人民出版社 2006 年版,第 140 页。

那里存在的高度的预见才能。而他认为，最令人注目的例子，是欧洲战争史上最有传奇色彩的法国农村少女贞德请缨杀敌的故事：凡她所在的队伍都士气高涨，结果大败英国侵略军。在她身上，一方面是一个全然纯粹的、单纯的灵魂的爱国热忱，另一方面是一种磁力的状态。

　　此外，黑格尔认为值得注意的是，这些病态也可以"故意地"即人为地引起。这主要是指奥地利医生梅斯梅尔①以他发现的"动物磁力"治病的学说和实践，这种学说和实践激发了一种普遍的兴趣：人们试图用这种方法引起和发展种种催眠状态的一切可能的形式。黑格尔认为，"动物磁力"所引起的种种催眠状态与前面讲的那些自发产生的状态没有什么不同，只不过它们是由一个个体（催眠师）以特殊方式使另一个个体（被催化剂催眠者）的灵魂生命中上述本来结合在一起的两个方面达到彼此分离和破裂而有意造成的。这时，被催眠者（他也必须是具有特殊素质的人）的灵魂就下降为无须中介而进行感觉活动的"在其直接性中的感觉灵魂"，而催眠师的有自我意识的灵魂，则在控制和指挥的同时还要跟他自身的守护神打交道，这就引起了催眠状态中的种种混乱甚至矛盾的现象。

　　在这里，黑格尔很详细地考察了灵魂疾病的主要形式。他认为，这些形式都显露了灵魂方面的东西与客观意识的某种外在的分离。客观意识知道世界是一个在它之外的、无限复杂的，但在其一切点上都必然联系着的、自身不包含什么无中介的东西的客观性，并以一种与这种客观性相一致的形式，因而只能通过某个一定的感觉器官走向外部客观性的某个一定的形式，如只能用眼睛去看某个东西。但相反，感觉或认识的主观的方式则可以完全地或部分地缺少客观认识所不可缺少的种种中介和条件，

————————

　　① ［德］黑格尔：《精神哲学》，杨祖陶译，人民出版社 2006 年版，第 152—153 页和译者注。

而能够直接地视物,例如不借助于眼睛就知觉到可见之物。黑格尔这里所说的,就是人们常说的"特异功能"。接着,他提到了这种"特异功能"的五种主要表现。

①所谓金属占卜者和水占卜者的特异功能

据说,这些占卜者在完全清醒的状态中,不借助于视觉的中介就能察知地下藏有金属或水。黑格尔知道,宣称有这种特异功能的人并不鲜见,对此,他也做了详细的介绍。他说,传说的故事肯定有许多骗人的东西,但有些事例还是有一定的可信度的,尤其是下面的事例:"一个生活在17世纪有谋杀嫌疑的法国农民被逮到谋杀进行的地窖并在那儿吓出了一身冷汗,这时他得到了一种对于谋杀犯的感觉,凭借这种感觉他找到了这些谋杀犯在逃跑中所走过的路和到过的居住地点,在法国南部的一个监狱里发现了谋杀犯中的一个并追踪第二个谋杀犯直到西班牙边界,在那里他被迫返回了。这个家伙拥有如此敏锐的感觉,就像一条老远地追踪着主子足迹的狗一样。"①

②出现在强迫性晕厥尤其是梦游当中的幻觉

在强迫性晕厥或梦游当中,不依赖于一种与对象有特殊关系的特殊感官,一个对象就被感受到了,这是与占卜相同的。但与占卜不同的是,在这里,不像在占卜那里有一种完全没有中介的知觉,而是有关的特殊感官要么为主要在心窝里活动的共同感觉所取代,要么为触觉所取代。黑格尔提出,强迫性晕厥是一种器官麻痹的状态,而梦游则是强直性晕厥状态的一种类型。在梦游的状态中,做梦不仅可以通过语言表现出来,也可以通过来回走动表现出来,甚至可以产生其他种种行动,而这些行动经常以对周围事物情况的正确感觉为根据。

在这里,黑格尔对梦游症作出了令人惊奇的细致刻画。他指出,人们

---

① ［德］黑格尔:《精神哲学》,杨祖陶译,人民出版社2006年版,第142页。

之所以出现梦游状态,很可能是通过纯粹外部的事物(如晚上吃的某些食物)引起的。灵魂在开始梦游之后,依然依赖于外部事物。例如,在梦游者附近响起的音乐,就会使他们在睡眠中背诵整部小说。黑格尔强调指出:"真正的梦游者虽然能听和触摸;相反地,他们的眼睛,不管是闭着的还是睁开的,都同样是呆滞的;因此,对于诸对象将首先在意识的真实关系所必需的对我的间距中出现的这个感官来说,它在主观东西与客观东西不存在分离的这种状态中就停止活动了。"①这表明,在梦游的状态中,正在减弱的视觉为触觉所取代——这在盲人那里只在较小的规模上发生。但是,触觉并不总是完全正确地引导梦游者,他们的那些聚集在一起的行动只是某种偶然的东西:这些人在梦游中虽然写信,但他们却常常为自己的感觉所欺骗,例如,他们自以为是骑在一匹马上,而实际上却坐在屋脊上。

黑格尔还特别指出:在强直性晕厥中,"共同官能"在心窝中也达到了一种如此扩大的活动,以至于它代替了视觉、听觉或者味觉的工作。他提到这样的事例:里昂的一位法国医生在动物磁力还不为人知的时期治疗过一个病人,该病人只靠心窝(Herzgrube)听和读,而且他能阅读有人在另外一间房里拿着的一本书,而房子之间是有意隔开的。这是一种不同寻常的视觉能力。有些人常常声称,他们**内在地**(innerlich)看到了某些东西,或者觉得好像有光线从那些东西中散发出来。而味觉为共同器官取代的事情,则有这样的例子:有些人声称尝到了放在他们胃上的食物的味道。

③千里视之类的神奇预感或内观

这里讲的是:没有任何一种特殊的官能参与,也没有共同官能在身体的某一个别部位上成为有实际行动的,就从一种不确定的感受中产生出

———————

① 　[德]黑格尔:《精神哲学》,杨祖陶译,人民出版社 2006 年版,第 143 页。

某种预感或内观(Schauen),即有关某种并非感性上接近的东西,而是有关空间中和时间中遥远的东西,有关某种将来的东西或过去的东西的幻景。黑格尔在此提到了两种有所区别的幻景:第一种是单纯主观的、与不存在的事物相关的幻景,它虽然也出现在梦游症中,但尤其出现在某种主要是身体的病态(如高烧)中,甚至出现在清醒的意识那里,例如,弗·尼古拉①在清醒的状态中完全清晰地看到街上有一些不同于实际上存在于那里的房子,但依然知道这仅仅是错觉;第二种是以现实的东西为其内容的幻景,或者说,是与实际上存在的对象有关的那些幻觉。

接着,黑格尔对上述第二种幻觉展开了深入而细致的考察。他提出,要理解这种幻觉现象的不可思议和神秘莫测之处,关键是要抓住关于灵魂的下述观点:"灵魂是渗透一切的东西,而不只是在一个特殊个体中实存着的东西;因为……灵魂必须理解为真理,理解为一切物质东西的观念性,理解为全然普遍的东西,在这个普遍东西里面一切区别都只作为观念的而存在,而且这个普遍的东西不是片面地与他物对立,而是控制住他物。但灵魂同时是个体的、特殊地规定了的灵魂,因而它在自身内有多种多样的规定或特殊化;它们表现为例如种种冲动和爱好。这些规定虽然彼此不同,然而就自身而言则只是某种普遍的东西。在我作为特定的个体里面这些规定才得到一种特定的内容。"②这表明,灵魂既是渗透一切的普遍的东西,又是个别的特殊化了的东西,正是这种特性导致了第二种幻觉或幻景的出现。例如,对父母、亲戚、朋友的爱就在我里面个体化了,我不可能是"朋友一般",我必然是"对这些朋友而言的这个生活在这个

---

① Nicolai, Christoph Friedrich(1733—1871),德国作家、书商,德国启蒙运动领袖,曾与著名启蒙主义者莱辛、门德尔松一起创办《纯文学文库》、《新文学书简》等期刊。

② [德]黑格尔:《精神哲学》,杨祖陶译,人民出版社2006年版,第144—145页。

地方、在这个时间、在这个境况中的朋友"①。在充分表达了这种关于人的个体化的见解之后,黑格尔进而指出:所有这些在我里面个体化了的、并为我所经历了的种种普遍的灵魂规定,就构成了我的现实性,它们因而不是听凭我的随意而毋宁是构成我的生命的种种力量,而且它们就像我的头或胸属于我的活生生的特定存在一样属于我的现实存在。但是,就我起初还只是感觉灵魂,还不是清醒的、自由的自我意识而言,我是以全然直接的、全然抽象肯定的方式,知道我的这个现实性即我的这个世界的,因为我在这个立场上尚未把世界与我分开,还不曾把世界设定为一个外部的东西,因为我对于这个世界的认识,还不是由于主观的东西和客观的东西的对立和这个对立的扬弃而中介了的。这种情况,就是我们能够形成与实际上存在的对象相关的幻觉的根源。

黑格尔进一步详细地分析了这种"内观的认识"即与现实事物相关的幻觉的具体内容。

他注意到的第一种状态是:"灵魂在那里知道某种长久以来就忘记了的内容,而这内容是他在清醒时不再能够意识到的。"②黑格尔认为,这种现象在许多疾病中出现。而最引人注目的现象是,有些人在病中说出一种他在少年时曾经学过但他们在清醒状态中不再会说的语言。在催眠状态下,也有一些平常毫不费劲地说低地德语的普通人轻而易举地说高地德语,等等。黑格尔在这里论述的,其实就是通常所说的"失忆症",他认为这种症状在某些催眠的情况下会消失。

黑格尔注意到的第二种与现实事物相关的幻觉状态,就是对那些还外在于感觉主体的事件的无中介的认识。他认为这是一种更加不可思议的状态,因为内观的灵魂在幻觉状态中不仅超越了空间条件,而且不受时

---

① [德]黑格尔:《精神哲学》,杨祖陶译,人民出版社 2006 年版,第 145 页。
② 同上。

间条件的限制。

　　关于超越空间条件的内观方式的事例,黑格尔认为在古代要比现代更为常见,因为在古代是灵魂方面的生活占优势,而在现代,理智意识的独立性得到了更广泛的发展。于是,远古编年史就提供了这方面的大量例子。黑格尔还提到,超越空间限制的预感会出现晦暗和清晰相互交替的情况。例如,有这样一位姑娘,她在清醒状态中并不知道自己有一个弟弟在西班牙,而她在千里视中开始只不过是不清楚地但后来就清楚地看见了这个弟弟在一家医院里;接着,她看见弟弟死了并作了尸体解剖,可是后来相信看见他又是活的,而且正如后来弄清楚的那样,她在这一点上是看对了,她的弟弟在那回千里视时是在某地的一家医院里,但她以为看见弟弟死了则是错的,因为不是她的弟弟,而是她弟弟旁边的另一个人在那时死了。

　　关于不受时间条件限制的内观方式,黑格尔作了更详细的阐释。这种内观方式,简单地说就是对未来的预知。人能够清楚地知道遥远未来的事情吗? 黑格尔对此问题给出了如下答复:正如表象的意识把对遥远的、在肉眼视野之外的个别事物的内观认作是比对理性真理的认识更为优越是错误的一样,当表象认为一种完全可靠的和理智上确定的对未来事物的认识会是某种很崇高的东西,而人们由于缺少这样一种认识就不得不去寻找安慰的理由时,也陷入了同样的错误。黑格尔的正面观点是:"其实,必须反过来说,令人无聊绝望的会是:预先完全确切地知道自己的命运,然后按顺序而无一例外地经历这些命定的事。"①由此可见,黑格尔是反对算命先生之类的预知的,他不相信有人会预先知道自己的全部命运。这种预知属于不可能的事,因为那尚未到来的遥远的事情,是根本不可能成为知觉的、理智的意识的对象的,我们只能知觉到个别的、感性

---

　　①　[德]黑格尔:《精神哲学》,杨祖陶译,人民出版社 2006 年版,第 148 页。

地在场的事物。当然，他承认人的精神能够凭借概念而认识到永恒不变的东西，由此超越对感性个别事物的认识。但是，这种"绝对的"超越完全不同于病态的对遥远未来的预知，因为在催眠的情况下出现的对未来的预知，只是对直接在场物的认识的有条件的超越，它始终只是与千里视者的实存的个别的范围有关，特别是与他个人的疾病素质有关，而且就形式而言，不具有客观的、理智的意识的必然联系和明确的确定性。

最后，黑格尔注意到的第三种状态是："灵魂在有关它自己的内部东西，即有关其心灵状态和身体状态的内观的知里，则从与外部东西的联系返回到自己本身。"①他在此所讲的，其实是对我们自己身体情况的一种虚假的感知。他承认，如果千里视者受过良好的医学教育，因而在其清醒意识中拥有对人的有机体的本性的精确认识，他对其身体状态能够指示出某些完全确定的和正确的东西。但是，对于未受过医学教育的千里视者，我们不可以期待任何解剖学和生理学上完全正确的陈述。黑格尔指出，要把他们关于自己身体状态所有那些浓缩的注视翻译成理智思维的形式，是极为困难的。

④对他人心灵状态和身体状态的千里视

黑格尔认为，这种情况尤其发生在催眠引起的梦游中，在被催眠主体与另一个主体（催眠者）双方的生活范围里，由于他们一起进入的心灵感应关系而仿佛变成了一个单一的生活范围的时候。

⑤心灵附体

黑格尔认为，这是**心灵感应**在亲切和强度上达到的最高程度，此时，内观的主体不仅从另外一个主体中认识、看和感觉，而且就直接**在**另外一个主体中认识、看和感觉，"不直接注意别的个体就对他的一切遭遇有直

---

① ［德］黑格尔：《精神哲学》，杨祖陶译，人民出版社 2006 年版，第 150 页。

接的同感,把别的个体的种种感受作为他自己的感受包容在自身内"①。黑格尔提到这样一个最引人注目的例子:一位法国医生曾经治疗过两个彼此非常相爱的妇女,她们从很远的地方彼此在心里感受到双方的症状。还有一个例子是:一个士兵离他母亲很远,但当她母亲被盗贼捆绑起来时,他却感到如此恐惧,以至于立即赶到母亲身边。

以上所述,就是内观的认识的主要环节。此外,黑格尔还对利用动物磁力来进行的催眠状态作出了详细分析。他认为催眠状态是一种病,一个人之所以能够被催眠,是因为他的有机体的特殊系统与其普遍的生命疏远了,这种疏远使得他显示出有限性、软弱性和对外力的依赖性,最终使得催眠成为可能。催眠的方式方法多种多样,但通常是通过触摸来起作用的。催眠的最直接、最普遍的作用,就是使被催眠者沉入其包裹起来的即无区别的自然生命的状态,即睡眠。黑格尔还一再强调了催眠师和被催眠者的密切关联。

可见,黑格尔在对"感觉灵魂的实在主体性"的讨论中,无论对自发产生的或故意引起的上述种种奇异心理现象,都进行了大量的分析和描述,但他的观点始终是很明确的:

首先,所有这些现象都是一种病态,是精神本身之堕落到通常意识之下的表现,那种认为在这种状态中能够得到比理性思维所能达到的更优越的东西和对永恒事物的启示的观点是不能成立的。

其次,他同时也反对一味否定这类不可思议的现象的真实存在的做法,而力图对它们作出科学的和哲学的说明。他一方面指出它们的生理基础,另一方面则指出它们与灵魂的东西,即"直接性中的感觉灵魂"的本质联系,并广征博引早期人类历史中(特别是在宗教活动中)的种种事实作为旁证。在我看来,后一个方面比第一个方面更为重要。

---

① [德]黑格尔:《精神哲学》,杨祖陶译,人民出版社 2006 年版,第 152 页。

再次,他认为正视和认真说明"动物磁力"现象,对于考察和研究精神的自然方面即灵魂方面有着重要意义,有助于摆脱不真实的知性的精神观,而向思辨的即辩证的精神观前进。

2. 自 身 感 觉

自身感觉是感觉灵魂进展的第二个小阶段。在此阶段,直接性中的感觉灵魂(它是种种特殊感觉和感受的一个总体)作为个体把自身和它的种种特殊感觉和感受的总体区别开来。相对于这些特殊的感觉或感受而言,它自身就是能感觉的主体,而它所感觉到的特殊感觉,由于它们是"观念性"形式中的东西,则是主体的特殊的规定性。这样,主体和它所感觉到的特殊感觉就合为一体。这样沉没在特殊感觉中的主体就是自身感觉,而自身感觉也只能在特殊的感觉中进行对比。也许,我们可以引用黑格尔在谈到自然灵魂时说的这样一句话来加以说明:"我在这个立场(指自然灵魂的立场——引者)上感受到什么,我就是什么,而我是什么,我就感受到什么。"①

这种自身感觉是灵魂摆脱其自然性,包括身体的形体性的纠缠而提高到抽象的自我(即自己与自己联系的主体)所必经的阶段。虽然如此,一旦一个有理性的人以他自己直接感觉到的感觉(或感受)作为他自己的规定性(以为他感受到什么,他就是什么),那么,这个人就一定会被认为是有病了,不正常了,也就是发疯了。由于这个原因,黑格尔在论述"自身感觉"的这部分里,以极大的篇幅讨论了"疯狂"问题,甚至把感觉灵魂发展的这个阶段称为"疯狂阶段"②。

黑格尔认为,已经发展成为理智意识的主体,与上述作为自身感觉的

---

① ［德］黑格尔:《精神哲学》,杨祖陶译,人民出版社 2006 年版,第 119 页。
② 同上书,第 166 页。

主体不同,它是按照它作为处于一定地位的个体与有内在秩序的外部世界的联系来安排和保持自己意识的主体。在它的意识中,它对外界事物的任何特殊感觉都是被安排到合适的位置而有其从属关系的,用黑格尔的话来说就是:它的意识是"系统化了的总体性"①。当然,这是已经发展到了理智的意识。但是,"这个意识的主体同时是自身感觉的天然的自身"②。这就是说,自身感觉是作为这个主体的一个构成环节而存在于它里面的。因此,这样的理智意识的主体就可能下降到坚持其自身感觉扰乱特殊性的地步,从而陷入其"系统化了的总体性"意识,和这个总体中僵化了的、与其他东西无联系的特殊性的矛盾中,或者说,陷入其独立自由的主体性和在自身感觉中固定不变的特殊性的矛盾中。这是一种病,一种同身体的东西分不开的精神病,即疯狂。

（1）疯狂的观点

首先,黑格尔阐述了他有关疯狂的观点:

第一,疯狂不是理性的完全丧失。在疯人中,理性的、具体的自我下降而为被动的、抽象的自我,从而就失去了对其诸规定的总体的控制力,失去了把来到灵魂里的东西放到正确的位置上和在其每个表象中都清楚地意识到自己的能力,结果,他就在自己的某个特殊的表象上着了迷,反而让自己成了单纯主观表象的俘虏,坚持它是客观事物,从而陷入疯狂。所以,疯狂只是那现存的理性中的错乱、矛盾,是"精神在它自身内的错乱和不幸"③。黑格尔因而强调地指出:"真正的精神的治疗也要坚持这个观点:疯狂并非理性的抽象的丧失,无论按照理智的方面还是按照意志及其责任能力来说都是如此。"④

---

① ［德］黑格尔:《精神哲学》,杨祖陶译,人民出版社 2006 年版,第 163 页。

② 同上书,第 164 页。

③ 同上书,第 165 页。

④ 同上。

第二,在对疯狂概念进行规定时,黑格尔指出:"在疯狂中灵魂方面的东西对客观的意识不再是一种单纯有差异的东西的关系,而是一种直接对立的东西的关系,并因此不再与客观的意识相混合。"①客观意识的主体性是与外部世界的客体性相统一的,它们所坚持的是主体和客体的客观统一;而就灵魂是疯狂的而言,它所坚持的主体性不如说是与主体性对立、矛盾和分裂的,这样的主体性就成了一种形式的、空洞的、抽象的主体性,但它却又认为自己具有主体和客体统一的意义。其实,它所具有的表象,无论是关于它自己还是关于外部事物的,都只是主体和客体的一种仅仅主观的统一,而不是这两方面的客观的统一,就是说,那些表象只是主观空洞的表象,而它却坚持以为它们是客观地出现在它面前的事物。

第三,在疯狂中,理性的客观意识及其客观世界和那种坚持自己的、在自己本身内有其客观性的灵魂方面的每一个都发展为总体,发展为人格。而且它们是同一个状态中的两个彼此对立、矛盾、分裂和彼此否定的人格。因此,疯人是把自己作为破裂为两个不同种类的主体来对待的。

第四,并非主体与客体的任何现实的分裂都是疯狂,如果它知道它的主观表象不是客观事物的话。仅当这种分裂(它表现为错误、狭隘、愚蠢、空想、非罪行过失等等)达到极端时,即只有在人以为他的仅仅主观的表象是客观事物,并保持不变地反对真正的客观性时,这种分裂才是疯狂。

第五,把疯狂看作是灵魂发展中必然出现的阶段或形式,不能理解为每个人都必须经过这种极端的分裂状态,而是说它是精神在其发展中所必须克服的极端,而如前所述,这种极端并不是在每一个人那里都出现的。

(2) 疯狂的分类

在阐释了有关疯狂的观点后,黑格尔依照这些观点对疯狂进行了分

---

① [德]黑格尔:《精神哲学》,杨祖陶译,人民出版社2006年版,第166页。

类,并对此作了详尽的描述。

黑格尔认为,一切疯狂所具有的普遍的东西就是:疯狂是一种精神的内在性,即一种精神沉没在己内的存在,这种存在的特征在于精神不再与现实有直接的联系,而是坚决地与现实脱离或分裂了。据此,他把疯狂分为三种形式:

①疯狂状态的第一种类型或主导形式

如果上述"普遍的东西"始终停留在不确定性即空洞性中,那么,它就构成疯狂状态的一个特殊类型。它又有三种具体表现形式:

痴呆:天生的痴呆(又称为"呆小病")是不可治的。但也有由于无辜的不幸或自己的过失而陷入的痴呆。痴呆有时表现为僵硬症,即身体活动和精神活动的完全麻木。

精神涣散:它表现为"对直接在场的无知",这往往是精神错乱的开端。可是,也有一种精神涣散可称为"高尚的",它出现在深入沉思而不注意所有比较无意义的事情的情况里。严格意义的精神涣散是沉浸在全然抽象的自身感觉里,沉陷在深思熟虑的、客观的意识无所事事的状态中,沉溺在精神对那些本来亲知的事物的茫然无知的状态里。处于这种状态中的个体以一种片面的方式,而不按其关系的总体来把握外部情况。

蠢态:与精神涣散相反,蠢态对一切事物都有兴趣。它来源于无能把注意力固定到任何确定的事物上。这类傻瓜是最麻烦的人,无法治疗。它永远都来源于理智意识把所有表象放在一起加以比较的能力的削减。

②疯狂状态的第二种类型或主要形式

其特点在于:那完全不确定的己内存在得到了一个确定的内容,与一个仅仅主观的特殊的表象连接起来,并把它当作某种客观的东西。这就是真正的傻。

真正的傻出现在自然精神的己内封闭状态获得一个确定的内容之时,这个内容变成了固定的表象,这是由于还没有完全控制自身的精神同样厉害地沉溺在这个内容里。在这个词的较狭窄的意义上，"傻"指精神始终待在某个个别的单纯主观的表象上，而将它认作是一个客观的东西。于是，这种在其内在性中筑巢的精神就很容易丧失对现实的理解，而只熟悉自己的主观性。在这种情况下，很快就可能发生真正的傻，它很容易走到从自己中创造出某一个内容，并把这个仅仅主观的东西看作是某种客观的东西、并因而将其固定起来的地步，表现出抓住某种确定的东西的力量。但因为它还是意识，因而它一方面是与那内容连生在一起的，另一方面由于意识的普遍的本性而超越了疯狂表象的特殊内容，所以，傻子们除去就某一点而言的神志糊涂以外，还同时拥有一个良好的、前后一贯的意识，一种对于事物的正确理解和某种理智行动的能力。这样一来，也由于傻子们的怀疑的克制态度，就有了这样的可能性：人们有时不能立即认出一个傻子是傻子。此外，人们尤其怀疑对傻子的治疗是否奏效，精神病人是否能够出院。

傻子之间的彼此区别主要取决于里面固定起来的表象的多样性。例如厌世，抑郁，甚至发展出一种不可克服的自杀冲动。

此外，还有与生动的兴趣、甚至激情结合在一起的无限数量的具有零星内容的傻事，这就不必多谈了。

③疯狂的第三种类型或主要形式

这种形式的疯狂就是癫狂或精神病。疯子本人知道他的意识分裂为相互矛盾的两种状态，生动地感觉到他的仅仅主观的表象和客观实际的矛盾，却不能放弃这个表象，反而要使它成为现实或消灭现实的东西。精神错乱者对其意识的内在分裂的感觉，既可以是一种平静的痛苦，又可能发展到理性反对非理性和非理性反对理性的暴怒，因而变为发狂。

每个人心里都有恶意的微光出现，但有德性者和聪明的人善于克服它。可是，在精神错乱者那里，一种特殊的表象取得了对理性的精神统治权，因而就无拘无束地从整体上显露出来，变成了一种冲破真正普遍意志的伦理法则的桎梏的冲动,从而它的种种黑暗的隐蔽的力量就释放出来了。精神错乱者的愤怒往往成为伤害他人的地道的癖好,甚至成为突然生起的残忍好杀的欲望,以至于杀死他们平常亲切喜爱的人。但是,他们的善恶并不排斥道德的和伦理的情感,这些情感在他们那里甚至具有一种增高的活力。

(3) 疯狂的治疗

在讲完了疯狂的类别之后,黑格尔接着论述对疯狂的治疗。

治疗疯狂的方法有物质的和精神的,但以精神的治疗方法为主。其中最重要的方法,就是必须把疯人的理性的残余理解为治疗的基础。这种治疗中的头等大事,就是要得到疯人的信赖,治疗者能够获得疯人的信赖,是因为疯人还是伦理的存在者。其次,治疗者获得信赖后,还必须博得对他们的一种正当的权威和尊重。疯人既然有理性的残余,就应得到关怀备至的对待。消解疯人固定表象特别有效的途径,就是强使这类精神病人从事劳动,尤其是体力劳动。通过劳动,他们就从其病态的主观性中被拉了出来,由此被推向现实事物。

3. 习　　惯

习惯是感觉灵魂进展的第三个小阶段。前一个小阶段的"自身感觉"是沉没在特殊感觉里的,是和这些特殊感觉没有区别的。但是,"自身"自在地是观念性的简单的自相联系,即一种形式的普遍性。这种普遍性是必须设定在感觉生命中的、与那些感觉的特殊性不同的自为存在着的普遍性。这就是说,那个形式的普遍性成了灵魂的普遍存在,而那些感觉的特殊性也是形式的特殊性,就成了灵魂的特殊存在,属于灵魂的形体性的因素。灵魂的这种自为存在着的普遍存在还不是"自我",而是一种抽象的、无意识的直接活动,但却是意识的基础。"灵魂使自己这样地成为抽象的普遍存在,并且把种种感觉的(同时意识的)特殊东西归结为它身上的一种单纯存在着的规定,这就是习惯。"①由于这样,就可以说,灵魂是无感觉地、无意识地在它自己身上具有了这些规定,并在它们里面活动。而这些规定之被放到灵魂里去的过程,则表现为诸感觉规定的一种重复,因此,习惯的产生表现为一种练习。黑格尔认为习惯是精神研究或一般心理学中的一个难点,他批评了对习惯不重视和估计不足的倾向。

对于习惯,黑格尔强调了以下几点:

第一,习惯是自身感觉的机制,它不是直接自然的,而是感觉等等(就其属于自身感觉而言)之被制作成为一种自然存在着的、机械性的东西的规定性。所以,黑格尔认为习惯有理由被称为第二自然。将习惯称为**自然**,乃因为习惯是灵魂的一种直接的存在,而将它称为**第二**自然,则因为"它是一种由灵魂建立起来的直接性,是对于应属感觉规定本身和作为形体化了的表象规定和意志规定的那个形体性……的一种塑造和精制"②。

第二,人在习惯中是不自由的,因为习惯尽管是灵魂建立起来的第二自然,但它终究还是自然,因而使人受到限制,甚至使人成为习惯的奴隶。但是,人在习惯中又是自由的,因为通过习惯,人就从受其影响的种种感觉、欲望、表象中解放出来。总之,人在习惯中不是与偶然的、个别的感受、欲望、表象发生关系,而是与它自己建立起来的、为自己所有的普遍方式发生关系,因而显得是自由的。所以,使人自由应该是习惯的本质方面。

第三,特别是通过"熟巧"的习惯,使身体(或形体性)毫无例外地从属于灵魂的要求和统治,彻头彻尾地成为灵魂的"驯服而灵巧"的工具。黑格尔强调指出:"对于形体性的这种征服构成灵魂成为自由的及其达

---

① [德]黑格尔:《精神哲学》,杨祖陶译,人民出版社2006年版,第188页。
② 同上书,第188—189页。

到客观意识的条件。"①这就是说,这种征服使身体成为灵魂的"驯服而灵巧"的工具,这样一来,身体就成了灵魂与外部世界建立联系并在其中实现其目的的中介。

第四,人通过习惯就从他受其影响的种种感受中得到解放。黑格尔列举了如下几种情形:一是直接感受被确定为被否定了的,即无关紧要的,如锻炼不怕外部刺激的种种感受(如严寒、炎热、四肢疲劳等等);二是对满足的漠不关心,就是说,欲望和冲动由于习惯于对它们的满足而变得迟钝麻木了(这就是从欲望和冲动中的合理解放);三是在作为熟巧的习惯中,灵魂的抽象存在不仅要单独地留住,而且要作为主观目的对身体提出要求,使身体无例外地从属于它。但是,人必须公平地对待自己的肉体,爱护它,保持健康和强壮,不允许蔑视、敌视和虐待它。

第五,习惯的形式包括精神活动的所有种类和阶段。例如,个体笔直地站立着,是通过他的意志而使之成为习惯的,是一种直接的、无意识的姿势,这种姿势永远是他继续不断的意愿的事情:**人站着,只因为**他决意站着,和**只要他**决意站着,而且只在他无意识地决意站着时站着。又如,**看**等等是具体的习惯,这种习惯把直接的感受、意识、直观、知性等许多规定结合在一个简单的行动里。再如,完全自由的、在它自己的纯粹要素中工作着的思维,同样需要习惯和熟练这种直接性形式,这种直接性甚至包含着形体性,如不习惯于思维和思维的长久持续会引起头痛。习惯减弱这种感受,因为它使自然的规定成为灵魂的一种直接性。

(三)现实灵魂

自然灵魂经过感觉灵魂而发展到现实灵魂,这是灵魂发展的第三阶段,也是最后一个阶段。灵魂使身体成为自己的工具,这样一来,灵魂自

① [德]黑格尔:《精神哲学》,杨祖陶译,人民出版社2006年版,第193页。

己就是自为的、个别的主体,是内在的东西,而身体则是属于它的外在东西。内在东西和外在东西的统一,就是现实的灵魂。灵魂在身体内只与自己联系,所以,身体"这个外在性表现的不是自己,而是灵魂,并且是灵魂的符号"①。黑格尔还说:"灵魂在其形体性上拥有其自由的形状,它在这形状中感觉到自己并使自己被感觉到,这形状作为灵魂的艺术品具有人类的、病征学的、面相学的特征。"②

人的身体作为灵魂塑造的艺术品,成了精神的最初的显现。这种显现,主要表现在面部表情和各种姿势上。

首先,是脸部(包括头部)的表情变化。如点头意味着一种肯定,表示一种屈从。摇头是一种否定,暗示出一种犹豫或取消。只用上身鞠躬表示敬意。昂首表示自以为比别人高明的轻蔑。皱鼻子表示一种厌恶。皱眉头预示一种生气,即一种反对什么的内心确定。希望落空就拉长脸,仿佛自己六神无主。双手护头表示大吃一惊。许诺时握手表示达成一致。

其次,是下肢的运动和走路的姿势。它们一方面显示出草率、矫揉造作,或虚浮、伪善;另一方面则显示出正派、谦虚、明智、坦率等,以至于很容易从走路的姿势把人们彼此区分开来。

再次,是前面提及的人的身体的各种自由的形状。这些形状可能具有病征学的或面相学的特征。病征学的东西表现为更多地与暂时的激情有关,而面相学的东西则涉及性格,因而涉及持久的东西。而一个人的激情如果是持久的——持久的愤怒的激情就会牢固地刻在脸上,从而病征学的东西就变成面相学的东西了。同样,假仁假义的气质也逐渐以不可消除的方式,在脸部和身体的整个姿态上显露出来。

① ［德］黑格尔:《精神哲学》,杨祖陶译,人民出版社2006年版,第196页。
② 同上。

最后,每个人都有某种相貌上的外表:一看就令人感到喜欢或不喜欢、坚强或软弱。据此,可以提出普遍的判断。但也容易判断错误,因为直接性的外表只是在或高或低的程度上与精神相一致。例如,不好的和良好的外表都可能隐藏着不同于它最初使人想到的某种东西,甚至连言语都摆脱不了既可以用以隐瞒也可以揭示人的思想的命运。因此,黑格尔指出:"对于人的认识远不是根据他的外表(包括语言在内——引者),而宁可根据他的行动。"①

人的形体性,即身体是不能抵抗灵魂对它的塑造的,但是,灵魂对身体的塑造又不是绝对的,就是说,不是取消灵魂和身体的区别的那种塑造。身体的有机方面是始终不受灵魂支配的。灵魂在此感到了自己的局限,它就映现到自己内部,而把形体性(身体)从自身赶出去。这样,灵魂就完成了它从存在形式的解放,而赋予自己以本质的形式,成了"自我",即思维和自为的主体。因此,灵魂在"自我"中实现了比自然觉醒更高类型的觉醒:它认识到自己是主体,认识到自己的观念性,即主体性和能动性。于是,自我作为主体就把其"诸规定的自然总体"作为客体,即一个外在于它的世界从自己那里排除出去并与之相联系,以致它在这个世界中直接地映现在自己内,——这就是意识。

这样一来,黑格尔就从灵魂过渡到了意识,对精神的考察也就从"人类学"过渡到了"精神现象学"。

二、精神现象学——意识

精神现象学的对象是意识。黑格尔把意识规定为精神在人的经验中

---

① ［德］黑格尔:《精神哲学》,杨祖陶译,人民出版社 2006 年版,第 201 页。

的显现,也就是精神的现象。

黑格尔指出:"自我首先知道的就是这个对象是在它之外,而这样它就是意识。"①意识的对象是一个"独立的客体"。一方面,是自我对于这个在它之外的独立对象即这个他物的意识;另一方面,自我确信这个他物是与它同一的东西,这就是一种"知"。② 但是,自我最初只是抽象主观的、内容空洞的东西(我是我或我＝我),其现实的内容是在它之外遇到的,只属于诸对象。黑格尔指出:"意识显得好像是按照给予的对象的差异性而得到不同的规定,而意识的继续成长则表现为其客体的种种规定的一种变异。"③他又说:"只有我达到把我理解为自我的地步,他物对我才成为对象性的,才走到我对面来,并同时在我里面从观念上建立起来,因而被引回到与我的统一。"④

可见,意识有两个方面:一方面是作为主体的自我和在它之外的对象或客体;另一方面是作为主体的自我对对象或客体的认识或经验。在这里,意识是自相矛盾的:一方面,它认为自身是空洞的形式,全部真实的内容都在它之外独立存在的对象之中,它的使命就是要得到关于对象的知识,它显得是按照给予的对象的差异性而得到不同的规定,它的进一步的成长则表现为其客体的规定的变化;另一方面,它又认为对象就是它所知的那个样子,对象是在它之内,它对自己关于对象的知识有一种主观的确信(确定性)。

精神作为意识的全部运动的目标就在于:"使它的这个现象与本质同一,是把它对自身的确定性提高成为真理。"⑤意识达到这个目标的运

---

① ［德］黑格尔:《精神哲学》,杨祖陶译,人民出版社 2006 年版,第 204 页。
② 同上书,第 205 页。
③ 同上书,第 207 页。
④ 同上书,第 206 页。
⑤ 同上书,第 209 页。

动,经过了"意识本身"、"自我意识"和"理性"三个阶段:其一,一般的意识,这种意识有一个对象本身;其二,自我意识,自我是这种意识的对象;其三,意识和自我意识的统一,即精神直观到对象的内容是自己本身和自己本身是自在自为地规定了的——这就是理性,即精神的概念。

(一)意 识 本 身

意识本身即"一般的意识",它的进展包含三个环节:感性意识,知觉和知性。

1.感 性 意 识

感性意识即直接意识,它与对象的联系是对对象的简单的、无中介的确定性。对象同样被规定为直接存在着的个别的东西。它的特殊内容,就是诸如气味、味道、颜色等感受。黑格尔指出:"感性意识在内容上好像是最丰富的,但在思想上却是最贫乏的。"①感性意识只有这样一个规定,即一般的存在(是或有);其次,是一个与我对立的独立的他物,一个作为个别的东西、直接的东西与我对立的他物。上面提到的气味、味道、颜色等诸种感受,集中而为一个在我之外的东西,一个给予的东西,关于它我们不知它从何而来,为什么有这些确定的性质,是否是一个真实的东西。客体在这里必须只按照它对意识的关系来理解,就是说,它是一个在意识之外的东西。

2.知 　 觉

直接个别的东西并不是单纯直接的,而是了解为间接的、己内映现的和普遍的。因此,它的最切近的真理就是它之被联系到他物。这种联系

---

① ［德］黑格尔:《精神哲学》,杨祖陶译,人民出版社 2006 年版,第 211 页。

的诸规定性就是被称为映现规定的那种东西,"而正在理解这些规定的意识就是知觉"①。

知觉是达到了普遍的东西、间接的东西的意识。普遍的东西是指普遍性的言词,而言词和谓语必然是普遍性的东西和间接性的东西。在这里,对象是诸感性规定和种种关系的联系的扩展了的诸思想规定的一种结合。"因此,意识和对象的同一性不再是确定性的抽象同一性,而是规定了的同一性,即一种知。"②

一般说来,知觉是我们通常意识的观点,并且或多或少是各门学科的观点。种种感性确定性应在其种种关系中被考察、被反思,总而言之,就是它们依照种种确定的范畴而同时成为某种必然的、普遍的东西,即成为经验。

知觉要把握诸物的联系,要说明如果这样,那就必然那样,即开始去证明某物是真的,然而这种证明的前提又需要证明,这就陷入了从前提到前提的无限进展,而这也就是经验所持的立场:一切都必须被经验到。

在知觉中,虽然个别的东西和一个普遍的东西有联系或相结合,但这种结合尚未达到真正的统一,而只是两者的混合,其中包含多方面的矛盾,主要是个别的东西作为根据与毋宁应当是本质和根据的普遍东西的僵硬对立,以及独立的个别性与多种多样的特性的矛盾。正是在这些矛盾的推动下,知觉进展到了知性。

3. 知　　性

黑格尔指出:"知觉最切近的真理是:对象其实是现象,而对象的己内映现则相反地是一个自为存在着的内在东西和普遍东西。这种对象的

---

① ［德］黑格尔:《精神哲学》,杨祖陶译,人民出版社 2006 年版,第 214 页。
② 同上书,第 215 页。

意识就是知性。"①

那个内在的东西一方面是感性的东西的被扬弃了的多样性,因此,它就是抽象的同一性;另一方面,它也因此而包含有多样性,但作为内在的简单的区别,这个区别在现象的更替中始终与自己同一。"这简单的区别是现象的规律的王国,是现象的静止的、普遍的模写。"②简言之,知性的对象是规律,是隐藏在事物背后的本质。——这也是一般经验科学的观点。

知性相信,只有在那个非感性的内在的东西那里,它才拥有真理,而这个内在的东西就是规律。黑格尔进一步说明了规律的本质:"因为规律的本质,无论这规律是与外部自然还是伦理世界的秩序有关,都在于一种不可分离的统一性,在于不同规定的一种必然的、内在的联系。"③当然,这种统一首先为理性的思辨所理解,但它已为知性的意识在现象的多样性中所发现了。

知性所认识的规律,仍是独立存在于主体之外的。但是,规律的诸多规定之间的区别是一种内在的区别,即一个规定不是与另一个规定外在地有区别,而是它直接就在另一个规定中,这样一来,内在的区别就是它自身上的区别,因而它就是一种"不是区别的区别"④。"在这种一般形式的规定中,那本身包含主体和客体相互独立性的意识就自在地消失了;自我作为下判断的就有一个跟自己没有区别的对象,即自己本身;——这就是自我意识。"⑤这样,知性亦即意识本身或一般的意识便过渡到自我意识了。

---

①　[德]黑格尔:《精神哲学》,杨祖陶译,人民出版社 2006 年版,第 216 页。

②　同上书,第 216—217 页。

③　同上书,第 217 页。

④　同上书,第 218 页。

⑤　同上。

（二）自 我 意 识

意识本身在知性阶段上所把握的对象——规律虽然是在主体之外独立存在的,但在黑格尔看来,它同时也是一种思想,因而也是具有自我意识的主体自身,从而自我意识就表明了它是意识本身的根据。黑格尔指出:"意识的真理是自我意识,而后者是前者的根据,所以在实存中一切对于别的对象的意识就都是自我意识;我知道对象是我的对象(它是我的表象),因而我在对象里知道我。"①

黑格尔认为,自我意识是意识的真理,也是意识的根据,其表达式是"自我＝自我",意指抽象的自由,或纯粹的观念性。因此,它还缺乏实在性,因为它的对象就是它自己,因而没有实在的对象,在它这里,还不存在它自己和对象的任何区别。

黑格尔承认,自我意识虽然表达的还是抽象的自由,但在这个表达式里,却"宣告了绝对理性和自由的原则"②。因为理性和自由就在于把我自己提高到自我＝自我的形式,即我认识到一切东西都是我的东西,都是自我,我把每个客体都理解为我本身所是的那个东西的体系中的一个环节,简言之,理性和自由就在于我在同一个意识中拥有自我和世界,在世界中重新找到我自己,而反过来又在我的意识中拥有那个存在(是)的东西,即拥有客观的东西。但起初,这个构成精神的原则的自我和客体的统一,只是以抽象的方式在直接的自我意识中存在着,也就是说,这种统一仅仅被我们这些观察者、研究者所认识,而尚未被直接的、抽象的自我意识本身所认识。直接的或抽象的自我意识还只是以自我为对象,而不能以自我＝自我为对象,所以,它也就只是对于我们而言才是自由的,而不

①　[德]黑格尔:《精神哲学》,杨祖陶译,人民出版社 2006 年版,第 219 页。
②　同上。

是对于它自己本身而言是自由的。它虽然在自己中有了自由的基础,但尚不知道自己的自由,因而还不拥有真正现实的自由。

直接的或抽象的自我意识的缺点在于:它和意识是互相对立的东西。但是,我们却不能因为这个缺点而把意识和自我意识对立起来。

黑格尔批评了这种把意识与自我意识相互对立甚至分裂开来的观点,认为意识和自我意识不仅不是对立的和分裂的,反而是:"自我意识不是在自己旁边有个意识,不是外在地与意识结合在一起,而是真正渗透到意识里并把它作为一个消解了的东西包含在自己本身里。"①简单地说,这种关系就是意识和自我意识达到了真正的统一,而这样的统一就是理性。

要达到这个统一的目标,自我意识必须经历三个阶段:欲望的自我意识、承认的自我意识和普遍的自我意识。

1. 欲望的自我意识

直接的自我意识是单个的自我意识,它既是我们前面说过的抽象的自我意识,又是一个与外界相联系的意识,因而本身是内在矛盾的。自我意识是对自己作为存在者的确定性,而跟它对立的对象则具有一个仅仅外表上独立,但实际上微不足道的东西的规定。自我意识为了给自己以内容和客观性,以实现和证实自己,就必须克服这个矛盾。这样,它就产生了取消对象被给予的客观性、使之与自己完全同一的欲望。除去冲动以外,欲望在这里还没有任何别的规定。所谓冲动就是:不经过思虑的规定,就直接指向一个它力图在其中使自己得到满足的外部对象。这就是说,它完全取消对象的外在独立性,把它消灭或消耗掉,以满足自己的欲望。但欲望和欲望的满足彼此交替,永无止境,真是"欲壑难填",从而自

---

① [德]黑格尔:《精神哲学》,杨祖陶译,人民出版社 2006 年版,第 221 页。

我意识就永远得不到满足,永远不能实现和证实自己。

所以,正如黑格尔所说:"欲望对对象的态度还完全是自私的破坏的态度,而不是塑造的态度。"①自我意识一旦发挥塑造的能动性,就会发现,它只有在另一个自我意识里才能获得自己的满足,也就是说,只有被他人承认才能证实自己。因此,问题不在于消灭对方,而在于争取对方的承认,于是,黑格尔就从欲望的自我意识过渡到"承认的自我意识"了。

2. 承认的自我意识

按照外在方面,欲望和满足欲望是令人厌倦的无止境的彼此交替的循环反复的过程;按照内在方面,自我意识可以否定自己的直接性即欲望的立场,使外在对象或他物"从某种无自身的东西成为一个自由的客体、一个有自身性的客体,即成为一个别的自我"②。

这样一来,自我意识的单个性就被扬弃了,而被规定为特殊的自我意识。这两个特殊的自我意识是矛盾的,这个矛盾产生这样的冲动,即两者都要求对外"承认"自己,从而"欲望的自我意识"就成了"承认的自我意识"。

承认的自我意识虽然不得不承认另外一个自我意识的存在,但它总希望自己是独立自由的;另一个自我意识也同样只希望自己独立自由,而抹杀对方的独立自由。于是,两者就陷入了一场争取承认的斗争,而这也就是争取自由的斗争。为了争得自由,双方都把自己的和对方的生命孤注一掷。黑格尔在此评论说:"所以,只有通过战斗才能获得自由;保证得到自由,是不足以得到自由的。根据这个观点,人只有使自己本人和他人陷入死亡的危险来证明他有能力得到自由。"③因此,要求承认的斗争

---

① [德]黑格尔:《精神哲学》,杨祖陶译,人民出版社 2006 年版,第 225 页。
② 同上书,第 226 页。
③ 同上书,第 228 页。

是一场生与死的战斗,两个自我意识的每一个都使另一个的生命陷入危险之中,而它自己也在冒着生命的危险。

但是,这只不过是冒险而已,因为每一个自我意识都同样致力于保存生命作为对它的自由的定在的保存。从一方面看,一个自我意识的死亡,即通过对直接性的抽象的因而是粗暴的否定,是消除了矛盾,但从本质的方面、即从在一个自我意识的死亡中同时被取消了的承认的特定存在来看,就是一个新的矛盾,而且是比第一个矛盾更加深刻的矛盾。因为如果为取得相互承认而彼此战斗的双方有一方死亡,则任何承认都不会实现,就是说,幸存下来的一方就如死去的一方一样,也不是作为一个被承认者而实存的。

争取承认的战斗是以不平等而结束的。黑格尔对此写道:"由于生命总和自由同样重要,所以战斗首先就作为片面的否定而以不平等结束;战斗的一方宁愿要生命和保持自己为单一的自我意识,而放弃其得到承认的要求,另一方则坚持其与自己本身的联系并为作为被征服者的那一方所承认,——这就是主人和奴隶的关系。"①与此同时,黑格尔还指出,争取承认的战斗和屈从于主人是产生出人们在国家中的共同生活的现象。在这种现象中,作为基础的暴力只是各个国家的外在的或显现着的开始,而不是它们的实体性的原则。这就是说,黑格尔否认暴力是国家的基础。

主人与奴隶的关系具有两个方面。其中的一个方面,"是需要和对满足需要的关怀的共同性,因为主人的'手段'、即奴隶同样必须维持生命"②。为了维持生命,主人与奴隶都不能像欲望的自我意识那样粗暴地毁灭直接客体,即把它消灭掉或消耗掉。相反地,奴隶被迫负担起对直接

① [德]黑格尔:《精神哲学》,杨祖陶译,人民出版社 2006 年版,第 230 页。
② 同上书,第 231 页。

客体进行"获得、保持和塑形"的加工改造的劳动。这种加工改造的劳动,就是把直接客体的"独立性"这个极端和加工改造的劳动产品的"非独立性"这另一个极端"结合"起来的中介。所以,黑格尔得出这样的结论:"在对需要的满足中普遍的形式(即对直接客体加工改造的劳动——引者)是一种持久的手段和一种顾及未来和保证未来的准备。"①

主人和奴隶关系的另一个方面,是其差别性,即区别的一面。主人在奴隶的服役中看到自己单独的自为存在的权势,而且是通过取消奴隶的直接的自为存在看到的。而与主人相对的另一方,奴隶,则在对主人的服役中耗空了自己的个人意志和固执任性,取消了欲望的内在直接性,并在这种放弃和对主人的敬畏中开始了智慧,即向普遍的自我意识过渡。这是因为奴隶在为主人,而不是为自己的私利劳动,从而不是为自己专有的欲望,而是也为他人的欲望劳动。

黑格尔高度赞扬了奴隶的这种为他人的欲望而劳动的精神,他说:"这样奴隶就超越了其自然意志的自私的个别性,并且就其价值而言站得比受自己利己主义束缚的、在奴隶中只看到其直接意志的、被一个不自由的意识以表面的方式所承认的主人更高。"②他还由此得出这样一个重要结论:"对奴隶的利己主义的这种制服构成人类自由的真正开始。"③他还联系到个人的教养说:"意志个别性的震动,对利己主义的无价值的感觉,对服从的习惯,——这是每个人的教养中的一个必要的环节,不经受这种冲决固执任性的训练,没有人会成为自由的、有理性的和有能力命令的。"④

基于上述理解,黑格尔认为为了成为自由的,为了获得自制的能力,

①　[德]黑格尔:《精神哲学》,杨祖陶译,人民出版社 2006 年版,第 231 页。
②　同上书,第 232 页。
③　同上。
④　同上。

所有民族最初都必须经历屈从于一个主人的严格训练。所以,奴隶制和专制统治在各民族的历史中都是一个必经的阶段,因而具有了某种相对的合理性。他还提出了这样一些极其珍贵的思想:没有遭受过绝对不公正的人,会始终都是奴隶,因为缺乏勇气冒生命的危险去争取自由的人就理应是奴隶;相反地,如果一个民族不仅幻想要自由,而且现实地具有坚决有力的自由意志,那么,就没有任何人类强力能够使该民族停留在被动的、受统治的奴隶制里。

由于失去了独立性,奴隶没有自我意识,而只有与外物联系的意识。但是,奴隶在为主人的服役中,即在对物的加工改造中,放弃了其意志的利己主义,外化了自身的意识,并在自己加工改造的对象中直观到自身,从而成了真正有独立性的、有自我意识的人,而且由于实际上掌握支配物的力量而成为了真正的主人。而主人由于只靠奴隶的劳动成果过日子,结果反而失去了自己的独立性,成了依赖于奴隶的人——这就是著名的主—奴关系的辩证法。由此一来,"承认的自我意识"便过渡到了"普遍的自我意识"。

3.普遍的自我意识

普遍的自我意识是**相互承认**对方为独立自由的自我意识。黑格尔说:"普遍的自我意识是在别的自身中对自己本身的肯定的知,其中每一个作为自由的个别性都有绝对的独立性,但由于对其直接性或欲望的否定都不把自己与别个区分开,都是普遍的自我意识和客观的,并且都有作为相互性的实在的普遍性。"①他又说:"互相联系的有自我意识的主体通过对它们的不平等的特殊的个别性的取消,因而就把自己提高到对它们的实在的普遍性,即属于它们全体的自由的意识,并因而提高到对它们确

---

① ［德］黑格尔:《精神哲学》,杨祖陶译,人民出版社 2006 年版,第 233 页。

定的相互同一性的直观。"①这就是说,相互联系的每个人都知道自己在
自由的别人中被承认,而他知道这一点,是因为他承认别人并知道他是自
由的。只有别人自由,自己才自由,因此,与奴隶相对的主人还不是真正
自由的,因为他并不承认奴隶是自由的,他在奴隶中还看不到他自己。仅
当他承认奴隶也是自由的,他才有可能成为完全自由的。总之,只有相互
承认的自由意识才把他们彼此平等地联合起来了。

　　普遍的自我意识作为主体与它的作为客体的对方既是绝对对立的,
又是绝对同一的,这种主体与客体的对立统一,恰好构成了自我意识所达
到的那个普遍性。这个普遍性是具体的,它统摄着彼此特殊的两个方面,
而这两个特殊的方面则升华为普遍性。这种普遍性也就是一种普遍自由
的状态。黑格尔指出:"因此,我们在这里(指'这种普遍自由的状态
中'——引者)就有了精神成为不同的自身的巨大划分,这些自身是自在
自为地完全自由的,独立的,绝对难以接近的,进行抵抗的,而同时却又是
彼此同一的,因而是不独立的,并非不可渗透的,而是仿佛融合在一起
的。"②黑格尔认为这种关系是完全思辨性的,而思辨的东西"就在于概念
或主观的东西与客观性的统一"③。黑格尔所说的"思辨的东西",常常
被他说成是"理性的东西",也等于"真实的东西",人们必须从对立统一
的观点来加以理解。

　　在"普遍的自我意识"这一节的末尾,黑格尔谈到了从"普遍的自我
意识"向"理性"的过渡问题。普遍的自我意识是意识和自我意识的统
一,即独立的自我作为主体,其客体或对象也是同样独立的自我,二者的
关系是这样的:它们既相互对立,也是同一的。这种主体或客体的同一或
统一就是理性。所以,黑格尔说:"意识和自我意识的这种统一起初包含

----

① ［德］黑格尔:《精神哲学》,杨祖陶译,人民出版社 2006 年版,第 234 页。

② 同上。

③ 同上。

着作为在彼此内映现着的个别者。但是,这些个别者的区别在这同一性里是完全模糊不清的差别性,或者说其实是一种不是区别的区别。因此,它们的真理是自在自为地实存着的普遍性和自我意识的客观性,——这就是理性。"①

黑格尔在这一节的"附释"中简明扼要地谈到了从普遍的自我意识向理性的过渡:"在自我意识达到这种普遍性时(指我们前面所说的'自我意识所达到了的那个普遍性……是具体的,它统摄着彼此特殊的两个方面,而这两个特殊的方面则升华为普遍性。'——引者),它就停止其为这词的本意或狭义上的自我意识,因为坚持自身的特殊性恰好属于自我意识本身。由于这种特殊性的扬弃,自我意识就成为理性。"②不过,黑格尔马上指出:在这个地方,自我意识与其对象的统一起初还只具有一种抽象的或形式上的统一的意思,它为单纯正确的东西奠定了基础。例如,我的表象与对象的单纯的一致符合就是正确的,哪怕这个对象没有任何的真理可言。至于仅当真实的内容对于我成为对象性的,我的理智才获得具体意义上的理性的含义,而这种含义的理性才是更为发展的主观东西和客观东西的内容丰富的统一。对于这样的理性,将在"理论精神"的发展结束时加以考察。

(三)理　　性

理性是意识发展的第三个也是最后一个阶段。理性是意识和自我意识的统一。理性作为自为存在着的概念,是逻辑概念在意识中的现实形式。就理性的对象是一个外在独立的对象而言,包含意识的因素,而就其对象是自我而言,则包含自我意识的因素。而理性就是主体(自我)与客

---

① 　[德]黑格尔:《精神哲学》,杨祖陶译,人民出版社 2006 年版,第 235 页。
② 　同上书,第 235—236 页。

体(对象)的统一或同一,并因而是真理。黑格尔说:"理性是自在自为存在着的真理,这真理是概念的主观性和它的客观性与普遍性的简单的同一。"①理性的普遍性因而既有客体或对象的意义,又同样有主体或纯粹自我的意义。这就是说,对象虽然是在意识中给予的,现在却既有"渗透着和包含着自我的客体的意义,又同样有纯粹的自我、即统摄着客体并将其包含在自身中的纯粹形式的意义"②。

因此,理性作为具有自我意识的东西,在确信它的种种规定是对象,这就是说,事物的本质的种种规定,同样又是它自己的种种思想。作为这种同一性的理性,就不只是绝对的实体,而且是作为知的真理,而这个知着的真理就是精神。

于是,意识的发展,就达到了它的目标而过渡到精神,主观精神哲学也就从"精神现象学"过渡到了"心理学"。

三、心理学——精神

黑格尔这里所说的"心理学",不是通常意义上的心理学,而是"精神学",它的对象是精神。当然,这里所说的"精神"是狭义的,它只是作为精神哲学之全部对象的广义的精神的一个发展阶段——"精神规定自己为灵魂和意识的真理"③。这就是说,这里所说的精神是灵魂和意识的统一:一方面,精神和灵魂一样是一个整体,但不是灵魂那样的一切都在它

---

① [德]黑格尔:《精神哲学》,杨祖陶译,人民出版社 2006 年版,第 236 页。
② 同上。
③ 同上书,第 237 页。

之内的"简单的、直接的整体"①,而是一个内部有了主客体区别和对立的整体;另一方面,精神和意识一样是一种知,这种知现在作为无限的形式不为意识的内容所限制,不与作为对象的内容有关,而是对于"既非主观的也非客观的那个实体性的总体(着重点为引者所加——引者)的知"②。精神对这个整体的知,就是精神对它自身的知。因此,精神只从它自己的存在开始,并只与它自己的种种规定保持关系。

　　所以,心理学所要考察的是精神本身的能力或普遍的活动方式,如直观、表象、记忆以及欲望等。精神本身是超越于一般物质东西之上的东西,它摆脱了灵魂的自然规定性和意识的独立的外部对象的纠缠,它所要做的事情是:扬弃它重新由以开始的直接性形式,即对于过去在灵魂和意识的内容(如感受或表象等),不是任意地抽象,也不是简单地重复,而是"提高"。

　　如前所述,精神是对于"既非主观也非客观的那个实体性总体的知",而精神对这个总体的知,也就是精神对它自身的知,即对它自身作为主体和客体的统一、作为理性、真理的知。实际上,精神所要做的就是把这种统一、理性、真理自为地建立起来,使它从自在的成为自为的。这样,我们就看到,精神在这里把自己分开,一方面成为纯粹的、无限的形式,即成为无限制的知,另一方面成为与这种知同一的客体。因此,精神的客体及其规定都不是外来的,而是精神自己所产生的。"所以,精神是绝对普遍的完全无对立的自身确定性。它从而拥有这样的信念:它将在世界里发现自己本身,世界对它必然是友好的,……精神必须在世界中寻找它自己的理性的理性。"③正因为如此,黑格尔认为精神"必须被认识到是正在自知的真理"④。

---

①　[德]黑格尔:《精神哲学》,杨祖陶译,人民出版社 2006 年版,第 237 页。
②　同上。
③　同上书,第 238 页。
④　同上书,第 238—239 页。

由此可见,精神的实存是知,其目标就是使它的知得到客观的实现。精神的这种知以理性的东西为内蕴和目的,而它实现其内蕴和目的的活动,无非是其内在本质的自我显示。"所以,精神的活动远不是局限于一种所予东西的单纯接受(指意识的活动——引者),相反地,我们必须把精神的活动称之为一种创造的活动,尽管精神的产物,就精神只是主观的而言,还没有得到直接现实性的形式,而是或多或少仍然是观念的。"①精神的创造活动,既创出与自己的内容相同一的形式,也创造出与形式相同一的内容。这种创造活动,也就是精神的能动性和观念性的集中表现。

但是,精神作为继意识而起的一个阶段,起初还必然给予自己以直接性的形式。在其直接性中的精神还不是真正的精神,其实存与本质还不相一致。它受到其直接性的限制,还以为内容与对象是从外部给予的。但是,这只是外表而已。精神必然而且必须扬弃这种限制它的、与自己本身相矛盾的直接性,因而扬弃那种外表,朝着自己本身而解放自己,从而证实自己是从自己的知中发展出全部内容和客体的,也证明自己是"绝对的自己决定自己",即自由的,而且是对一切外在于精神的东西的无限否定和从自身内产生一切实在性的观念性,也就是说,表明自己是真正的精神。

对真正的精神及其诸能力或普遍活动方式的考察,是作为精神扬弃其直接性或主观性的形式,朝着自己本身解放自己的一些阶段,也就是精神对它本身的知的一些阶段出现的。这是因为,精神存在的具体形式就是知,而知就是要经过一些阶段达到主体即客体、客体即主体这个最终目的。黑格尔认为,"这必须被认作是对精神及其不同活动的唯一合理的考察方式"②。

---

① ［德］黑格尔:《精神哲学》,杨祖陶译,人民出版社 2006 年版,第 244 页。
② 同上书,第 243 页。

由于精神的活动不仅是一种创造或产生的活动,而且是精神赋予自己的直接性,因此,精神活动的产物就既是自在存在着的,而从自由来看又是精神自己的。黑格尔的原话是这样的:"既然精神在其开端里是有规定的,这个规定性就是两重的:存在着的东西的规定性和它自己的东西的规定性;按照前一规定性发现某物是自己存在着的,按照后一规定性则确定某物只是它自己的。"①

因此,精神朝向它自己本身的解放自己的道路,即精神扬弃一切外在性和异己性而使自己成为主观性和客观性的具体统一的发展过程,就有了这样三个阶段:理论精神、实践精神和自由精神。

(一)理 论 精 神

理论精神又叫作**理智**。在理论精神或理智中,占主导地位的是知的冲动,即对知识的追求,所以理智的活动就是认识。黑格尔强调指出:"认识必须与单纯的知清楚地区别开。因为意识就已经是知。但自由精神不满足于简单的知;它要认识,就是说,它不仅要知道一个对象是(存在)和它一般地以及按其偶然的、外在的规定是什么,而且要知道这个对象的确定的、实体性的本性何在。知和认识的这种区别对于受过教育的思维来说是非常熟悉的东西。"②黑格尔举例说明这一点。例如,人们这样说:我们虽然知道上帝存在,但我们不能够认识他。这话的意思是:我们关于上帝的抽象本质诚然有某种模糊的表象,但我们不能把握他的确定的、具体的本性。熟知不等于真知,这个与"熟知"相区别的"真知",就是对于某个对象的具体的认识。

一般认为,理论精神即理智不像实践精神或意志那样是主动的。黑

---

① [德]黑格尔:《精神哲学》,杨祖陶译,人民出版社 2006 年版,第 244 页。
② 同上书,第 252 页。

格尔批评了这种看法,认为这只不过是表面现象。当然,理智还是在直接性中的精神,它首先"发现"一个给予的现成的内容。但是,理智的任务却是使这个表面上外来的客体失去其被给予的、个别的、偶然的形状而把它建立为它自己的东西,使它成为主观的、普遍的、必然的、理性的东西,从而表明自己是主动的和能动的。"而反过来说实践精神也有被动性的一面,因为对于它来说内容最初虽然不是从外部、但却是在内部给予的,因而是一个直接的、而非通过理性意志的活动所建立起来的内容,而它之成为这样一个建立起来的东西首先要借助于思维着的知,因而借助于理论精神,才会做到。"①这就说明:通常被认为是被动的理论精神也是主动的(aktiv),而通常被认为是主动的实践精神也是被动的(passiv)。

与此同时,黑格尔还批评了另一种对理智(理论精神)和意志(实践精神)所作的区分。"按照那种区分,据说理智是受限制的东西。意志则相反的是不受限制的东西。恰好相反,意志可以被宣布为更受限制的东西,因为它从事于同外部的、进行抵抗的物质、同现实东西的排他的个别性作斗争,并且同时面对着别人的意志;而理智本身在其表现中只进展到话语这种暂时的、消逝着的、在一种无抵抗的要素中发生的、完全观念上的实现,因而在它的表现里始终是完全在自己中,即在自己本身中满足自己,证明自己是自我目的,是神性的东西,并在用概念进行的认识的形式中实现无限制的自由和精神与自己本身的和解。"②黑格尔在此讲得很清楚,没有什么晦涩的地方,用不着我再来啰嗦了。

理论精神或理智达到它认识对象的"确定的实体性本性"这个目标,只能分阶段地进行。具体来说,理论精神或理智的发展经过了直观、表象和思维三个小阶段。

---

① ［德］黑格尔:《精神哲学》,杨祖陶译,人民出版社 2006 年版,第 247 页。

② 同上。

1. 直　　观

直观是与一个直接个别客体相联系的、材料性质的阶段。但这里所说的直观不是感性意识的直观,而是具有理性内容的、结合各种规定为一个整体的直观。换言之,这里的直观不是通常意义上的"感性直观",而是类似于谢林哲学曾经特别强调过的"理智直观",它"浓缩"了"我们关于外部自然、法、伦理和宗教的内容的一切表象、思想和概念"①于自身之内。也就是说,这里所说的直观,"是一种为理性的确实性所充满的意识,这种意识的对象具有这样的规定:它是一个理性的东西,因而不是一个被割裂为好些方面的个别东西,而是一个总体、一个诸规定的充实的集合体。早先谢林就是在这种意义上谈到过智性的直观。没有精神的直观只是感性的、仍然外在于对象的意识。相反地,充满精神的直观把握住对象的纯真的实体。"②因此,黑格尔得出了一个重要的结论:"我们有理由在一切科学门类中,特别是也在哲学中,坚决要求根据事情的直观说话。"③

从表面现象来看,直观似乎是精神被动地接受到的。但实际上,它是理智或理论精神从接受作为直接材料的感受开始的能动活动才确立起来的。这种能动的活动包含两个因素。

第一个因素是"注意"。黑格尔强调指出,没有注意,精神就什么也没有。注意是精神的内在化环节,它包含两个因素:一是"对自己的维护自身权利的否定",二是"对事情的献身"。④ 这就是说,要固执地全神贯注于事情,必须让事情自己做主,而不用自己的反思去横加干预,或者说,

① ［德］黑格尔:《精神哲学》,杨祖陶译,人民出版社 2006 年版,第 256 页。
② 同上书,第 262 页。
③ 同上。
④ 同上书,第 257—258 页。

必须使自己专注于事情之上。所以,做到注意并非易事,这需要有教养。黑格尔认为,野蛮人几乎什么都不注意,他让一切都从自己身边溜过,而不使自己专注于它。只有通过对精神的训练,注意才获得力量并得到实行。

理论精神或理智把直观确定起来的能动活动的第二个因素,是使主观感受外化为存在于空间和时间中的东西。这种能动的活动决不像康德说的那样,好像空间和时间仅仅是主观的形式,即片面地由我们的直观给予事物的,而是由自在存在着的无限的精神,即创造性的永恒的理念已经本源地给事物备置了的。

根据上述两个因素(注意和使主观感受外化为存在于时空中的东西)的具体统一,黑格尔得出了这样一个关于直观的定义:"直接在这种外在存在着的材料里向自己内内在化和在它的这种向自己内内在化中沉没到自己外存在里去,它是直观。"①

2. 表　象

在黑格尔看来,直观只是认识的开端,以为我们关于事情有一个直接的直观就已经真正地认识了事情,这是完全错误的,因为"完美的认识只属于用概念进行认识的理性的纯粹思维;只有那个提高到了这种思维的人,才拥有一个完全确定的、真正的直观;只有在他那里直观才是他的完全发展了的知识重新压缩到里面去的纯真的形式"②。精神或理智还必须把这个直观建立为它自己的,就是说,使它成为内在的东西,并在直观中使自己内在化,即在直观中能回想起自己,或者说走进自己,从而把自己提高到表象阶段。

---

① ［德］黑格尔:《精神哲学》,杨祖陶译,人民出版社 2006 年版,第 261 页。
② 同上书,第 263 页。

表象的精神虽然具有了直观,但直观在精神中被扬弃了——不是消失了,不是一个仅仅过去了的东西,而是保存下来了的、现在的东西。所以,黑格尔说:"表象作为被回想起来的直观(也即是'被内化了的直观'——引者)是介于理智直接发现自己被规定的阶段(即直观阶段——引者)和理智在其自由中、即思维的阶段的中间。"①这个阶段也可以这样说:表象是理智从对客体的个别性的关系回到自己内部并使它与普遍性相联系的阶段。

这个阶段包含三个环节:回想、想象力和记忆。

(1) 回想

这是理智把原先在外部时空中的东西,放到主体的内部时空中去,把直观的东西变成内心的意象,从而使它摆脱原先的直接性、个别性,而被纳入自我的普遍性之中。意象是易于消失的,但并非消逝于无,而是无意识地保存或隐藏在"理智的矿井"中,即"我们内心的黑暗深处"②,随时都可以被呼唤出来。

(2) 想象力

一般说来,想象力是意象的规定者,或者说,是理智支配意象的能力,即唤起意象、按主观意愿结合或联系意象并把意象当作一种符号或标志来运用的能力。想象力自身的开展又有下述三种形式。

首先,是再生的想象力。它唤起意象,使之进入定在。"但是,意象的再生从想象力方面看是任意地发生的,并且不要直接直观的帮助。"③正是这一点把它和单纯的回想区别开了,因为回想不仅需要一个当前的直观,而且是非任意地使意象显露出来的。

其次,是联想的想象力。它使这些唤起的意象彼此联系或结合起来。

---

① [德]黑格尔:《精神哲学》,杨祖陶译,人民出版社 2006 年版,第 265 页。
② 同上书,第 270 页。
③ 同上书,第 273 页。

不过,"通过这种联系理智给予意象的不是它们的客观的联系,而是一种主观的联系。"①与此同时,理智还以这种方式把诸意象提升为普遍的表象,或者说,使再生的内容从属于理智与自身同一的统一性,从而有一个普遍的表象充当诸意象的联想性联系。

再次,是创造的或生产的想象力,黑格尔也称之为幻想力。由于所创造出来的这种感性的定在,具有象征和符号的双重形式,所以,这种幻想力就区分为:用象征表现的幻想力和创造符号的幻想力。

象征的幻想力主要与文学、艺术有关,表现为理智自由地支配和联结其表象和意象的贮藏来想象它们所特有的内容。黑格尔把这种幻想力又区分为象征性的、寓意的和诗意的幻想力三种类型。

但是,最主要的、最重要的是"创造符号的幻想力"。黑格尔用相当大的篇幅对这种幻想力进行了专门讨论。符号不同于象征之处在于:象征是这样的直观,它自己的规定性按其本质和概念或多或少就是作为象征所表达的内容;相反,在符号那里,直观的自己的内容与它作为其符号的内容彼此毫无关系。或者说,符号是这样的直观:它代表一种完全不同于它自己的内容。黑格尔生动地说:"它是其中放进和保存了一个外来灵魂的金字塔。"②这就是说,理智清除了直观特有的内容,而给予它另一个内容作为意义和灵魂。这样,理智作为用符号进行标记的活动,比起它作为用象征进行表示的活动,在使用直观上有着更大的自由和支配权。所以,黑格尔强调指出:"符号必须被宣布为某种伟大的东西。"③

在这里,黑格尔比较详细地讨论了作为"发声的符号"的话语和话语系统——语言,包括声音语言和书面语言,象形文字和字母文字及其优劣等问题,这是在黑格尔的其他著作中少见的。黑格尔认为,作为创造符号

---

① ［德］黑格尔:《精神哲学》,杨祖陶译,人民出版社 2006 年版,第 273 页。
② 同上书,第 279 页。
③ 同上书,第 278 页。

的活动,理智特别地创造了发声的符号,即语词,于是,它就从想象力过渡到了只与符号有关的记忆。他就此写道:"这种创造符号的活动可以特别地称之为创造性的记忆(最初抽象的尼摩西尼——希腊神话中的记忆女神——引者),因为这个在日常生活中常与回想,甚至与表象和想象力混淆地和同义地加以使用的记忆,它总而言之是只同符号打交道的。"①

(3) 记忆

记忆是表象的第三个环节。起初,语词或名称作为理智所产生的直观及其意义的联系是转瞬即逝的,这时意义(表象)作为内在的东西与直观作为外在的东西的联系本身就是外在的。这种外在性的内在化(回想)就是记忆。记忆经历了以下三种形式。

首先,保持名称的记忆。语词或名称进入意识就和它的意义结合为一体,因此,通过名称而回想到它的意义,即回想到与之客观地联系在一起的表象。人不能离开语词的意义来记忆。正因为如此,我们听到或看到某种外语的一个语词时,就知道它的意义,但我们不能因此就会说和写这种外语。

其次,再现的记忆。当理智理解事物的名称时,就使名称进一步内在化为无意象的简单的表象,我们在这个名称里就拥有和认识事物,而无须直观和意象。对此,黑格尔做了如下说明:"有了狮子的名称,我们既不需要对这样一种动物的直观,甚至也不需要意象,反之,在我们理解这个名称时,这个名称就是无意象的、简单的表象。我们正是用名称进行思维。"②

最后,机械的记忆。理智更进一步深入自身,扬弃名称的意义和名称的区别,从而使名称(语词)成为无意义(即无意象与表象)的语词,并把

---

① [德]黑格尔:《精神哲学》,杨祖陶译,人民出版社 2006 年版,第 279 — 280 页。

② 同上书,第 287 页。

它们在理智本身中联系起来,这就是机械记忆的活动,即通常所说的死记硬背。黑格尔认为,理智能撇开意义而背诵语词是精神发展中的一大进步,因为它们构成了从表象到利用纯粹语词进行理解活动的思维的过渡环节。

3. 思　　维

思维是理智,即理论精神进展的第三个,也是最后一个阶段。它是前面两个阶段即直观和表象的统一,是扬弃了两者即扬弃了意象的纯粹思维。

理智作为纯粹思维是真正普遍的东西,这个普遍的东西既是它自身,又是作为直接存在的东西,它统摄着它的对方,即存在。理智因而是思维着的认识。所以,黑格尔这样说:"理智独自就它自身而言就是认识着的;即是说理智就它自身而言就是普遍东西;理智的产物,即思想,就是事情或实质;即主观东西和客观东西的简单的同一;是自为的;理智知道,凡被思维的,都存在;而且凡存在的,只有就它是思想而言才存在;理智的思维是有思想的;这些思想是作为它的内容和对象。"①由于这样,所以理智或纯粹思维既是主体和客体的主观的统一,也是它们两者的客观的统一,因而是思维和存在的真正的统一,是现实的自知的真理。

黑格尔说,思维这个范畴曾出现在逻辑学里,在那里,它是自在地存在着;在精神哲学的意识阶段,思维也曾作为理性出现。"思维在科学的这些不同部分里总是一再出现,因为这些部分之不同只是由于对立的基本成分和形式,而思维则是这个唯一的中心,一切对立都回到它去就像回归到它们的真理。"②

① [德]黑格尔:《精神哲学》,杨祖陶译,人民出版社 2006 年版,第 292 页。
② 同上书,第 294 页。

但是,作为纯粹思维的理智,起初同样是形式的,因为那内在化为思想的表象还是一个给予的内容,它只是"发现"了这个内容或对象,是被这个内容或对象规定的。为了达到这个内容或对象是它自己产生的,就是说,达到它认识它自身这个目标,理智经历了知性、判断、推论三个环节。

(1) **知性**

知性把对象分裂为形式与内容、普遍的东西与特殊的东西、空洞的"自在"与从外加到"自在"身上的规定性,内容与形式彼此漠不相干。而在作为理性思维的理智来说,对象是自在自为规定了的,是内容与形式的统一,普遍东西与特殊东西的统一,所以,在理性思维或用概念进行的认识里,内容是从自己本身产生出它的形式的。虽然如此,知性仍然是理性思维的一个必要环节,其活动主要在于抽象,即把偶然的东西与本质的东西分离开。

(2) **判断**

知性把结合在对象中的抽象规定分开,使它们与对象分离开;而作为理性思维的理智则将这些抽象规定联系起来,把对象看作关系的总体。但是,这个对象依然还是被给予的,为他物所制约的,因而关于对象的真正概念是以无概念的外在必然性出现的,就还不是对对象的真正概念式的把握。

(3) **推论**

在这里,普遍的东西被认识到是它自己本身特殊化而进到个别化,这样,普遍的东西(概念)就是以特殊和个别为构成环节的真正的或具体的普遍的东西。这样的普遍的东西就不再是外在于内容(特殊和个别)的形式,而是从自己本身产生出内容的形式,即对象本身的发展着的概念。这样,才达到了对对象的概念式的把握或理解。所以,纯粹思维在这里只是寻求和发现了自己本身,而对象之不同于思维只不过是由于它具有了存在的形式。于是,理性就在这种与对象同一的思维中达到了它的目标;它已经成了现实的自知的真理,即现实地认识着自己本身的理性。"知道自己是内容——这内容是它自己的,同样也是被规定为存在着的,——的决定者的理智,就是意志。"①这样,理论精神便过渡到了实践精神。

(二)实 践 精 神

实践精神也就是**意志**,是精神发展的第二个阶段。既然知道自己是内容的决定者的理智就是意志,所以,理智(思维)和意志是不可分的:一方面,没有思维任何意志都不可能,这就是说,无理智的意志、情感(心)是不可能的;另一方面,无意志、情感(心)的理智也是不真实、不可能的。因为理智就是要达到认识的目标——对对象的确定的、实体性的本性的认识的冲动。意志是一种知道自己在给自己作出决定,并通过自己来实现自己的活动或能力。这样,"作为意志精神进入现实,作为知精神是在概念的普遍性的基地上"②。所以,实践精神或意志必须被看作是思维与存在统一的一大进展。

起初,意志的自我决定只是形式上的,因而它仅仅在形式上是自由的。形式的意志只有提高成为与发展了的理性相同一的、思维着的意志,才能使自己成为它的规定性,即成为它的内容和目的,从而成为现实的自由意志。现在,意志的目的是使它由以出发的主观的兴趣和目的客观化。为此,它经历了如下三个环节。

1. 实践的感觉

黑格尔指出:"实践精神在自己里面最初是以直接的方式,因而是在

---

① [德]黑格尔:《精神哲学》,杨祖陶译,人民出版社 2006 年版,第 296 页。
② 同上书,第 297 页。

形式上有其自我决定,所以它发现自己是在其内在本性中被决定的个体性。实践精神这样就是实践感觉。"①在这里,意志只是在形式上决定自己,实际上"发现"自己被一个给予的东西所决定,这个东西就内容而言是直接个别的、自然的、偶然的和主观的。这就是意志的被动性方面。实践的感觉就是感觉的意志要求它的为外来影响所决定的状态与它的按其本性应是的自决状态相一致、相符合。一致符合才是有价值的,这就是"适意",不一致符合的就不适意。黑格尔认为,"高兴、愉快、痛苦等等,羞耻、悔恨、满足等等,部分地是一般形式实践感觉的变形,但部分地是由于它们那个构成'应当'的规定性的内容之不同。"②

2. 冲动和任意

上述实践感觉的适合性是碰巧被动得到的,因此,它对于意志的自我决定来说是一个否定,是对它不相适合的。意志必须前进到亲自产生出那种符合,即应当主动地、能动地去改变对象使之与意志的自我决定相一致、相符合,从而使自己满意。这就是冲动和倾向。

冲动是与热情联系在一起的。把个人的全部主动性都投入到一个特殊的决定中去,这就是热情。黑格尔说:"只要精神的总体全神贯注于被设定总是带有对立的许多受限制的决定中的单独某一个决定,那就是热情。"③黑格尔非常强调热情的重要性,在他看来,一个主体把他的精神、才能、性格、享受的全部生气勃勃的兴趣都投入到一个内容中去了。没有一件伟大的事业是没有热情而被完成的,它也不能没有热情而被完成。

同样地,黑格尔也强调兴趣的重要性。他对兴趣的界定是:"如果把

---

① ［德］黑格尔:《精神哲学》,杨祖陶译,人民出版社 2006 年版,第 299 页。
② 同上书,第 301 页。
③ 同上书,第 304 页。

冲动的内容作为事情与使之实现的这种活动区别开,那完成了的事情就包含着主观个别性及其活动的因素,这就是兴趣。"①在[说明]中他又说,"主体之所以能够展开最不谋求私利的行动,不是因为别的,而只是由于他的兴趣"。"因此,没有什么东西是没有兴趣而完成了的。"②可见,黑格尔事实上批评了康德那种轻视和否定冲动、热情、兴趣的"为义务而义务"的道德观点。

意志站在对各种倾向进行选择的立场上就是**任意**。任意只是主观的和偶然的。冲动和任意所得到的满足,使特殊的意志在这种满足中得不到满足。于是,它就要赶走和取消这个特殊的满足,而用另外一种特殊的满足来代替它,而另外一种特殊的满足同样是一种不满足的满足。这样的赶走、取消和代替的过程,就成了一种"无限的过程","但是诸特殊的满足的真理是普遍的满足,思维着的意志使这普遍的满足作为幸福成为自己的目的"③。

3. 幸　　福

在任意的选择中已有反思的作用,而幸福则是通过反思所产生的普遍满足的表象。这个表象是自相矛盾的:一方面,它把种种冲动都看作消极的,为了普遍满足必须放弃和牺牲一切冲动;另一方面,所谓幸福又仅仅在冲动中才有其肯定的内容,而究竟要放在哪些冲动中,起最后决定作用的还是主观的感受和愿望,亦即任意。所以,幸福的内容是抽象的普遍性,只是应当存在而已。黑格尔说:"幸福是内容的仅仅被表象的、抽象的普遍性,这普遍性只是应当存在的。"④真正具体的普遍

---

① [德]黑格尔:《精神哲学》,杨祖陶译,人民出版社2006年版,第306页。
② 同上书,第306—307页。
③ 同上书,第308页。
④ 同上书,第309页。

性是意志在它自身上的普遍性,而这也就是它的自我决定本身,即自由。当意志以这种自由为对象时,这样的意志就是现实的自由意志。黑格尔说:"在意志自我决定的真理中概念和对象是同一的。在这样的真理中的意志就是现实自由的意志。"①这样,现实的自由意志就过渡到了自由精神。

(三)自 由 精 神

自由精神是精神发展的最后一个阶段。自由精神作为现实的自由意志,是理论精神和实践精神的统一,就是说,自由意志是那个自为地是自由意志的自由意志。这是因为意志以自由这个普遍规定为其对象和目的,是在它思维自己、知道它的这个普遍规定(自由概念)、因而是在它已成为自由理智的意志时才可能的。黑格尔说:"意志有这个普遍的规定(指"自由本身"——引者)作为它的对象和目的,只是在它思维自己、知道它的这个概念、是作为自由理智的意志的时候。"②

自由精神是知道自己是自由的并要求自己是它的这个对象的精神,即自由精神是具有以自己的本质——自由作为使命和目的的精神。这就是说:"这种具有自由的内容和目的的自由,本身起初只是概念、即精神和心的原则和注定发展成为对象性,即法的、伦理的、宗教的以及科学(指哲学——引者)的现实性。"③这样,黑格尔就结束了对主观精神的考察,而转向对客观精神和绝对精神的考察了。

---

① ［德］黑格尔:《精神哲学》,杨祖陶译,人民出版社 2006 年版,第 309 页。
② 同上书,第 310 页。
③ 同上书,第 312 页。

第二篇　客观精神哲学

客观精神哲学的对象是客观精神。如果说主观精神是指个人内部的精神,客观精神则是指个人内部主观精神的外部表现。所谓外部表现,是指与身体有机联系在一起的人的精神所创造和继续创造着的法律、社会、国家、风尚、习惯、道德、伦理的世界。所以,客观精神哲学也可以说是法哲学、道德学、伦理学、社会学、政治学(其中主要是国家学说)以及历史哲学等。这些学科都在研究"客观精神"即表现在社会历史中的精神。

不过,黑格尔在其 1821 年出版的《法哲学原理》一书中,以广义的"法哲学"的名义对客观精神做了系统的阐释。在他看来,客观精神作为实在性的领域,是以主观精神的最高阶段即自由精神或现实的自由意志为出发点的,而法是自由意志的定在即实现。他在《精神哲学》中指出:"一般说来,这种实在性作为自由意志的定在,就是法或权利。"①他在《法哲学原理》中说得更明确:"任何定在,只要是自由意志的定在,就叫做法。"②

在德文中,Recht 一词既有"法"的意思,也有"权利"之意。当黑格尔说 Recht 是自由意志的定在时,既可以理解为"法是自由意志的定在",也可以理解为"权利是自由意志的定在"。概言之,法或权利是自由意志的定在。由于"定在"(Dasein)一词具有"实现"、"体现"之意,因此,说"法或权利是自由意志的定在",也就意味着"法或权利是自由意志的实现"。当然,也可以把"法"和"权利"两个含义合起来,把 Recht 理解并翻译为"法权"。

---

① ［德］黑格尔:《精神哲学》,杨祖陶译,人民出版社 2006 年版,第 314 页。
② 同上书,第 36 页。

　　既然有关客观精神的哲学可以归结为"法哲学",而且黑格尔于1821出版了阐述客观精神的专著《法哲学原理》(这也是他生前出版的最后一部专著),所以,他在《精神哲学》中对客观精神的论述就比较简略。于是,在理解《精神哲学》中的客观精神哲学时,就有必要参照《法哲学原理》中的相关论述。

　　客观精神的发展经历了三个阶段:抽象法、道德、伦理。

　　抽象法:自由意志最初是直接的,因而作为个别的自由意志,即人。这个人的自由意志的定在是财产或所有物,它们是其自由意志的外在化和客观化。

　　道德:此时,自由意志映现到自己内,以至于它在个人内部有其定在,这就是主观意志法,即个人内部的良心。

　　伦理:此时,自由意志是实体性的意志,即自由的充分实现,它是前两者,即外与内、客与主的统一整体,它作为这样的整体的现实性,就是在家庭、市民社会和国家中的伦理。

　　可见,同时研究抽象法、道德、伦理的"法哲学"不仅具有"权利哲学"之意,而且涵盖了道德哲学与伦理哲学。这是一种广义的法哲学,绝不仅仅局限于对外在法律的考察。值得一提的是,黑格尔把伦理(die Sittlich-keit)理解为法(das Recht)与道德(die Moralität)的统一,在西方哲学史上首次将"道德"与"伦理"作了明确区分。

一、抽　象　法

　　每个普通人都有自由意志,因而也都有伴随自由意志而来的权利(法)。作为一个单纯的人(而非作为一个国家的公民)所享受的权利就叫作"抽象的权利"。

抽象法只讲个人的"自由意志"。黑格尔指出:"自为地存在的意志即抽象的意志就是人。人间(Mensch)最高贵的事就是成为人(Person)"。①在这里,Mensch 指一般意义的人,Person 指法权意义的人。他还强调指出:"所以法(指抽象法——引者)的命令是:成为一个人,并尊敬他人为人。"②这就是说,要承认他人和自己一样,都享有权利,权利作为自由意志的定在,是人所固有的。由此可见,黑格尔的这种思想具有反封建的意义。

在谈到权利时,黑格尔也谈到与之相对的、相联系的义务。这是他的名言:"谁没有权利,谁就没有义务,反之亦然。"③权利和义务是相互对应的。例如,家长要孩子们服从的权利,对应于把孩子们教育成为自由人的义务;反过来说,孩子们服从家长的义务,则对应于他们被教育成为自由人的权利。黑格尔关于权利与义务的辩证观点是很深刻的。

现在我们回到"抽象法"或"抽象权利",它包含三个环节:所有物或财产、契约、不法。

(一)所有物或财产

具有自由意志的人首先有占有物的权利,个人的这个占有物,便是他的财产。黑格尔说:"由于这个规定(指"我的个人的意志"——引者)占有物就是财产,占有物作为占有物是手段,但作为人格的定在则是目的。"④所谓"人格的定在",是指某个人的意志的定在,就是说,我把我的

① ［德］黑格尔:《法哲学原理》,范扬、张企泰译,商务印书馆 1961 年版,第46 页。
② 同上。
③ ［德］黑格尔:《精神哲学》,杨祖陶译,人民出版社 2006 年版,第315 页。
④ 同上书,第317 页。

意志放进这个事物(占有物),占有物因而就成为我有财产,也就是我的私有财产。黑格尔在《法哲学原理》中更鲜明地说:"由于我借助于所有权而给我的意志以定在,所以所有权也必然具有成为这个单元的东西或我的东西这种规定。这就是关于私人所有权的必然性的重要学说。"①私人所有权或私有财产是理性的必然,这就是黑格尔对私人所有制或私人财产权提供的理论辩护。

黑格尔批评柏拉图,认为柏拉图的理想国的财产公有的理念侵犯了人格的权利,因为它以人格没有能力取得私有财产作为普遍原则。当然,黑格尔也意识到,在财产权的问题上,人与人的平等只具有抽象的意义:抽象地说,每个人都有权拥有财产,但具体而言,由于各个人才能、外部情况各不相同,因而各个人拥有财产的数量是并不相同的。所以,黑格尔提出:要求每个人的财产一律平等的这个所谓正义的要求是错误的,因为正义所要求的,仅仅是每个人都应该有财产而已。

所有物依照意志对物的不同关系分为三个不同的环节:直接占有、物的使用和物的转让。

1. 直 接 占 有

直接占有的活动又有三种方式:

(1) 直接的身体把握

我用手占有某物,即是"直接的身体把握"。黑格尔认为,从感性方面来说,身体的直接占有是最完善的方式,因为我的身体直接体现在这种占有中,从而我的意志也同样可以在这种身体的直接占有中被认识到。但是,这种占有方式仅仅是主观的和暂时的,由于对象范围的广

---

① [德]黑格尔:《法哲学原理》,范扬、张企泰译,商务印书馆 1961 年版,第55 页。

大,或者对象的千差万别,它往往会受到极大的限制。因此,他承认这种方式的占有"完全是零星的"①,因为一个人不能占有比身体所接触的更多的东西。

(2) 给事物以定形

这种占有方式超出了身体的直接占有,也就是说,某物通过我的"定形"而成为我的财产,而并不需要我直接用身体来占有它。耕种土地,栽培植物,驯养、饲育和保护动物,利用原料和自然力而建成设备,所有这些都属于给事物以定形的活动。可见,这实际上就是通过劳动占有事物。黑格尔认为这是"最适合于理念的一种占有",因为它把主观和客观在自身中统一起来了。

(3) 对事物单纯作标记

这是一种其自身并非现实而仅仅表明我的意志的占有方式。无论从对象的范围及其意义来看,这种占有都是极不明确的。"标记的意义应该是:我已经把我的意志体现于该物内。"②也就是说,通过标记,我告诉别人某物是我的,因此排斥别人再来占有它。黑格尔还指出:"标志的概念就在于对事物不是如其存在的那样来看,而按其所应具有的意义来看。"③例如,徽章就可以标志某个国家的公民资格,只有佩戴徽章者才有资格在某个国家作为公民来生活。人能够给予某物以标志,因为取得该物,正好表明了他对该物拥有支配权。

2. 物 的 使 用

通过占有,物乃获得"我的东西"这一谓语。使用则不然,它"是通过

---

① ［德］黑格尔:《法哲学原理》,范扬、张企泰译,商务印书馆 1961 年版,第63 页。

② 同上书,第 66 页。

③ 同上。

物的变化、消灭和消耗而使我的需要得到实现"①。在这里可以说,物是专为我的需要而存在,并为我的需要服务。显然,黑格尔看到了人的需要的满足离不开对所有物的使用或享用,他实际上谈到了消费问题。他还把"使用"分为两种类型:"完全使用"和"部分使用"。如果一物的使用权全部归我,那么我就是该物的所有人。换言之,全部使用和所有权是等同的。而部分使用则不然,它不同于"物本身的所有权"。

3. 物 的 转 让

黑格尔认为,我可以转让某物,表示这个物为我所占有,是我的财产,我的意志体现在该物中;我不能转让某物,表示该物不是我的财产,我的意志不体现于该物中。既然我拥有某物,所以,我就有权抛弃它而使之成为无主物,或者有权委由他人的意志去占有。所谓转让,就是我放弃对某物的占有而将之转交给他人。

黑格尔在此表达了一个非常珍贵的思想:一个人只能转让自己的外在所有物,而绝不能转让自己人格中的最隐秘的财富或者自我意识的"普遍本质的福利"。换言之,人格中的实体性的规定是不可转让的,享受这些实体性的规定的权利也永远不会失效。"这些规定就是:我的整个人格,我的普遍的意志自由、伦理和宗教。"②如果转让了这些"实体性的规定",一个人就会丧失独立的人格和自由。黑格尔指出,奴隶制、农奴制、无取得财产的能力、没有行使所有权等等,都是"割让人格"的实例。而割让理智的合理性、道德、伦理、宗教则表现在迷信方面,此时,一个人把权威和所有权利都交给了他人,盲目地执行他人的指令或履行宗教的义务。在他看来,正是上述实体性的规定才使人成为具有权利能力

---

① ［德］黑格尔:《法哲学原理》,范扬、张企泰译,商务印书馆 1961 年版,第67 页。

② 同上书,第 73 页。

和责任能力的人,因此,一旦割让了这些权利,也就等于放弃了自己的权利能力和责任能力。

(二)契 约

黑格尔指出,财产的偶然方面在于,就我的意志是任意而言,我可以把我的意志放到这个事物里,或者不放到它里面;同样,我可以把我的意志从事物中收回来,或者不收回来。"但是,就我的意志是在一个事物中而言,只有我自己才可以把它收回来,而事物只可以由于我的意志而转移给另一个人,同样它成为另一个人的财产只是由于他的意志;这就是契约。"①

契约来源于"所有物(财产)的转让",但并非单方面的转让,而是相互的转让,包含当事人双方的"共同意志",即独立的所有人达成的"意志的同一"。所以,黑格尔在《法哲学原理》中指出:"契约以当事人双方互认为人和所有人为前提。"②契约关系是意志对意志的关系,人们缔结契约关系,进行财产的赠予、交换、交易等等,系出于"理性的必然"。因为拥有自由意志的人必然包含拥有财产的权利,而后者又必然包含转让财产的权利,因而也就必然有缔结契约的权利。这样看来,财产概念自在地、必然地蕴含着契约概念。

契约从某种意义上说是一个"中介",在契约关系中,甲方放弃自己对某物的所有权并将之转让给乙方,乙方也相应地把自己的某种所有物转让给了甲方。所以,黑格尔如此解释契约的含义:"一方根据其本身和他方的共同意志,终止为所有人,然而他是并且始终是所有人。它作为中介,使意志一方面放弃一个而是单一的所有权,他方面接受另一个即属于

① [德]黑格尔:《精神哲学》,杨祖陶译,人民出版社 2006 年版,第 318 页。
② [德]黑格尔:《法哲学原理》,范扬、张企泰译,商务印书馆 1961 年版,第80 页。

他人的所有权;这种中介发生在双方意志在同一种联系的情况下,这就是说,一方的意志在他方的意志在场时作出决定。"①

在契约中虽然出现了"共同意志",但这个"共同意志"还不是"自在自为的普遍意志"——客观的神圣的理念,而仅仅是当事人双方从各自的"任意"出发而设定起来的共同意志。因此,契约关系是可以订立也可以撕毁的。黑格尔认为婚约不可能归属于契约的概念下,因而对康德在《道德形而上学》法权论部分中的婚姻契约论提出了批评。同时,他认为国家的本性也不在契约关系中,无论是一切人对一切人的契约,还是一切人对君主或政府的契约。显然,黑格尔对社会契约论或国家契约论是持明确的反对立场的。他反对国家契约论的主要理由在于:契约是建立在任意的基础上的,所以它不可能构成国家的基础。在他看来,如果说国家是本于一切人的任性而建立起来的,那是错误的。他还从其国家主义立场出发,肯定现代国家有一大进步:所有公民都始终以国家为绝对目的,而不得像中世纪那样就国家问题订立私人条款。

契约是两个意志之间的关系,每个人的意志都是特殊的意志,具有任意性,所以,特殊意志本身可能违反自在地存在的法而行动,而这就是**不法**(das Unrecht)。

(三)法 与 不 法②

法作为自由在外在事物中的定在,涉及与这个外物、与其他人的众多的联系,这样就出现了好多个"权利根据",而因为财产是个人的,所以其中只有一个是正当的,是法(das Recht)。"这些权利根据由于是彼此相

---

① [德]黑格尔:《法哲学原理》,范扬、张企泰译,商务印书馆 1961 年版,第81—82 页。

② 《法哲学原理》中与此相应的标题是"不法"。《法哲学原理》与《精神哲学》中的标题并不完全一致。

对的,就共同一起被设定为法的假象,相对于法的假象,这个正当的现在就被规定为自在的法。"①所谓法的假象就是与"自在的法"背道而驰的"不法"。

黑格尔谈到了不法或法的假象有三种形式:

1. 无犯意的不法

与各种权利根据直接统一在一起的"唯一的自在的法"被设定、被意愿和被承认为肯定的,分歧只在于这个事物被这些个人的特殊意志包摄在法之下。在这种情况下,就有了"无犯意的不法"(das unbefangene Unrecht)。简单地说,"无犯意的不法"就是在承认"自在的法"的前提下,这个人的特殊意志把这个物置于法之下,而那个人的特殊意志把这个物置于法之下,结果是你以此为法,他以彼为法,民事权利争讼就是这样。"为了调停这种权利争讼就要求有某种第三个判断,它作为自在的法的判断是于事公正无私的,并且是赋予自己反对那种假象的存在(指"不法"的现象——引者)的权力。"②

2. 欺 诈

如果"不法"本身为特殊的意志所需要,用以反对自在的法,那么,这个特殊的意志就成了恶意的。在这种情况下,"对法的外表的承认就与法的价值分离开来了,而且只有前者受到尊重,后者则受到损害。这就有了欺诈的不法。"③黑格尔把欺诈叫作"作为同一判断的无限判断",认为这样的判断"也就是保留着形式上的联系而删去了内涵"④。他的意思

---

① [德]黑格尔:《精神哲学》,杨祖陶译,人民出版社 2006 年版,第 320 页。
② 同上书,第 320 页。
③ 同上书,第 321 页。
④ 同上。

是:欺诈在表面上显得是合法的,但实际上却违背了自在的法。他认为
"无犯意的不法"可不受任何刑罚处分,反之,对欺诈就得处以刑罚,因为
这里的问题是法遭到了破坏。

3. 犯　　罪

"只要特殊意志在对自在的法和对法的承认或承认的假象的否定中
把自己与自在的法对立起来……这个特殊的意志就是犯罪的极端恶意的
意志。"①犯罪,就是公开地、毫不掩饰地反对法,是真正的不法。在犯罪
中,不仅自在的法,而且罪犯个人认为的特殊的法都遭到了破坏。这时,
无论就自在的法来说,还是就罪犯自己来说都是不法,因为这时他意图不
法,而且也不应用法的假象。

在《法哲学原理》中,黑格尔对犯罪这种"侵犯了作为法的法"的罪
行,做了这样的说明:这种罪行是"十足意义的否定无限判断",因为在它
那里,不仅受害人占有特殊物的权利被否定,而且连受害人的"权利能
力"也都不经过受害人的意见的中介,甚至在遭受蔑视的情况下被直接
否定了。《精神哲学》中提到的"否定的无限判断",也就是《法哲学原
理》中所说的"你没有权利"。

犯罪是违法,而受害人对犯罪人的报复,就是复仇。由于复仇是从
"主观的个别意志"即"直接的特殊的个人利益"出发的,因而同时就是一
种新的违法。如果受害者采取复仇的方式来对待犯罪,就会陷入一个新
旧违法循环往复的无限过程。"这个过程同样在一个第三个判断中取消
了,这个判断是公正无私的,即刑罚。"②

黑格尔主张对犯罪行为进行强制性的惩罚。在他看来,犯罪是罪犯

---

① 　[德]黑格尔:《精神哲学》,杨祖陶译,人民出版社 2006 年版,第 321 页。
② 　同上。

对于受害人施加的一种"强制",即一种违反自在的法的"不法",而旨在恢复自在的法,使之赢得威信的正是上述"第三个判断"的执行者,即审判者,他"执行对罪犯所作出的对法的否定进行否定的……权利"①。这种"否定之否定"就是对犯罪所作的"合法的强制",这是对罪犯所实施的强制的扬弃,是扬弃第一种强制的第二种强制。所以,这种强制不仅是无条件的合法的,而且是必然的。这样,就可以给抽象法下这样一个定义:"抽象法是强制法"②,就是说,它是可以强制大家遵守的法。

既然对他人任意使用暴力是非法的、不正义的,因此,对此暴力行为加以惩罚就是合法的、正义的。刑罚的合理性和意义在哪里? 对此,预防说、威吓说、惩戒说、矫正说等等给出了各种解释。黑格尔认为这些理论都是肤浅的,因为它们忘记了问题的关键在于不法和正义。正是基于这种对于刑罚的正义理论,黑格尔与康德一样反对贝卡利亚提出的废除死刑的主张。

总之,刑罚不等于私人复仇,它从个人主观利益中解放了出来,按代表普遍意志的"正义"行事。在对刑罚作出这样一种理解的基础上,黑格尔便从"抽象法"向"道德"过渡了。

二、道　　德

关于从抽象法向道德的过渡,黑格尔是这样说的:"主观意志在这种作为支配法的力量的抽象中本身是一个无效的东西;主观意志拥有真实

---

① ［德］黑格尔:《精神哲学》,杨祖陶译,人民出版社 2006 年版,第 322 页。

② ［德］黑格尔:《法哲学原理》,范扬、张企泰译,商务印书馆 1961 年版,第 97 页。

性和实在性本质上只是在它在其本身中是作为理性意志的定在的时候，——这就是道德。"①

道德意志使人成为道德主体，而不只是抽象法领域中法权意义上的人。在(直接的)法里，自由的个体还只是人(Person)，现在就被规定为主体(Subjekt)，即在自身内映现了的意志。所谓在自身内映现了的意志，就是以它自己本身为对象的意志，从而是达到了对它自己本身的意识的意志，因而也就是自由在其中获得了定在的意志，即自由意志。所以，道德主体就是**自由意志**。

在黑格尔之前，康德在《道德形而上学》中就已提出：法权义务是可以外在强制的义务，而德性义务是不可以外在强制的义务。黑格尔在论述抽象法时已经明确指出"抽象法是强制法"，也就是说，如果一个人犯了罪，是可以通过外在的强制对他施加惩罚的。但是，在道德领域，是不能以外在强制的方式强迫个人去履行道德义务的。换言之，在抽象法的领域，可以以外在强制的方式使人的行为合法——对不合法的罪行加以惩罚，而在道德领域，是不可以采取这种外在强制的方式的。这种情况表明："主观意志在道德上是自由的"，而它之所以是这样的，那是因为"这些规定是由它在内心作为他自己的规定设定起来的，并且是为他所意愿的"②。

黑格尔在《法哲学原理》中论述强制和犯罪的时候，曾说过一段很重要也很精彩的话："诚然，作为生物，人是可以被强制的，即他的身体和他的外在方面都可被置于他人暴力之下；但是他的自由意志是绝对不可能被强制的，除非它本身不从其所受拘束的外在性或不从其对这种外在性的表象中撤退出来。只有自愿被强制的意志才能被强制成为某种东西。"③根

---

① [德]黑格尔：《精神哲学》，杨祖陶译，人民出版社2006年版，第322页。
② 同上书，第323页。
③ [德]黑格尔：《法哲学原理》，范扬、张企泰译，商务印书馆1961年版，第96页。

据这段话,我们可以得出这样的观点:抽象法对人的约束是一种外在强制的约束,而道德则是一种"自律",是具有自由意志的人的一种"自由的自律",或者说是一种"自愿的自我强制"。黑格尔认为,由于这种主观的或道德上的权利,人必须特别拥有关于一般善恶区别的知识;伦理的和宗教的规定不得仅仅作为某个权威的外在的法则和规范要求人们遵守,而是要在人的心、意向、良心等等里面拥有对它们加以赞同和承认的理由。其实,这就是人的意志的主体性的表现,而意志的主体性在意志本身里是自我目的,即绝对的本质的环节。

道德的自律要通过行为体现出来,所以黑格尔在《精神哲学》中说:"主观意志的带着这种自由的行动上的表现就是行为"。① 他在《法哲学原理》中同样指出:"意志作为主观的或道德的意志表现于外时,就是行为。"②由于道德自律的行为是道德主体自愿发起的,出自于其自由意志,因此,每个道德行为主体就要对自己的行为负责。这就是说,主观意志在道德上只承认它曾对之有所知和有所意愿的东西是它自己的东西,并让自己对此负责。

道德的东西具有一种就其在一般意志内部而言的意志规定性,并因而在自身里包含这样三个环节:"故意"、"意图与福利"、"善与恶"。(在《法哲学原理》中,相应的三个标题是:"故意与责任"、"意图与福利"、"善与良心"。)

(一)故 意

黑格尔认为,主体的行动(Tat)并不就是行为(Handlung),主体"只承认行动中曾经包含在他的知晓和意愿中的、即曾经是他的故意的那个

---

① [德]黑格尔:《精神哲学》,杨祖陶译,人民出版社 2006 年版,第 323 页。

② [德]黑格尔:《法哲学原理》,范扬、张企泰译,商务印书馆 1961 年版,第116 页。

定在是他自己的东西,也就是他的责任"①。这段话,很清楚地表达了这样的意思:单纯的行动还不等于故意的行为,人只对自己故意的行为负责。分析起来,黑格尔关于故意和责任表达了以下三层见解:

首先,行动与行为是有区别的,行为是故意的行动,也就是说,是有意而为之,因此意志对其行为负有责任。

其次,故意包含"知晓"和"意愿",因此,我的意志只对我知道的那一部分行动负责。黑格尔举例说明了这一点:"我的意志仅以我知道自己所作的事为限,才对所为负责。欧狄普斯不知道他所杀死的是他的父亲,不能以杀父罪提起控诉。"②

再次,意志只对最初的后果负责,因为只有这最初的后果才包含在他的意志之中。黑格尔之所以提出这一点,是由于他考虑到一种行为会产生一系列的后果,其中也包含外边侵入的东西和偶然附加的东西,而这些因素却与行为本身的本性无关。这就是说,一个人实施某个行为,可能会由于外在因素的影响而导致他本人完全意料不到的后果。在这种情况下,他只能对最初的后果负责,而无须对此后连带的后果负责。此外,在谈论对行为及其后果的评价时,他既反对了只顾行为不顾后果的观点,也批评了只顾行为后果而不顾行为本身的观点。

(二)意图与福利

在《精神哲学》中,黑格尔在论述意图与福利时,首先把行为分别与意图的法(权利)和福利的法(权利)联系起来考察。他因此说出了两层意思:其一,行为"就其经验性的具体内容而言,具有多种多样的特殊的方面和联系,就形式而言,主体必须就行为的本质的、把这些细节都包括

---

① [德]黑格尔:《精神哲学》,杨祖陶译,人民出版社2006年版,第324页。
② [德]黑格尔:《法哲学原理》,范扬、张企泰译,商务印书馆1961年版,第119页。

在内的规定而言曾经知晓和意愿过这些行为——这就是意图的法"①。
其二,"主体同样有权要求,行为中内容的特殊性就质料而言不是一个对
他外在的特殊性,包含着他的种种需要、利益和目的,这些东西同样综合
在一个唯一的目的里,……就构成他的福利;——这就是福利的法。"②

　　这两段话表明:人的故意的行为不仅与意图相关,也与福利相关。那
么,故意与意图、意图与福利、福利与法都有怎样的关系,即具有怎样的区
别和联系? 这是值得认真探讨的问题。

1. 故意与意图的关系

　　故意与意图既有密切的联系,也有一定的区别。故意与意图的联系
在于:故意从某种意义上可以说就包含了意图。但是,故意本身还并不就
是意图。故意,仅仅意味着一个行为是道德主体有意而为之的。但他为
什么要故意而为? 其中总有他的意图。

　　黑格尔说,作为一个能思维的人,道德主体应该知道某种行为所必然
产生的后果。"这样出现的普遍物就是我们所希求的东西,就是我的意
图。"③显然,能思维的人的"故意"包含着"意图"。但故意只涉及行为的
个别性、直接性,意图则是我所意愿的"普遍的东西"。用黑格尔的话来
说就是:"故意只涉及直接的定在而意图则涉及定在的实体性东西和
目的。"④

　　例如杀人,按照"故意"的观点,在杀人的场合,遭受侵害的只是作为
单一物的一块肉,而按照"意图"的观点则是侵害了肉体中的"生命本

---

①　[德]黑格尔:《精神哲学》,杨祖陶译,人民出版社 2006 年版,第 325 页。

②　同上。

③　[德]黑格尔:《法哲学原理》,范扬、张企泰译,商务印书馆 1961 年版,第
121 页。

④　[德]黑格尔:《精神哲学》,杨祖陶译,人民出版社 2006 年版,第 325 页。

身"。由此可见,能思维的人的故意的确包含着意图。因此,构成行为之价值以及行为之所以是我们的行为的因素,就是意图。离开了意图,就不能理解行为者之所以如此行为的理由。在这里,"故意"成了"意图"的手段。例如,故意点燃木材,是意图造成火灾的手段。

2. 意图与福利的关系

一个人故意作出某种行为,总有他的意图,而在他的意图后面,还有一个更深层次的目的,那就是福利。例如,一个人故意放火,其意图是杀人,但他为什么要杀人? 背后肯定还有目的。他决不是为了杀人而杀人,而必然还有一个特定目的。假定他是由于好杀成性而杀人,那么,在黑格尔看来这种好杀成性本身就已经是主体的肯定内容了,而其行为是为了满足主体的欲求的。

故意而为的意图和意图后面的特殊目的,都涉及行为的动机。黑格尔把行为的动机叫作"道德的东西",并认为这种道德的东西即动机具有两重含义:一是在故意中的普遍物,二是意图的特殊方面。显然,他是把意图和意图背后所追求的特殊目的,即主体欲望的满足,都视为动机的。在谈到动机的这两重意义时,他还不忘批评那种只顾动机、不顾行为的观点。"近人特别对行为常常追问动机。以前人们只不过问,这人是否正直的人? 他是否在尽他的义务? 今天人们却要深入到他们内心,而且同时假定着在行为的客观方面和内在方面——即主观动机——之间隔着一条鸿沟。"①黑格尔认为,更高的道德观点在于在行为中求得满足,消除主观动机与客观行为之间的鸿沟。

既然意图背后的特殊目的都跟福利或幸福有关,那么,到底什么是福

---

① [德]黑格尔:《法哲学原理》,范扬、张企泰译,商务印书馆 1961 年版,第124 页。

利或幸福呢？黑格尔的回答是：每个人都会出于自己的兴趣而行动,这是一种抽象的、形式的自由。而这种抽象的、形式的自由,"只是在其自然的主观定在中,即在需要、倾向、热情、私见、幻想等等中,具有较为确定的内容。这些内容的满足就构成无论是它一般的和特殊的规定上的福利或幸福。这就是一般有限性所具有的目的"①。基于这种对于福利或幸福的理解,黑格尔反对禁欲主义,并明确主张"人有权把他的需要作为他的目的"②。

　　在这里,黑格尔触及了一个非常重要的道德哲学问题,即福利(幸福)与更高的、绝对的道德目的(康德道德学中的"善")的关系问题。福利仅仅意味着人的主观目的的满足,并不具有更高的绝对价值,因此,康德在其义务论中提出了纯粹形式的、无条件的定言命令,要求人们在履行义务时要为义务而义务,要完全排除对于幸福的考虑。针对康德的这种做法,黑格尔明确指出:"由于个人自己的主观满足(包括他的荣誉和声誉得到承认在内)也包括在达成有绝对价值的目的之内,所以要求仅仅有绝对价值的目的表现为被希求或被达到的东西,以及认为客观目的和主观目的在人们希求中是相互排斥的这种见解,两者都是抽象理智所作的空洞主张。"③

　　黑格尔既反对康德的排斥幸福的义务论,也反对只顾追求个人福利而遗忘了更高道德价值和目的的利己主义幸福论。在他看来,这种幸福论会把道德也仅仅当作实现个人私利的工具或手段,即把客观的道德目的当作达到主观满足的手段。如此一来,这种主张就会变成一种恶毒而有害的主张了。所以,个人的主观目的即追求个人福利与客观的道德目

---

　　① 　[德]黑格尔:《法哲学原理》,范扬、张企泰译,商务印书馆 1961 年版,第125 页。
　　② 　同上书,第 126 页。
　　③ 　同上。

的不是互相排斥的,而是应该统一起来。

黑格尔看到了近代世界普遍地在追求个人的福利,主观的特殊性原则取代了古代世界的客观性原则。所以他说:"主体的特殊性求获自我满足的这种法,或者这样说也一样,主观自由的法,是划分古代和近代的转折点和中心点。"①由于近代世界特别关注个人福利,于是就产生了一种同样抽象的道德的见解,以为道德只是在同自我满足作持续不断的敌对斗争。而这正好就是康德所极力倡导的义务论的观点。

黑格尔进而指出:正是上述将主观有限的特殊目的(福利)与客观的绝对目的抽象对立起来的抽象理智,导致了一种关于历史的心理史观。这种心理史观以英雄人物或伟大人物也追求主观的满足为理由来否定英雄人物或伟大人物本身。黑格尔称之为"佣仆心理"。因为在佣仆看来,英雄人物或伟大人物也和他们一样追求主观的满足,因而他们也就不是什么英雄人物或伟大人物了。黑格尔指出:"其实不是真的没有英雄,而是因为他们只是一些佣仆罢了。"②

3. 福利与法的关系

黑格尔不仅详尽地论述了意图与福利(幸福)的关系,而且进一步论述了他人福利与普遍福利与法的关系。他看到,每个人在追求私利即自我满足的过程中,始终都关涉他人的福利,乃至所有人的福利。近代思想家孟德维尔、亚当·斯密等人都看到了这一点:每个人对私利的追求会在无意之中达成公共的福利。英国功利主义者边沁也把追求最大多数人的最大幸福当作功利主义的基本原则。显然,黑格尔非常清楚这些思想家的观点。他不仅把个人的私利与他人福利乃至普遍福利联系起来进行思

---

① ［德］黑格尔:《法哲学原理》,范扬、张企泰译,商务印书馆 1961 年版,第124 页。

② 同上书,第 128 页。

考,而且把这个普遍的福利与法联系起来,由此断言:"但是同这种特殊内容有区别的自在自为地存在的普遍物,除被规定作为法之外还没有被进一步地规定,所以特殊物的上述那些目的是与普遍物有区别的,它可能符合也可能不符合普遍物。"①

个人的特殊福利同"法"相比,只能处于从属地位。法的基础是自由,无论是为自己的福利,还是为他人的福利,都不能与人之为人的实体性基础——自由相矛盾。黑格尔明确指出:"不论是对我的还是对他人的福利的意图,——人们特别称后者为道德的意图,——都不能成为替不法行为作辩解的理由。"②

黑格尔举例说明了这一点:圣克利斯宾偷了皮替穷人制鞋,其行为是道德的,但毕竟是不法的,从而是不能容忍的。在这里,意图所意想的本质性和行为的真实的本质性可能陷入巨大的矛盾(如在某种犯罪那里的一种良好的意图)。不过,黑格尔又认为,在紧急的情况下,可以为了个人福利而违法,也就是说,在这种紧急的情况下,法可以从属于福利。例如,如果偷一片面包就能保全生命,那么,这即使是一种不法行为,但不宜把这种行为不公正地看作通常的盗窃。他为所谓不法行为所作的辩护是:"所以只有直接现在的急要,才可成为替不法行为作辩护的理由,因为克制而不为这种不法行为这件事本身是一种不法,而且是最严重的不法,因为它全部否定了自由的定在。"③

黑格尔进而主张生命有"紧急避难权",这就是说,当意味着"人格的定在"的生命遇到极度的危险而与他人的合法所有权发生冲突时,生命是可以要求紧急避难权的,这不是作为公道,而是作为权利。生命是各种目的

---

① [德]黑格尔:《法哲学原理》,范扬、张企泰译,商务印书馆 1961 年版,第128 页。

② 同上书,第 126 页。

③ 同上书,第 130 页。

的总体,因而具有同抽象法相对抗的权利。黑格尔说,偷窃一片面包就能保全生命,此时某一个人的所有权固然因而受到损害,但是把这种行为看作寻常的偷盗,那是不公正的。一人遭到生命危险而不许其自谋所以保护之道,那就等于把他置于法之外,他的生命既被剥夺,他的全部自由也就被否定了。

黑格尔认为,紧急避难昭示了无论是法还是福利都是有限的:法的片面性在于它是抽象的普遍性,只讲大家共同"守法",而不讲个人特殊的实存(福利);福利则只讲抽象的特殊,即个人的特殊意志,而不讲法的普遍性。由此,法与福利会发生冲突。而这种冲突的解决即两者的初步结合,则表现为善和与之对立的恶。

(三)善　与　恶

抽象法、福利和意图都作为被扬弃的东西都包含在"善"中。黑格尔指出:"自在自为的善,因而是世界的绝对的最后目的。"①他在《法哲学原理》中更进一步指出:"所以善就是被实现了的自由,世界的绝对最终目的。……善不是某种抽象法的东西,而是某种其实质由法和福利所构成的、内容充实的东西。"②善包含福利而不是排斥福利,这是黑格尔不同于康德的地方。在康德的道德哲学中,善仅仅是理性所"欲求"的对象,而不能包含感性欲望或爱好的对象。所以,康德把感性欲求的满足即幸福,完全排斥于善的概念之外;在黑格尔这里,善是"合法的福利",显然,他从一开始就把福利内在地包含于善之中了。对黑格尔而言,福利没有法就不是善,同样,法没有福利也不是善。

在《精神哲学》中,黑格尔对善与恶的问题做了如下几个方面的具体论述。

---

① ［德］黑格尔:《精神哲学》,杨祖陶译,人民出版社2006年版,第326页。
② ［德］黑格尔:《法哲学原理》,范扬、张企泰译,商务印书馆1961年版,第132页。

1.善作为义务

善是个人主观意志的本质,但就个人主观意志只有直接性而尚未实现善而言,善对于这个主观意志还只是普遍抽象的本质性,即义务。这就是说,善是义务的对象,个人主观意志应无条件地达到其本质——善,从而使自己客观化。为此,"这个主体应当拥有对善的洞见(即应知道善——引者),应当使善成为自己的意图(即意愿着善——引者),并通过自己的活动把它产生出来(即产生着善——引者)"①。

在《法哲学原理》中,黑格尔在阐释自己的道德义务观时对康德的义务论作出了深刻的评价。一方面,他肯定了康德对于义务之绝对性的强调,认为康德的实践哲学的功绩和它的卓越的观点,就在于指出了义务的这种绝对性,即指出了意志的本质对我来说就是义务,我应该为尽义务本身而尽义务。另一方面,他指出康德的这种义务论是空洞的和抽象的,是在拘泥于单纯的道德观点而未能使之向伦理的概念过渡,由此,"就会把这种收获贬低为空虚的形式主义,把道德科学贬低为关于为义务而尽义务的修辞或演讲"②。康德的定言命令(绝对命令)要求我们行为的准则不能自相矛盾,即命令我们按照不能自相矛盾、能够成为普遍法则的准则行动,黑格尔认为这种纯属形式的要求根本没有触及现实的内容。它只是要求形式的同一,却排斥一切具体的内容和规定。

2.善或义务的内在矛盾

由于善既因其"合法性"而具有普遍性的一面,同时又因其包含"福利"而具有特殊的内容,所以,黑格尔认为它就难以避免矛盾的存在。也

---

① 〔德〕黑格尔:《精神哲学》,杨祖陶译,人民出版社 2006 年版,第 326 页。
② 〔德〕黑格尔:《法哲学原理》,范扬、张企泰译,商务印书馆 1961 年版,第137 页。

就是说,善是意志自身上规定了的普遍的东西,并因而包含起初还是抽象的特殊性,在此范围内是没有任何规定可言的。这样一来,规定活动就出现在那个普遍之外,而出现在那个自由的、与普遍东西对立的、自为存在着的意志的规定活动里。这样,就引起了深刻的矛盾。在《精神哲学》中,黑格尔对善所包含的内在矛盾做了具体的分析。

(1) 各种特殊的善或义务彼此冲突

由于对善的模糊不清的规定,就出现了多种多样的、彼此对立并陷入冲突之中的善和义务。可是,由于它们都是善,故又应当彼此和谐一致,它们每一个虽然是特殊的,但作为善和义务却是绝对的。黑格尔由此提出,主体应当是这样一种"辩证法":它一方面排斥其他的善或义务,另一方面又取消赋予某种善或义务的这种绝对有效性,并对这种善或义务与其他的善或义务的某种结合作出决定。显然,黑格尔根据善的具体内容而看到了善的内在冲突,他并且认为各种具体的善的相互冲突最终需要统一在绝对的善之中。由此,他也试图凭借主体的辩证法来解决义务的彼此冲突和相互和谐问题。在这一点上,他的立场是与康德截然不同的。对康德而言,义务是纯形式的东西,因此绝不可能存在自相矛盾或冲突的情况,"**义务**和责任的**冲突**就是根本无法想象的"①。

(2) 特殊的善与普遍的善不相一致

对于某个特殊的主体来说,利益和福利应是本质的目的,并因而是义务。但同时,在那个并非意志的特殊的东西而仅仅是其普遍的东西的善的目的中,这些特殊的利益和福利就不应当是关键因素(Moment,契机)。由于这两者的独立性,它们是否和谐一致就是偶然的了,但它们又应当是和谐一致的。黑格尔这里讲的,是特殊义务与普遍的善的目的之间的

---

① [德]康德:《道德形而上学》,张荣、李秋零译,载于李秋零主编《康德著作全集》第 6 卷,中国人民大学出版社 2007 年版,第 231 页。

差异。

（3）善与恶相互对立

主体在其定在中不仅是作为一个一般的特殊的东西,而且是他作为抽象的自身确定性即自由的抽象自内映现而定在的一种形式。因此,主体就可能使普遍的东西对自己成为一个特殊的东西,并因而成为一种假象。"这样,善就被设定为一个对于主体而言的偶然东西,这个主体因而就能够决定自己成为一个与善对立的东西,即能够是恶的。"①黑格尔这里讲的是善能够转化为恶,由此有了善与恶的对立。

（4）主观目的与客观世界不相和谐

黑格尔认为,除了上述各种矛盾和冲突,外部客观性（客观世界）也构成了与意志的内在决定相对立的另一个极端。因此,就出现两个偶然的方面:其一,这个外部世界是否与主观目的相一致,即是说,善是否在这个世界里得到实现,而恶是否在它里面无效;其二,是否主体在这个世界里找到自己的福利,更进一步说,即善的主体在它里面成为幸福的,而恶的主体则成为不幸福的。与此同时,世界则应当让善的行为在它里面实现,满足善的主体的特殊利益,对恶的主体不仅不给予满足,反而应当使恶本身破灭。黑格尔在此指出:主体的主观目的与外部世界的不一致,会导致"德"与"福"的不一致,出现有德者不能享福,或者缺德者享受幸福这样一种不公正的情况。这涉及康德所说的德福之间的"二律背反"问题。

可见,自为存在着的意志对"善"的特殊性的规定活动所引起的深刻矛盾体现在多个方面。在康德的单纯的道德世界观中,所有这些矛盾、冲突是不可避免的,对康德而言,善或义务就只能表现为一种"应当",而无法顾及其在客观现实中的具体实现。而对黑格尔而言,这些矛盾冲突是

---

① 　[德]黑格尔:《精神哲学》,杨祖陶译,人民出版社 2006 年版,第 327 页。

客观存在的,因此不能站在单纯主观主义的立场上左冲右突,而是要在一种伦理的立场上实现主观与客观的统一。

3. 良 心 与 恶

黑格尔看出,上述多种多样的应当都表示它们不是客观存在的东西。主体面对这些应当存在而又不存在的全面矛盾,就只好自己动手来解决问题。这样的解决只不过是一种抽象的自身确定性而已,而对于主体性的无限性来说,普遍意志、善、权利和义务是既存在又不存在的;正是这个主体性知道自己是选择者和决定者。黑格尔指出:"这种上升到其顶点的纯粹的自身确定性,表现在两种彼此直接转化的形式中:良心和恶。"①基于这种理解,黑格尔对良心与恶分别作出了论述。

关于良心,黑格尔指出:"良心是善的意志,但这善在纯粹的主观性中是非客观性的东西,非普遍的东西,不可言说的东西,对于这样的东西主体知道自己在其个别性中是能决定的。"②在《法哲学原理》中,黑格尔把这种良心称为"形式的良心",而认为"真实的良心"则属于伦理的范围。关于这种形式的良心,他进一步指出了它向恶的直接转化:"良心如果仅仅是形式的主观性,那简直就是处于转向作恶的待发点上的东西,道德和恶两者都在独立存在以及独自知道和决定的自我确信中有其共同根源。"③在他看来,形式的良心意味着自我意识尚处在这样一种状态中:它把其他一切有效的规定都贬低为空虚,也把自己贬低为意志的纯粹内在性,由此,它就有可能或者把自在自为的普遍物作为自己的原则——此时它就可能为善,或者把自己的特殊性提升到普遍物之上,而

---

① [德]黑格尔:《精神哲学》,杨祖陶译,人民出版社2006年版,第328页。

② 同上书,第326页。

③ [德]黑格尔:《法哲学原理》,范扬、张企泰译,商务印书馆1961年版,第143页。

把整个特殊性当作自己的原则,并通过行为来实现它——此时就可能
为非作歹。

　　就恶而言,主体同样知道自己在其个别性中是能决定的东西,"只要
这个个别性不停留在这种抽象性里,而是逆着善给予自己一种主观的利
益的内容"①。关于这一点,黑格尔在《法哲学原理》中也表明:意志具有
选择的自由,它既可以选择为善,也可以选择作恶。也就是说,当我面对
着善和恶,我可以选择于两者之间,我可以对两者下定决心,而把其一或
其他同样接纳在我的主观性中,所以恶的本性就在于,人能希求它,而不
是不可避免地必须希求它。由此可见,恶和善一样都导源于意志,而意志
就其概念而言,既是善的,又是恶的。因此,黑格尔说,只有人才是善的,
仅仅因为他也可能是恶的。善与恶是不可分割的,其所以不可分割就在
于概念使自己成为对象,而作为对象,它就直接具有差别这种规定。恶的
意志希求跟意志的普遍性相对立的东西,而善的意志则是按它的真实概
念而行动的。

　　形式的良心,黑格尔称之为意志现象中的"绝对的浮夸",一种非客
观的而仅仅对它自己有把握的善性,就这样直接在自身中崩溃了。而另
一方面,把客观的东西和普遍的东西看作假象而与之对立起来的恶,和给
主体保留着善的规定的那个抽象的善的善良意向,也都同样归于"直接
的颠倒和消灭"。结果,从否定方面看,自为地反对善的意愿活动和抽象
地应当有的善一样都是无效的;而从肯定方面看,"主体性在它与善的这
种同一性中就只是无限的形式,即善的实行和发展"②。这就是主体性和
善相互对立的单纯关系的立场和应当的立场的放弃,于是,黑格尔就从主
观的道德领域过渡到了客观的伦理领域。

---

① 　[德]黑格尔:《精神哲学》,杨祖陶译,人民出版社 2006 年版,第 328 页。
② 　同上。

三、伦　理

黑格尔认为,伦理是客观精神的完成,是主观精神和客观精神的统一和真理。主观精神在其内在的个别性里是自我决定的,并且与普遍的、客观的东西抽象地对立,因而具有片面性;客观精神的片面性则在于,它部分地在外部事物中、部分地在作为抽象普遍东西的善里有其自由,这种自由只具有外在性和客观性。扬弃这两种片面性的结果,就是将两者结合为一个整体的伦理,只有在伦理中自由才是真实的。——伦理是自由的理念。

伦理实体,即"自由的理念"对主观精神和客观精神各自片面性的扬弃,不是抽象的抛弃,而是将两者加以改造、提高而保存在自身里。所以,"自由的理念"就是自我意识(即主观的方面)和伦理性的存在(即客观的方面)的统一。自我意识是实现伦理性的存在,因此,伦理性的存在只有通过自我意识而实存。这就是说,一方面,伦理性的存在只有通过自我意识才能被知道、被意愿和被实现;另一方面,伦理性的存在则是个人自我意识的"绝对基础和起推动作用的目的(即推动个人的自我意识向真正的自由这个目的前进——引者)"①。

一旦扬弃了上述两种片面性,"主观的自由"便作为自在自为的、普遍的理性的意志,而在个别主体性的意识里被知晓、被意愿并进行活动,而且同时"作为风尚的直接而普遍的现实,这就是自我意识的自由成为

---

① ［德］黑格尔:《法哲学原理》,范扬、张企泰译,商务印书馆 1961 年版,第164 页。

了自然"①。在《法哲学原理》中,黑格尔进一步指出:在现实性的个人身上,伦理性的东西就表现为这些个人的普遍行为方式,即表现为风尚。他并且说,风尚是个人对伦理事物的习惯,并成为取代最初纯粹意志的第二天性。这就是说,习惯成自然,风尚是人的第二天性。他强调指出:"风尚是属于自由精神方面的规律。"②正如自然界的事物都遵循自然界的规律一样,人作为精神也必须遵循"自由精神方面的规律",即按照风尚而行动。

在伦理领域内,再没有道德领域内的那种应当存在而实际上不存在的情况,即消除了"应当"与"存在"之间的差距,因而"绝对的应当"在同样程度上就是"存在"("是")。个人作为思维的理智知道这个伦理实体是自己的本质,并在这种信念中把伦理实体看作自己在现实中的最后目的。这个最后目的不是什么达不到的"彼岸",而是被他看作已经达到了的"此岸",是通过自己的活动产生的,但实际上是无条件地存在着的东西。黑格尔因此说:"这样,个人就无须选择性的反思而完成着他的义务——作为他自己的东西和作为存在着的东西,并在这种必然性里有他自己本身和他的现实的自由。"③

在《法哲学原理》中,黑格尔对"义务"作了进一步的阐述。这里所讲的义务,当然不再是前面所说的那种主观的道德义务,而是指法律和权力这些实体性的规定对个人而言的义务,即法权义务。黑格尔认为,伦理学中的法权义务论是一种客观学说,因而不应该包括在主观性的空洞原则之中,因为这个原则不规定任何东西。这种义务论就是伦理必然性的圆

---

① ［德］黑格尔:《精神哲学》,杨祖陶译,人民出版社 2006 年版,第 329 页。

② ［德］黑格尔:《法哲学原理》,范扬、张企泰译,商务印书馆 1961 年版,第 170 页。

③ ［德］黑格尔:《精神哲学》,杨祖陶译,人民出版社 2006 年版,第 329—330 页。

圈的系统发展,因此,"各种伦理性的规定都表现为必然的关系"①,而这些关系又是由于"自由的理念"而成为必然的。因而个人就觉得这些伦理规定不是一种外来的限制,不是对自己自由的限制或束缚,反而在义务中获得了解放。这就是说,伦理性的法权规定或法权义务使人摆脱了自然冲动和主观性。黑格尔认为,义务仅仅限制主观性的任性,所以义务所限制的并不是自由,而是自由的抽象,即不自由。义务就是达到本质、获得肯定的自由。无拘无束的任性的自由仅仅是"形式的自由",伦理义务对个人的约束超越了这种形式的自由,从而使个人从主观任性中解放出来了。

伦理实体是自由的个别性和普遍性的绝对统一。因此,每个个体保持自己和关心自己这种现实和活动,都既要受到他存在于其中的全体的制约,又要过渡产生出普遍性的东西。换言之,这样一来,诸个体的意向就是要知晓伦理实体,要知晓个体的一切利益与全体的利益的同一性。而由于这种同一性,别的个体也不只是相互知晓,而且彼此都是现实地处于此同一性中。这就是信赖,一种真正的伦理的意向。例如家庭成员之间的爱,既不是出于遵守法,也不是出于道德的良心,而是出于"信赖"这种真正的伦理意向。

黑格尔由此把这种"真正的、伦理的意向"与"伦理的义务"联系了起来,他指出:"个别人在实体特殊化而成的环境里的种种联系构成他的伦理的义务。"②他并且把这种伦理的义务(die sittliche Pflichten)与德(Tugend,德性)联系起来:"伦理的人格,也就是说明那为实体(指伦理实体——引者)性的生命所渗透的主体性,就是德。"③他接着指出了种种德

---

① [德]黑格尔:《法哲学原理》,范扬、张企泰译,商务印书馆1961年版,第167页。

② [德]黑格尔:《精神哲学》,杨祖陶译,人民出版社2006年版,第330页。

③ 同上。

性。例如,碰见某种外来的非常情况——命运中的不幸事件,德就是一种对命运的态度——保持内心的平静稳定;就伦理现实的全体看,德就是有意为这现实工作和能够为它献身这样一种信赖;就与别人的偶然性的关系来看,德首先是公正,而后是仁爱,如此等等,不一而足。

关于德或德性,黑格尔在《法哲学原理》中也作了不少论述。例如他说:"伦理性的东西,如果在本性所规定的个人性格本身中得到反映,那便是德。"①这种德,如果仅仅表现为个人单纯地适合其所应尽(按照其所处的地位)的义务,就是正直。在一个伦理共同体中,一个人只需做在他的环境中已经明确指出的、他所熟悉的事情就行了。黑格尔还把德作为"个人的造诣"来加以理解,他说:"一个人做了这样或那样一件符合伦理的事,还不能就说他是有德的;只有当这种行为的方式成为他性格中的固定要素时,他才可以说是有德的。德毋宁应该说是一种伦理上的造诣。"②可见,德或德性的养成,离不开风尚、教育和习惯。

伦理实体的发展由三个从低到高的阶段组成。这就是:

第一,作为直接的或自然的精神——**家庭**。

第二,在一种形式的普遍性中,各个人作为独立个体的种种相对的相互联系所组成的相对的总体——**市民社会**。

第三,具有自我意识的实体作为精神发展成了一个有机的现实——**国家制度**。

（一）家　　庭

黑格尔把家庭称为"在其直接性中的伦理精神"③。因此,这种精神

---

①　［德］黑格尔:《法哲学原理》,范扬、张企泰译,商务印书馆 1961 年版,第 168 页。

②　同上书,第 170 页。

③　［德］黑格尔:《精神哲学》,杨祖陶译,人民出版社 2006 年版,第 331 页。

就还含有自然的因素,即性的关系或性的外在的统一。不过,这种统一在自我意识中就转变为精神的统一,自我意识的爱。爱是一种感受,因此,作为家庭的精神就是感受着的精神。

家庭的发展又有三个环节或阶段:

1. 婚　姻

"各个人格在这里按照它们的唯一不二的个别性而结合为一个人"①,这就是婚姻。由于真挚的爱这种统一性,就使得婚姻中男女双方都"自我意识"到了"自己的实体性"。因此,黑格尔把爱理解为婚姻的"伦理性的环节"。而爱情则是一种感觉,不是一种抽象的存在。

在黑格尔看来,婚姻固然含有自然的因素,涉及男女两性的自然区别,但是,在婚姻里,这些自然的区别已经同时作为某种智力的规定和伦理的规定出现。基于此,他反对把婚姻只看成单纯的性关系。同时,他也反对把婚姻只看作"契约"的观点,而认为男女的结合构成的是一种伦理实体,这种结合是以爱而不是以契约为纽带的。但是,尽管黑格尔肯定了爱的感情在缔结婚姻过程中的关键作用,他也并不主张婚姻仅仅建立在爱尤其是性爱的基础上,因为爱是一种感受性,有主观性和偶然性因素。因此,他认为应对婚姻作出精确的规定:"婚姻是具有法的意义的伦理性的爱,这样就可以消除爱中一切倏忽即逝的、反复无常和赤裸裸的主观因素。"②黑格尔从而认为:"实体性的真挚性使婚姻成为个人之间的不可分割的纽带,即成为一夫一妻制的婚姻;身体上的结合是伦理上被连接起来的联系的后果。"③他因此反对纳妾,认为这完全是为了满足个人的自然

---

① 〔德〕黑格尔:《精神哲学》,杨祖陶译,人民出版社 2006 年版,第 331 页。

② 〔德〕黑格尔:《法哲学原理》,范扬、张企泰译,商务印书馆 1961 年版,第177 页。

③ 〔德〕黑格尔:《精神哲学》,杨祖陶译,人民出版社 2006 年版,第 331 页。

冲动,破坏了婚姻的神圣性。

对黑格尔而言,婚姻从本质上是一种伦理关系。

2. 家 庭 财 富

黑格尔认为,由于家庭的各个成员就所有物而言同样处于共同体中,因而家庭作为一个人的所有物,如同收益、劳动和为将来操心一样,就获得了一种"伦理的关切"。这就是说,在一个家庭里,每个成员的所有物都从属于家庭这个统一的整体,因此,每个家庭都有自己的共同的所有物,即家庭财富。

在《法哲学原理》中,黑格尔指出家庭不仅需要所有物,而且作为"普遍的和持续的人格"还需要设置持久而稳定的产业,这就是财富。于是,单个个体的欲望及自私心,就会转变为对家庭共同体的关怀和增益,即转变为一种伦理性的东西。他还提出,在对他人的关系上,身为家长的男子是代表。此外,男子主要负责出外谋生,关心家庭需要,以及支配和管理财产。

3. 子女教育与家庭解体

婚姻中设定的伦理,在对孩子的教育中实现了,这种家庭教育是孩子第二次的、精神上的诞生,它使孩子成为独立的个人。子女不可能通过本能而长大成人,因此,他们有受教育的权利。父母也有教育他们的义务。

黑格尔认为,家庭教育具有双重目的:一方面,它的肯定的目的在于,向孩子灌输尚采取直接的、没有对立面的感觉的那种形式的伦理原则,这样,子女们的心情"就有了伦理生活的基础",而在爱、信任和服从中度过他们的生活的第一阶段;另一方面,教育的否定的目的在于,使子女超脱原来所处的自然直接性,而达到独立性和自由的人格,从而达到脱离家庭的自然统一体的能力。当家庭教育使子女们有了独立性和自由人格时,就使得他们有可能离开他们原来所属的家庭而去组建他们自己的家庭。于是,原来的家庭,由于父母的死亡就解体了。这样,家庭便完成了自己的使命,从而过渡到了市民社会。

（二）市 民 社 会

从家庭中独立出来的各个人都是独立自由的个体,并且"作为特殊东西都是自为的",他们追求自己的自私自利的目的,因而他们每个人就像原子一样与他人外在地联合起来成为一个集合体——原子论的系统。"这时实体就首先丧失其伦理的规定。"①原子式的个人都以自身为目的,而将其他一切都视为虚无。但是,"如果他不同别人发生关系,他就不能达到他的全部目的,因此其他人便成为特殊的人达到目的的手段"②。所以,各个人彼此之间仍然存在相互依赖性,因而存在着普遍性。于是,"实体以这种方式(即以"原子论的系统"的方式——引者)只是成了独立的各个极端及其特殊利益的一种普遍的、起中介作用的联系;这种联系的自身发展了的总体就是作为市民社会或作为外部国家的国家"③。在这里,黑格尔之所以把市民社会叫作"外部国家",是因为市民社会的人们的联合是外在的。

在谈到市民社会与国家的关系时,黑格尔认为市民社会虽然作为一个伦理阶段介于家庭和国家之间,但作为一个与家庭和国家有差别的阶段,其形成却比国家要晚,它是在现代世界中才形成的。他甚至声称市民社会"必须以国家为前提",或者说,"为了巩固地存在,它也必须有一个

---

① [德]黑格尔:《精神哲学》,杨祖陶译,人民出版社 2006 年版,第 332 页。

② [德]黑格尔:《法哲学原理》,范扬、张企泰译,商务印书馆 1961 年版,第 197 页。

③ [德]黑格尔:《精神哲学》,杨祖陶译,人民出版社 2006 年版,第 333 页。

国家作为独立的东西在它前面。"①黑格尔这种把国家当作市民社会的前提和基础的观点是唯心主义的,是对市民社会与国家之间现实关系的一种颠倒。

黑格尔所说的"市民社会"实即近代资本主义社会。这一点,我们可以从《法哲学原理》中的相关论述得知。他曾明确断言:"市民社会是在现代世界中形成的,现代世界第一次使理念的一切规定各得其所。"②

黑格尔指出,市民社会有两个原则。第一个原则是特殊性原则,它指的是市民社会中各成员的特殊性。这就是说,具体的人作为特殊的人本身就是目的,而这个具体的人则是作为"各种需要的整体"以及"自然必然性与任性的混合体"而出现的。第二个原则是普遍性原则,它是指市民社会的成员虽然具有特殊性,但同时又具有"普遍的形式",即市民社会中的每一个特殊成员都必须与别的特殊成员发生关系。他们的这种关系,就是如前所述的彼此互为目的和手段的关系。这两个原则,即市民社会成员的特殊性原则和普遍性原则,并不是分离的,而是相互制约的。因为普遍性和特殊性都只是相互倚赖、各为他方而存在的,并且又是相互转化的。我在促进我的目的的同时,也促进了普遍物,而普遍物反过来又促进了我的目的。

市民社会包括三个环节:需要的系统,司法,警察与同业公会。

1. 需要的系统

市民社会中每个人的需要(衣、食、住、行)都要借助于别人,要以别人为"中介"。或者说,通过个人的劳动以及其他一切人的劳动与需要的

---

① ［德］黑格尔:《法哲学原理》,范扬、张企泰译,商务印书馆 1961 年版,第197 页。

② 同上。

满足,使需要得到中介,个人得到满足,这就构成了一个"需要的系统"。在《精神哲学》中,黑格尔对市民社会的界定是:"各个人的特殊性首先在自身内包含有他们的需要。这些需要的满足的可能性在这里是包含在社会的联系中的,而这种联系是一切人从中获得他们的满足的普遍财富。"①这样一来,需要和劳动就提高为普遍性,从而自为地构成了一个共同生活和相互信赖的庞大体系,即物质生活的总体。其实,这个庞大的体系或物质生活的总体就是市民社会本身。

在市民社会中,已不是通过直接占有外部的东西作为满足需要的手段,因为这些外在物已经是所有物。因此,获得满足需要的那些特殊手段,一方面为所有者的意志所制约和中介,另一方面则为通过自己的劳动永远重新产生可交换的手段这种情况所限制和中介,这样,借助于一切人的劳动以满足需要的这种中介就构成了普遍的财富。

(1)"需要的系统"的三个因素

基于对需要的系统的上述理解,黑格尔把它归结为以下三个因素。

其一,需要及其满足的方式。

人与动物不同,动物的需要是有局限性的,满足需要的手段亦复如此,而人的需要和满足需要的手段则是多样化的,而且是越来越多样化的。在《法哲学原理》中,黑格尔强调了各个人的需要的相互依赖性和社会性:"需要和手段,作为实在的定在,就成为一种为他人的存在,而他人的需要和劳动就是大家彼此满足的条件。"②他在这一节的"补充"(习俗)中还说道:"我既从别人那里取得满足的手段,我就不得不接受别人的意见,而同时也不得不生产满足别人的手段。于是彼此配合,相互联

---

① [德]黑格尔:《精神哲学》,杨祖陶译,人民出版社 2006 年版,第 333 页。
② [德]黑格尔:《法哲学原理》,范扬、张企泰译,商务印书馆 1961 年版,第207 页。

系,一切各别的东西就这样地成为社会的。"①

其二,劳动的方式。

黑格尔认为,劳动是满足需要的手段,或者更确切地说,一方面是各种特殊的需要,另一方面是各种特殊的满足需要的手段,而劳动则构成了它们的"中介"。自然界直接提供物资,劳动则对其进行加工,使之符合人的各种目的。他在《法哲学原理》中强调指出:"这种造形加工使手段具有价值和实用。"接着,他又在"补充"(劳动的必要)中说:"人通过流汗和劳动而获得满足需要的手段。"②黑格尔不仅强调了劳动在满足人的需要中的特殊意义和作用,而且看到了劳动的社会性。在他看来,劳动只能在社会的联系中,即"市民社会"的各个成员的相互依赖中才得以进行。

黑格尔看到,在市民社会中,由于各个人的需要和满足需要的手段无止境地成倍增加,各个人的需要之不同和满足需要的手段之不同也就相应地随之增加,就是说更加个别化,由于这种个别化,就产生了**分工**。分工带来了劳动的单调性,使劳动变得容易并导致生产量的增加,但是,也使人限于只掌握一种技能而导致对社会联系的无条件的依赖性。"此外,生产的抽象化(指"单调化——引者")使劳动越来越机械化,到了最后人就可以走开,而让机器来代替他。"③从黑格尔的这些论述可以看出:他的确看到了建立在劳动分工基础上的近代工业生产的单调机械化,看到了机器在工业生产中的重要作用。

其三,财富。

同孟德维尔、亚当·斯密等人一样,黑格尔也看到了市民社会中每个

---

① [德]黑格尔:《法哲学原理》,范扬、张企泰译,商务印书馆1961年版,第207页。

② 同上书,第209页。

③ 同上书,第210页。

人对私利的追求能够达成普遍的福利,也就是说,每个人在为私利而劳动生产的同时,也对别人满足其需要有所贡献和帮助,这样就促进了"普遍而持久的财富"。这种财富对他来说包含着一种可能性,使他通过教育和技能分享到其中的一份,以保证他的生活;另一方面,他的劳动所得又保持和增加了普遍财富。他认为这种"普遍财富"同样是一种"普遍事务"。这种普遍事务就是普遍财富之被分配到特殊的人群,而这些特殊的人群拥有不同的生计,拥有与此相连的特有的劳动的需要以及满足需要的手段,甚至有不同的目的和兴趣,不同的教养和习惯方式。这就造成了等级的差别,个别的人则分属于这些等级。

(2) 市民社会的三个等级

凡有市民社会和因而有国家的地方,就有各个不同的等级。在黑格尔看来,如果说国家的第一个基础是家庭,那么,它的第二个基础就是等级。等级之所以重要,是因为私人虽然是利己的,但是他们有必要把注意力转向别人。这里就存在着一种根源,它把利己心同普遍物即国家结合起来,而国家则必须关心这一结合,使之成为结实和坚固的东西。

在肯定等级具有重要性的基础上,黑格尔进而指出市民社会有如下三个等级:

第一,"实体性的、自然的等级"。

该等级在它所耕种的土地上"拥有一种天然的和稳固的财富",其活动通过诸自然规定获得其方向和内容,而它的伦理原则建立在信念和信赖的基础上。在黑格尔《法哲学原理》中说,这一等级的伦理是直接以家庭关系和信任为基础的。可见,这个等级实为"农业等级"。

第二,"反思的等级"。

该等级就是"产业等级"。关于这个等级,黑格尔做了如下描述:"产业等级以对自然产物的加工制造为其职业。它从它的劳动中,从反思和理智中,以及本质上是从别人的需要和劳动的中介中,获得它的生活资料。它所生产的以及它所享受的主要归功于它自己,即它本身的活动。"①这个等级又分为手工业等级、工业等级、商业等级。在产业等级中,个人都依靠自己。这一自尊感跟建立法治即自由和秩序有密切关系。

第三,"思维着的等级"。

关于这个等级,黑格尔在《精神哲学》中做了如此描述:"以普遍的利益作为它的事务;像第二个等级一样,它拥有一种通过自己的技能所中介的生计,而又像第一个等级一样拥有一种可是由社会整体所保证的生计。"②这个等级指的是国家官员,前一种生计指国家给予的待遇以补偿国家要求于它的活动,后一种生计指它拥有的私产。

2. 司　　法

市民社会的第二个环节是司法,其功能主要在于保护所有权。在市民社会中,财产关系和契约关系,总而言之,有关所有权的事都由"司法"来保护。侵犯个人财产、破坏个人之间的契约关系,都不仅是特殊个人的事,而是包含普遍性即社会性的事。

在司法的范围内,抽象法就获得了自己的"定在",即实现了出来。黑格尔在《精神哲学》中指出:"在理智的意识的范围内法应得到的实现就是它作为稳定的普遍东西而被带到意识上来,并在其规定性中被知和被确立为有效的东西;——这就是法律。"③可见,在黑格尔这里,法(das Recht)和法律(das Gesetz)是有区别的。与此同时,黑格尔还强调了法律面前的人人平等,认为教养的目的就在于把人当作人来看待:"人之所以为人,正因为他是人的缘故,而并不是因为他是犹太人、天主教徒、基督教

---

① 〔德〕黑格尔:《法哲学原理》,范扬、张企泰译,商务印书馆 1961 年版,第214 页。

② 〔德〕黑格尔:《精神哲学》,杨祖陶译,人民出版社 2006 年版,第 335 页。

③ 同上。

徒、德国人、意大利人等等不一。"①

黑格尔批评了两种有关法律的观点。

首先,有些人把法律甚至看作是一种祸害和亵渎,而把出自天然的爱的世袭神权和贵族的统治和被统治看作是纯真的状态。黑格尔批评这些人忽视了这样一种情况:自然的事物被不是由它们自己建立起来的自然规律统治得很好,而人则不同,他是知道他的法律的,因而能够真正地只服从这样的被知道的法律,正如他的法律只有作为被知道的法律,才能够是公正的法律,尽管按主要内容来说,它在别的方面"确实必定是偶然性和任意性,或至少是和这些东西混合在一起而受到污染的"②。

其次,就是那种以为就一切方面来看法律都是可能的,而且应当通过理性和正直的知性,通过纯粹合理的和明智的根据来规定的,而反对偶然性和任意侵入到法律中来的观点。他认为,这是不切合实际的、关于"完善性"的空洞意见。

司法包括"作为法律的法"、"法律的定在"和"法院"三个环节。黑格尔在这些部分中反对依靠习惯法和裁判的先例,强调"法典"的必要性,主张法律必须普遍地为人所知,审判应该公开等等。

(1) 作为法律的法

所谓作为法律的法,是指法或权利被设定在其客观定在中,这就是说,为了呈现于公众的意识面前,通过思想将之明确规定,并作为法的东西和有效的东西予以公布。通过这种规定,法就成为一般的实定法,即成为公开的法律。

在"法典"的问题上,黑格尔反对那种认为"法典"是不可能的或不能实行的观点。在他看来,粗野状态的立法是从各个个别规定开始的,而这

---

① [德]黑格尔:《法哲学原理》,范扬、张企泰译,商务印书馆 1961 年版,第217 页。

② [德]黑格尔:《精神哲学》,杨祖陶译,人民出版社 2006 年版,第336 页。

些个别规定按其本性会不断增多。于是,相反地,"在这样一堆东西的进展中就会出现对于某种更加简明的法典的需要,即对于总括那堆个别性东西为它们的普遍规定的需要,善于发现和表达这些普遍规定是和一个民族的智力和文化相应的"①。

黑格尔在《法哲学原理》中更加有力地断言:"否认一个文明民族和它的法学界具有编纂法典的能力,这是对这一民族和它的法学界的莫大侮辱。"②当然,对一部完整的法典也可以加以修订,人们的这种权利不容否定。但是,这种修订所增添的新东西,并不能成为否定一部完整的法典的必要性的理由,正如"一棵高大的古树不因为它长出越来越多的枝叶而就成为一棵新树;如果因为可能长出新的枝叶,于是就根本不愿意种树,岂不愚蠢"③。

(2) 法律的定在

在《精神哲学》中,黑格尔明确地把公开颁布法律当作法律之定在的条件。他说:"法律的实定形式,即作为法律被宣布和被知晓,是它们的外在拘束力的条件",就这方面来看,"意志有权拥有的那个主体性,在这里就不过是知道了而已",但这样一来,市民们的所有物和与之相关的私人行为,"就通过正式手续获得了普遍的保证"。④ 在《法哲学原理》中,他表达了同样的观点:"从自我意识的权利方面说,法律必须普遍地为人知晓,然后它才有拘束力。"⑤

---

① 〔德〕黑格尔:《精神哲学》,杨祖陶译,人民出版社 2006 年版,第 337 页。
② 〔德〕黑格尔:《法哲学原理》,范扬、张企泰译,商务印书馆 1961 年版,第 220 页。
③ 同上书,第 226 页。
④ 〔德〕黑格尔:《精神哲学》,杨祖陶译,人民出版社 2006 年版,第 337 — 338 页。
⑤ 〔德〕黑格尔:《法哲学原理》,范扬、张企泰译,商务印书馆 1961 年版,第 224 页。

黑格尔对法律的实定形式的这种观点,代表了现代法治的一种重要而宝贵的理念:公开性。法律不公开,就没有公平和公正可言。他不仅要求法律公开,而且主张公开审判,认为根据正直的常识即可以看出,审判公开是正当的、正确的。

(3) 法院

公开的审判离不开法院这一司法机构。黑格尔认为,法院是一种公共权力,它要在一个特殊的场合认识法和实现法,而不能带有对特殊利益的主观情感。只有超脱各种私人利益和成见,法院的审判才能保持公正。

尽管在市民社会中有了上述司法的各个环节,但是,黑格尔依然认为单凭司法还不能完全实现个人的福利。这就是说,普遍性的法和个人的福利尚未达到有机的统一。只讲普遍性的法而不讲个人的福利,或者反过来只讲个人的福利而不讲普遍性的法,则双方都会受到损害。因此,个人的福利就要借助于某种外在的东西来保护。这种外在的东西就是"警察"和"同业公会"。

3. 警察与同业公会

黑格尔指出,市民社会必然会出现犯罪和不顾个人福利的情况,这是因为,"司法从自身中排除行为和利益的只属于特殊性的东西,而让犯罪的发生和对福利的照顾听其自然"①。这就是说,司法本身还有局限性,不能完全防止犯罪的发生。在市民社会中,虽然目的在于满足需要,而且是保证这种满足,但由于需要本身出于种种原因而引起的可变性,就使得错误和欺骗得以发生,从而使整个需要的系统陷入混乱。所以,在市民社会中,就并不包含自为地保证各个人满足的肯定的目的。正是由于这种

---

① [德]黑格尔:《精神哲学》,杨祖陶译,人民出版社 2006 年版,第 339—340 页。

情况,市民社会为了维持正常的秩序,就必须使这个秩序扎根于更高级的东西,即实体性的国家之中,这就导致警察的出现。

(1) 警察

警察的出现,是因为市民社会需要有一种调整和监督的权利以保证个人福利,使个人权利不受阻挠。这就是黑格尔所谓"警察"的基本含义。但在黑格尔的精神哲学中,"警察"的含义是很广泛的,它实际上是指一般的行政事务,即他所说的"公共权力"或"外部国家"的活动,其中包括规定日常生活必需品的价格、商品检查、强制教育、强制种痘等活动。

(2) 同业公会

同业公会是市民社会产业等级中各行各业的成员根据其特殊技能而成立的"劳动组织",它是作为成员们的"第二家庭"出现的,其使命是使成员的财富得到保证。黑格尔同时认为,在"同业公会"中,特殊的市民从其个人的私利摆脱出来,"而有一种为相对普遍目的的有意识的活动,正如在法和国家义务中有其伦理一样"①。

"同业公会"的目的只限于某一行业,警察则只是从外部来维系个人利益的组织,两者都有局限性。这表明,市民社会的最高环节(警察和同业公会)必然要摒弃自身而过渡到比"市民社会"更高的阶段——"国家"。

（三）国　　家

"国家是有自我意识的伦理实体,家庭原则和市民原则的结合;在家庭里作为爱的情感的这同一个统一性就是国家的本质,只不过这个本质同时由于能知的和自发行动的意志这第二条原则(指市民社会的原则——引者)而获得了被知道的普遍性的形式,能知的主体性就以这种

---

① 　［德］黑格尔:《精神哲学》,杨祖陶译,人民出版社 2006 年版,第 340 页。

普遍性及其在知中发展着的诸规定为内容和绝对的目的,以致这个主体性就自为地要求着这个合理的东西。"①这就是说,伦理实体在"家庭阶段只具有"情感"(爱的形式),通过市民社会发展到"国家"阶段才具有"被知道的",即有意识的普遍性的形式,即思想的形式。这样一来,就只是在国家中才出现了这种状态:"精神在法律和制度中,即在它的被思考的意志中,作为有机的整体而对自身成为客观的和现实的。"②

关于国家的一般概念,黑格尔在《法哲学原理》中作出了这样一些说明:

第一,国家是伦理理念的现实,是伦理精神的完成。单个的人只有在国家中才"获得了自己的实体性的自由"③。这就是说,单个的人只有在国家中才获得了真正的自由。

第二,国家是绝对自在自为的理性的东西,是绝对的不受推动的自身目的,"成为国家成员是单个人的最高义务"④。

第三,国家是现实的,它的现实性在于,整体的利益是在特殊目的中成为实在的,现实性始终是普遍性与特殊性的统一,如果不存在这种统一,则特殊性就不是现实的,即使它达到实存也罢。黑格尔还举了很多例子来说明这一点,其中一个例子是:一只被砍下来的手看来依旧像一只手,而且实存着,但毕竟不是现实的,因为它已经离开了有机的身体。

第四,自在自为的国家就是伦理性的整体,是自由的现实化;而自由之成为现实乃是理性的绝对目的。这就是说,国家是合乎理性的意志,而意志本质上是自由的,是与自身同一的。因此,国家作为合乎理性的意志

① 〔德〕黑格尔:《精神哲学》,杨祖陶译,人民出版社 2006 年版,第 341 页。
② 〔德〕黑格尔:《法哲学原理》,范扬、张企泰译,商务印书馆 1961 年版,第252 页。
③ 同上书,第 253 页。
④ 同上。

就是作为自由的从而是作为现实化了的自由。

第五，国家的理念是"现实的神本身"。黑格尔说："神自身在地上的行进，这就是国家。"①他这里所说的国家是指国家的理念，而非某一具体的国家。某个具体的国家可能是坏的，但"国家的理念"却是神圣的，所以，人们必须崇敬国家，把它看作地上的神物。

按照《精神哲学》中的说法，国家的理念有三个环节：内部国家法、外部国家法和世界历史。在《法哲学原理》中，我们看到的三个相对应的标题则是：国家法、国际法和世界历史。两者在表述上略有区别，这里根据《精神哲学》的说法加以叙述。

1. 内部国家法

内部国家法是指国家的内部制度。关于国家内部法，黑格尔在《精神哲学》中从国家的本质、国家的工作、国家的宪法、国家中的政府、国家的主体性等多个方面展开了论述。

（1）国家的本质

黑格尔指出："国家的本质是自在自为的普遍东西，意志的合理的东西，但是，作为自知和实现着的，它完全是主体性，而作为现实性则是一个个体。"②

这段话包含丰富的含义，具体而言，有以下四层意思：

首先，"国家是自在自为的普遍东西"，就是说国家的普遍性不是抽象的，而是具体的，它是普遍性与个人独立的特殊性的统一，而这也就是国家的主体性原则。

其次，国家的本质是"意志的合理的东西"，也就是说，国家是自由的

————————

① ［德］黑格尔：《法哲学原理》，范扬、张企泰译，商务印书馆 1961 年版，第 259 页。

② ［德］黑格尔：《精神哲学》，杨祖陶译，人民出版社 2006 年版，第 341 页。

现实化。

再次,"国家作为自知的和自己实现着的",就是说国家是有自我意识和有生命力的。这一点,诚如黑格尔在《法哲学原理》中所说:"国家具有一个生动活泼的灵魂,使一切振奋的这个灵魂就是主观性(即"主体性"的另一种译法——引者),它制造差别,但另一方面又把它们结合在统一中。"①由此可见,"国家作为自知的和自己实现着的",也正是国家的主体性的表现。

最后,国家"作为现实性则是一个个体"。前面我们讲到国家是现实的,它的现实性在于"整体的利益是在特殊的目的中成为实在的"以及"现实性始终是普遍性与特殊性的统一"。所以,国家"作为现实性则是一个个体",就是说国家是一个整体,一个普遍性与特殊性相统一的整体。

(2) 国家的工作

至于说到国家的"工作",黑格尔首先是从"就作为一群个体的个别性"来看的。

他指出,国家的工作一般说来是双重的:一方面,国家要保持个别性作为人,即法权意义的人,使法(权利)成为必然的现实,然后促进其原本是每个人自己照顾的,但绝对有共同方面的福利,并保护家庭和引导市民社会;另一方面,国家要把家庭和市民社会中的力求独自成为中心的个人的全部意向和活动,引回到普遍实体即国家的生命中去,并在此意义上作为自由的力量对从属于它们即家庭和市民社会的范围进行抑制,从而把它们保持在实体性的内在性里,即保持在国家法律的范围内。

上述两个方面的工作各有其意义:前一方面是国家的有意识的普遍

---

① [德]黑格尔:《法哲学原理》,范扬、张企泰译,商务印书馆 1961 年版,第281 页。

形式,即思想形式的爱的方面,后一方面则是国家的强制性的方面。

黑格尔在此讲到了法律与个人自由的现实化的关系。他认为,法律表达客观自由的"内容规定":一方面,法律对于直接当事人的独立的任意和特殊利益来说是一种限制;另一方面,法律是最后目的,是通过等级代表们的作用与各个人的全部活动和私人操心而产生出来的共同作品。所以,"法律是各个人因之而有的自由的意志活动和他们的意向的实体,而这一来法律就被表现为通行的社会风气"①。这就是说,对于各个人来说,法律其实并不是什么限制。

(3) 宪法

黑格尔指出:作为有生命的精神,国家只是一个有机的、被区分为种种特殊作用的整体,而宪法则是国家权力的有组织的划分。宪法包含着作为普遍意志(普遍意志在个体里只是自在的,即潜在的)的理性意志的种种规定,这些规定通过政府及其各特殊部门的作用而变为现实,并在这现实里得到保存和保护,以避免来自政府及其各部门和个人的偶然主观性的侵害。显然,黑格尔推崇宪法。"宪法是实存着的正义,即自由在其一切合理规定的发展中的实现。"②在国家内部法中,宪法具有举足轻重的地位,它构成所有法律的最高准绳。

在考察宪法时,黑格尔着重关注了自由和平等这两个理念。在他看来:"自由和平等是一些简单的范畴,应当构成宪法的基本规定。"③但他认为,不管这些规定如何为真,都只是一些完全抽象的形式,如果拘泥于这种抽象的形式,那么,恰好就是这些形式,要么不让具体的东西,即一种国家的有组织的划分,也就是一种宪法和一般政府站起来,要么就是毁灭它们。不过,它们作为这样极端抽象的规定不仅是最肤浅的,而且也正因

———————————

① 　[德]黑格尔:《精神哲学》,杨祖陶译,人民出版社 2006 年版,第 342 页。
② 　同上书,第 343 页。
③ 　同上。

为如此而是最流行的。因此,黑格尔认为有必要对它们进行一番考察。

首先,是关于平等的抽象观念。

人人生而平等,这个熟悉的命题就包含着把天生的(自然的)东西和概念(本质的东西)相混淆的误解。黑格尔认为真实的情况是:"人其实天生只是不平等的。"①当然,人格的唯一抽象的规定,即作为能够具有所有权的人(Person)的抽象主体性,构成人(Mensch)的现实的平等。但是,说这种平等存在,只是说正是人(Mensch)被承认为人(Person),并在法律上有效。这正是法律面前人人平等的意思,可是,这绝不是天生的(自然的)平等,而是对精神的最深刻的原则的意识和这种意识的历史发展的产物和结果。

诚然,"公民在法律面前人人平等",这个原则包含着一个重大的真理,但这个真理这么表达出来,无外乎是一个同语反复,所表达的只是法律在统治着这个一般法定的状态。通常,人们只有在偶然存在平等的情况下(如在财富、年龄、才能等方面的平等),才能够在法律面前得到某种平等的待遇(如纳税、服兵役、担任公职等方面)。但是,就正常存在的情况而言,人们在法律面前往往是并不平等的:"法律本身,除去它们涉及人格的那个狭小圈子而言以外,是以不平等的状况为前提并规定出由此而产生的种种不平等的法律上的权限和义务。"②

其次,是关于自由的抽象观念。

自由,在否定的(negativ,消极的)意义上部分地被理解为反对他人的专横和不法对待,在肯定的(positiv,积极的)意义上则部分地理解为"主观的自由"。主观的自由幅度很大,既关系到本人的任意和为其特殊目的所进行的活动,又关系到在公共事务上有自己的见解和参与的要求。

---

① [德]黑格尔:《精神哲学》,杨祖陶译,人民出版社 2006 年版,第 343 页。
② 同上书,第 344 页。

从前,在法律上给一个城市、民族所规定的私人权利和公共权利都被称为它们的自由。事实上,每一条真正的法律都是一种自由,因为它包含客观精神的某种理性规定,因而包含自由的某种内容。可是,自由并非个人想怎么样就怎么样,这一点是大家所熟悉的:"每个人在关系到他人的自由时都必须限制他的自由,国家就是这种相互限制的状态,而各条法律就是各种限制。"①前面说,每一条真正的法律都是一种自由;这里说,法律是各种限制。这两种说法其实并不矛盾,因为自由都是要受到某种限制,没有不受限制的、无限的自由。有人说,现代民族只能够有平等,或平等多于自由(自由在这里主要指一切人参与国家的事务和活动)。黑格尔不同意这种看法,他说:"与此相反,必须说,正是现代国家的高度发展和提高产生了个人在现实中极大的具体的不平等,而由于法律的更深刻的合理和法律状态的巩固导致了更大和更有根基的自由,而且能够容许和容忍这种自由。"②

但是,由于作为财产的保证、作为发展才能和优良品质的可能性等等,自由越是巩固,就越是显得不言而喻,于是,对自由的意识和评价就主要转向于其主观的意义。这种主观的自由,如在各方面进行尝试的活动,醉心于公共活动,个人的特立独行,内心的原则和信念,道德上的独立性的内心自由等等,一方面本身意味着——由于个人的特殊性——人们在这些情况中是不平等的,另一方面,这种主观的自由也只有在客观自由的条件下成长,而且只能在现代国家中成长到这样的高度。这种主观的自由当然也是有限制的,它受到主体的自然性、意愿和任意的束缚,因而得限制自己,这样做虽然也是根据别人的自然性、意愿和任意,但特别、主要是根据合理的自由。

---

① ［德］黑格尔:《精神哲学》,杨祖陶译,人民出版社 2006 年版,第 344 页。
② 同上。

黑格尔还谈到了**政治自由**。所谓政治自由,也就是指个人的意志和活动之参与国家公共事务,这些个人通常是把市民社会的特殊目的和事务作为自己的主要职责的。在这方面,黑格尔认为人们已经习惯于这样的看法:仅仅把国家涉及个人参与普遍事务的这个方面成为宪法,而把不正式这样做的国家看作是没有宪法的国家。对此,他明确指出:"宪法必须理解为对权利,即一般自由权利的规定和实现它们的体制,而政治自由无论如何只能是宪法的一部分。"①

黑格尔在这里提出了宪法的制定(制宪)问题。他认为,谁、什么和怎样组织起来的权威有权利制定宪法的问题,和谁有权制定一个民族的精神的问题是同一个问题。正因为如此,宪法是从精神中、只与精神自己的发展相一致地发展起来的,并且和精神一起经历着种种必然的阶段和变更。"曾经制定了和正在制定着一切宪法的,正是内在的精神和历史,而且这个历史只是精神的历史。"②

(4) 国家中的政府

黑格尔认为,有生命的总体,也就是持续地产生着一般国家和宪法的,就是**政府**。政府是宪法的普遍部分,它的目的是有意保持家庭和市民社会的诸等级,但与此同时,却抓住并实现凌驾于它们的使命之上的整体的普遍目的。政府的构成就是它在权力范围内的区分,而这些权力则在国家的主体性中相互渗透成为现实的整体。

(5) 国家的主体性

黑格尔强调指出:国家的主体性是把普遍性只作为自身的环节之一包含在自身中的主体性,而个体性则是国家有机体中的第一的、也是最高的贯穿一切的规定。只有通过政府权力和通过它把诸特殊事物(其中包

---

① [德]黑格尔:《精神哲学》,杨祖陶译,人民出版社 2006 年版,第 345 页。
② 同上书,第 346 页。

括独立抽象的立法事务)包括在自身内,国家才是**一个国家**。

按照这个观点,黑格尔对国家主体性做了如下理解:

首先,在作为有机总体的政府里的主体性,就是那保持一切决定、决定一切的国家意志,国家至高无上的顶端,贯穿一切的统一性,即君主的统治权力,这样,国家的主体性就是作为现实的个体性,即一个进行决定的个人的意志——君主政体。"因而君主制定的宪法是发展了的理性的宪法;一切别的宪法都属于理性的发展和实现的较低阶段。"①可见,黑格尔主张的是君主立宪制。他在《法哲学原理》中强调指出:"国家成长为君主立宪制乃是现代的成就,在现代世界,实体性的理念获得了无限的形式。"②在这里,国家的主体性的现实的实存,即它的现实性,"唯独是君主的个体性,即抽象的、最终的决断之存在于一个人里面的主体性"③。这个主体性部分地表现在君主的名字出现为一般政府内部所做的一切事情的外在纽带和批准,部分地表现为"个人之被选定为拥有君主权的高位是由世袭制确定的"④。这一点表明:黑格尔尚未完全摆脱封建制残余的影响,但也可能是由于他担心其他的方式会引起混乱。

其次,行政权内部又部分地出现了国家事务之划分为特殊的部门——立法权力,司法或司法权力,公安权力等,而这些权力又分配到特殊的官厅,它们的工作必须依据法律,因而既有活动的独立性,同时又从属于上级的监督。这就出现了好些人参与国家事务,他们一起构成了普遍的等级(又称"思维的等级")。他们能够参与国家事务的条件,则是他们为此而拥有的造就和熟巧。

---

① 　[德]黑格尔:《精神哲学》,杨祖陶译,人民出版社2006年版,第348页。
② 　[德]黑格尔:《法哲学原理》,范扬、张企泰译,商务印书馆1961年版,第287页。
③ 　[德]黑格尔:《精神哲学》,杨祖陶译,人民出版社2006年版,第348页。
④ 　同上书,第349页。

再次,市民等级通过同业公会、协会或自治团体选派的议员组成的等级会议,它所涉及的是那些属于一般市民社会的人参与政府权力,特别是立法事务(非立法权)。总之,参与那些不涉及属于君权范围(如战争与和平)的普遍事务。它的实质就是私人参与国家事务,这样,就会有两方面的好处:一方面,私人对普遍的需要有更具体和紧迫的感受;另一方面,更为主要的是,公共精神有权对国家事务发生有序的、明显的影响并因此而振奋起来,从而就会影响管理当局,使它们因而清醒地意识到,尽管它们必须要求义务,也同样非常需要面对权利。

总起来说,国家主体性原则表现为君主权、立法权和行政权三权的统一和君主立宪制。这也就是说,概念的个体性(君主权)不能脱离普遍性环节(立法权)与特殊性环节(行政权),它们是统一的。

黑格尔关于国家是君主权、立法权与行政权统一为君主立宪制的主张,是跟不论西方(包括黑格尔所在的普鲁士国家)或东方的封建主义制度对立的,是近代(黑格尔说的是"现代")资产阶级的观点。正如恩格斯在《德国的革命和反革命》一文中所说:"当黑格尔在他的《法哲学》一书中宣称立宪君主制是最终的、最完善的政体时,德国哲学这个表明德国思想发展的最复杂同时也是最准确的温度计,就表示支持中间阶级。换句话说,黑格尔宣布了德国中间阶级取得政权的时刻即将到来。"①

最后,国家作为个别的个体跟其他同样一些个体(其他国家)是排他性的。法的普遍东西对于这些个体的自主的总体性来说,只是应当存在,而非现实地存在。各个国家的独立性使它们之间的争执成为一种暴力关系,即一种**战争状态**。因为战争,普遍等级,即国家官员就抱定抵抗其他国家以保护国家的独立自主的决心。这时,个人就自觉到其特殊的独立性,即财产和生命都是微不足道的东西,表现出了为保卫国家而献出一切

① 《马克思恩格斯选集》第1卷,人民出版社1995年版,第492页。

的牺牲精神。这样,"内部国家法"便过渡到"外部国家法"了。

2. 外部国家法

诚然,战争是拿国家的独立自主来冒险,但它也导致各自由民族个体的相互承认,并借助于据认为应当是永久持续下去的和平协议,而把这种普遍的承认和各民族的相对的特殊权限确定下来。

外部国家法部分地基于正面的条约,各国之间都有义务加以遵守。部分地基于所谓的国际法,其普遍原则是各个国家预先假定的得到承认的状态,这样一来,一向彼此没有约束的行动就受到限制,以致留下了和平的可能性。一般说来,国际法是基于惯例的。

3. 世　界　历　史

一定的民族精神是现实的,是在时间中发展的,而这也就是它所具有的特殊原则和由此而决定的意识和现实的发展,它有一个它自身的内在的历史。民族精神的这种发展和运动,是精神实体的解放的道路,是世界的绝对最后目的借以在世界中实现自己的行动。而这行动引导着起初只是自在地存在的精神,而后则是自在自为存在本质的显示和现实,并因而成为外在普遍的精神——**世界精神**。但世界精神的发展是在时间和定在中,因而是作为历史而展开的,因此,其发展的诸个别环节和阶段就是民族精神:"每一个民族精神作为一种质的规定中的个别的和自然的精神,是注定只占据一个阶段和只完成整个行动中的一个任务。"①

由此可见,一定的民族精神作为受到限制的精神,它的独立自主性是一种从属性的东西,它过渡到普遍的世界历史,而"世界历史的事件呈现

---

① [德]黑格尔:《精神哲学》,杨祖陶译,人民出版社 2006 年版,第 355 页。

出民族精神的辩证法,即世界法庭"①。黑格尔在《法哲学原理》中进一步指出:"从这种辩证法(指民族精神的辩证法——引者)产生出普遍精神,即世界精神,它既不受限制,同时又创造着自己;正是这种精神,在作为世界法庭的世界历史中,对这些有限精神(指民族精神——引者)行使着它的权利,它的高于一切的权利。"②他还把世界历史比喻为一个法院,认为这个法院的唯一最高裁判官是普遍的绝对精神,即世界精神。

在《精神哲学》中,从§549 的[说明]起直到§552 即"客观精神"部分为止,黑格尔依次讨论了三大问题:历史的写法,或历史中有无理性;民族精神和世界精神的相互关系和世界精神之上升为绝对精神;国家和宗教的关系。

(1) 历史的写法或历史中有无理性

黑格尔指出:预先假定历史,尤其是世界历史有一个自在自为的目的和从这目的而来的种种规定,而这个目的实际上是而且将在世界史里实现出来,即认为历史以天命的计划为根据,也就意味着,一般说来历史中有理性。有人反对这种主张,而将之称为对历史的先天的看法并加以责难。

黑格尔认为,这种主张并不值得责难,虽然它必须从哲学上并因而作为自在自为必然的来予以澄清。其实,应当谴责的是另一种先天的处理历史的方式,即预先假定一些任意的观念或思想,并企图去发现与这些观念或思想相符合的种种事件和活动。持这种主张的人自称要做"纯粹的历史学家",而且明确反对哲学思考,部分地反对一般的哲学思考,部分地反对对历史作哲学的思考。因为哲学反对任意的思想和突发的念头,所以,他们把哲学当作令人厌烦的邻居。这种先天的历史写法有时来自

---

① [德]黑格尔:《精神哲学》,杨祖陶译,人民出版社 2006 年版,第 355 页。

② [德]黑格尔:《法哲学原理》,范扬、张企泰译,商务印书馆 1961 年版,第351 页。

过分讲究科学性的方面,而这在德国比在英国和法国的影响更大,在德国,历史写法已经得到了相当稳固的发展,并获得成熟的性格。他们先制造一些虚构,如关于某种原始状态及其拥有对上帝的真知和一切科学知识的初民的虚构,关于僧侣种族的虚构,关于罗马史诗的虚构等等,这类虚构代替了关于心理的原因和联系的讲究实用的虚构,而且在很广的范围内被认为是从原始资料吸取来的、有学问和有才智的历史著述的要求。

另外一种反对按照"客观目的"来考察历史的,就是要求历史学家"不偏不倚地进行工作"。这种要求经常向哲学史提出来,好像在哲学史里不允许对某种观点和意见表现出任何倾向,正如法官应当不对争执双方表示特别的关注一样。黑格尔反驳说,法官唯一关注的就是公正,这可以称之为对公正的偏袒,并懂得把这种偏袒和主观的偏袒区别开来。但是,我们却不能要求历史学家也像法官那样对历史不偏不倚。历史学家总得带有挑选、调整和评判事件的明确目的和意图,而不能从偶然的方式在其无联系和无思想的特殊性中来叙述这些事件。我们必须承认,一种历史不能没有一个**对象**,例如罗马帝国从兴盛到衰落。只要稍加考虑,就会发现作为那些事件本身和对它们进行评判的基础的预先设定的目的,人们正是按照这个预设的目的来对事件进行评判的。缺乏这样的目的和评判的历史,就只会是表象活动的低能的漫步,连童话都不如,因为甚至儿童也要求在故事中有某种旨趣,也就是事件与行动与之也有联系的、可以预感的目的。

再以研究一个民族的历史为例。在展开这类研究时必须注意,在这个民族的定在里,实体性的目的就是成为一个国家和保存自己为国家。一个民族所遭遇到的和在它内部所发生的一切,都是就国家而言才有意义的。没有国家组织的民族,即所谓民族本身,实际上就没有历史,就像在国家形成以前实存过的民族和现在还实存着的野蛮民族一样。

还可以从历史上的杰出人物的研究来看。一个时代的普遍精神总是在一个时期的杰出个人的性格里留下足迹，甚至个人的种种特性都是普遍精神借以起作用的一些遥远而暗淡的中介，甚至往往一个微小的事件、一句话的细节所表达的，也不是一种主观的特性，而是一个时代、一个民族、一种文化，而且恰好是以令人信服的鲜明性和简洁性表达出来的。那些有才华的历史学家，就善于挑选出这样的东西。精神及其时代的本质特征，总是包含在伟大的事件中的。平庸的历史学家则忠实地搜集一大堆平常的琐碎事实，至于这些事实是否为历史所证实，那也是无所谓的。他们这样做，实际上就把有历史价值的东西掩盖起来了，而他们的借口，则是为着真理的利益。其实，客观真理的东西只是实体性的东西，而不是外部实存和偶然事物的无内涵的东西。

对哲学史（一般说来也对宗教史）提出的"不偏不倚"的要求，通常并不明确地包含禁止有关客观目的的预设。但其实，在哲学史里**真理**必须是精神的种种业绩和事件必须与之相联系的对象。而与此相反的预设，则是哲学、宗教的历史只应以主观目的，即意见而不是真理为内容，而且其根据就是没有真理这样一个简单的理由。据此，历史的真理本身就因而只有**正确性**的意义，即对外部事物的准确报道的意义，而且就此来说，也不允许有必然性的判断和概念的判断。例如，如果说在罗马帝国的政治史里，有一种现实的而且真实的对象和种种现象必须与之相联系并据以对它们进行判断的目的的话，那么，在世界通史里，普遍精神本身、它对自身及其本质的意识，就更加是一种真实而且现实的对象、内容和一个一切其他现象都自在自为地为之效劳的目的，以至于它们都是通过对这个目的的关系，也就是通过它们借以包摄于这个目的之下、而这个目的则内在于它们之中的那个判断，才具有它们的价值，乃至它们的实存。黑格尔强调指出："认为在精神的进程中（而就是这个精神，它并不是像漂浮在水上那样漂浮在历史上，而是在历史中活动着，并且是唯一的推动者），自由，也就是精神的概念才是这发展的最后目的，即真理，因为精神是意识,或者用另外的话来说,认为理性在历史中,——这个见解部分地将是一种可以理解的信念,然而部分地它是哲学的知识。"①

(2) 民族精神和世界精神的相互关系和世界精神之上升为绝对精神

在这里,黑格尔又一次谈到民族精神和世界精神的相互关系,但角度稍有不同,这一次是从世界精神之上升为绝对精神这个角度谈的。他指出:"精神在其解放中达到自己本身并实现它的真理,精神的这种解放和解放的事务是至上的和绝对的法或权利。"②某一特殊民族的自我意识是普遍精神在其特定发展阶段的肩负者,也是普遍精神将其意志摆在那里面的客观现实性。由于这样,这个特殊民族就是支配世界的民族,可是,普遍精神却同样要跨越这个特殊民族的特殊阶段,然后就把它交付给它的命运和对它的审判。

不过就现实性而言,那个支配世界的特殊民族的事务是作为个人的行动,因而是作为个人的作品出现的。鉴于这些劳作的实体性内容,这些个人就是那个特殊民族因而也是普遍精神的"工具","他们所独自获得的,就是一种主观表象的形式上的普遍性,即声誉,这就是他们的报酬。"③

民族精神是在伦理中思维着的精神,它也在自身中扬弃它在国家和国家的暂时利益、在法律和风俗习惯体系里的有限性,而把自己提高到对在其本质中的它自己的知,而这种知,还是一种具有民族精神的内在局限性的知。"但是,世界历史的思维着的精神,通过它之同时否定诸特殊民族精神的那些局限性和它自己的世俗性而把握住它的具体普遍性,并上升到绝对精神的知,即对作为永恒现实的真理的知,在这个真理中那知着

---

① ［德］黑格尔:《精神哲学》,杨祖陶译,人民出版社 2006 年版,第 359 页。
② 同上。
③ 同上书,第 360 页。

的理性是自由自为的,而必然性,即自然和历史只服务于它的显示,而为其荣耀的盛器。"①

(3) 国家和宗教的关系

在这里,由于谈到了世界历史中思维着的精神之"上升"为绝对精神,黑格尔也就谈到了精神上升到上帝的问题,这样,他就转而探讨了国家和宗教的关系问题。需要指出,这个问题在《法哲学原理》中是在"国家"这个伦理阶段中讲的,而不像《精神哲学》那样是在世界历史部分中阐释的。

黑格尔首先指出:"真正的宗教和真正的宗教性只从伦理中产生并且是思维着的,即对其具体本质的自由普遍性有自我意识的伦理。"②因为只有根据伦理和从伦理出发,上帝的理念才被知晓是自由的精神。在伦理精神之外去寻找真正的宗教和宗教性是徒劳的。

但是,应当辩证地来看这个问题。真正的宗教和宗教性作为从伦理中产生出来的东西,倒是绝对先于它借以作为间接出现的那个东西,即先于伦理。之所以这样说,是因为尽管国家是伦理的发展和实现,但伦理本身和国家的实体性则是宗教。这就是说,国家是以伦理的意向为基础的,而伦理的意向又以宗教的意向为基础。因为宗教是一种对于绝对真理的意识,伦理的东西(权力和正义、义务和法律)之所以作为自由世界中的真实的东西,就只有在参与那个真理、被包摄在那个绝对真理之下和是从那个真理得出的后果的限度内才有可能。

"但是,说真正的伦理东西是宗教的后果,就要求宗教里所知的上帝理念是真正的上帝理念。"③伦理是存在于作为一个民族及其诸个体的现

---

① [德]黑格尔:《精神哲学》,杨祖陶译,人民出版社 2006 年版,第 360 —361 页。

② 同上书,第 361 页。

③ 同上书,第 362 页。

实在场的自我意识中的"神圣的精神"，当个体意识到这个真理时，其信念和良心是在其精神现实中所有的。黑格尔在谈到信念和良心时指出："这两者是不可分的；不可能有两类良心：一个宗教的良心和一个在内含和内容上与之不同的伦理的良心。"①但对经验现实中的伦理的认可，是属于作为最高真理的宗教的内容的。在这种意义上，宗教对于自我意识而言也可以说是伦理和国家的基础。黑格尔认为，把本来不可分的两个东西（宗教和国家）看作彼此分离、甚至漠不相干是他那个时代的最大错误。

在《法哲学原理》中，黑格尔更进一步地说："宗教以绝对真理为其内容，所以最高尚的情绪就是宗教的情绪。"②他又说："如果宗教就这样构成了基础（指构成了国家的基础——引者），其中含有一般伦理性的东西，更正确些说，含有作为神的意志的国家的本性，……国家是神的意志，也就是当前的、开展成为世界的现实形态和组织的地上的精神。"③

黑格尔认为，在说明了宗教与国家两者的不可分性的情况下，使人们注意到出现在宗教方面的分离是有好处的。这种分离首先涉及的是形式，即自我意识对于真理的内容的关系。由于这个内容是自我意识所固有的精神实体，所以，自我意识在这个内容里是自由的。但从形式上看，就可能出现不自由的关系，尽管宗教的自在存在的内容是绝对精神。

这种自由与不自由的巨大区别，出现在基督教本身之内。在这个宗教里，不是自然的元素构成上帝的内容，甚至也不是作为成分参加到上帝的内容中去，只有在精神和真理中被知晓的上帝才是内容。可是在天主教里，这个精神实际上是和自我意识的精神僵硬地对立着。起初，上帝在

①　[德]黑格尔：《精神哲学》，杨祖陶译，人民出版社 2006 年版，第 362 页。
②　[德]黑格尔：《法哲学原理》，范扬、张企泰译，商务印书馆 1961 年版，第270 页。
③　同上书，第 270—271 页。

圣体中作为宗教崇拜的外在物出现,并从这里流出其他外在的、因而不自由的、非精神的和迷信的情况,例如把宗教虔诚指向行奇迹的偶像,甚至借助于死骨来指望奇迹发生。所有这些都把精神束缚在一种"己外存在"之下,因而精神概念的最内在的核心被误解、被歪曲了。这样一来,法和正义、伦理和良心、能负责性和义务就从根底上被败坏了。

与宗教中这样的原则和精神不自由的这种发展相应的,只不过是法和伦理上的某种不自由的立法和宪法,以及现实国家中的非正义和非伦理的某种状态。天主教曾一贯被大吹大擂地称颂为,而且现在还依然被称颂为政府赖以得到巩固的宗教,而事实上,这些政府是建立在不公正的制度、伦理败坏和野蛮的基础上的。因此,黑格尔在《法哲学原理》中尖锐地指出:"宗教本身不应成为统治者。"①那反对建立在野蛮基础上的力量,被束缚在不公正和不道德的奴役之中。但是,在精神里还有另外一支可怕的反对它的力量,这就是意识把自己集中到其内部自由的现实性上来,在各政府和各民族的精神里,世界智慧觉醒了,这就是关于现实中自在自为地公正的和合理的智慧。"思维的产品,更正确地说哲学有权被称为**世界智慧**,因为思维使精神的真理生动地呈现出来,引导精神进入世界,并这样地使精神在其现实中和在它自身里得到解放。"②读到这里,真令人感到在黑格尔那里出现了精神领域中即将发生某种革命变革的气息。

果然,黑格尔接着就强调指出:"通过神圣精神之把自己引进现实,通过现实之向着神圣精神解放,那在世界里据认为是神圣的那些东西就为伦理所排挤。"③他随后又说,神圣精神必须内在地渗透到世俗东西里去,所以智慧是具体地在世俗东西中,而世俗东西的合法性在其自身是确

①　[德]黑格尔:《法哲学原理》,范扬、张企泰译,商务印书馆1961年版,第283页。
②　[德]黑格尔:《精神哲学》,杨祖陶译,人民出版社2006年版,第364页。
③　同上。

定的。神圣精神的内渗物就是这样一些伦理的形态,这就是:婚姻的伦理与独身等级的神圣性的对立;财富行为和职业行为的伦理与安贫及其懒散的神圣性相对立;奉献给国家的法的服从的伦理与无义务和无权利的服从,即良心受奴役的神圣性相对立。这样一来,所产生的结果是:随着对于法和伦理的需要,以及对于精神的自由本性的见解的需要,就产生了精神的自由本性和不自由的宗教之间的决裂。

黑格尔认为,如果不在宗教里扬弃不自由的原则,那么,即使把法律和国家制度改造为合理的法的组织,也不可能克服上述分裂。企图给国家和宗教指派一个彼此隔绝的领域,以为它们的分歧将使它们彼此和平相处而不会导致矛盾和斗争,这是一种愚蠢的想法。当然,要想不导致二者矛盾、斗争和分裂,就只有在宗教里扬弃不自由的原则。黑格尔指出:"改变败坏了的伦理制度、国家宪法及其立法制度而不改变宗教,即完成了一种没有改革的革命,以为国家宪法能够和它与之对立的旧宗教及其种种神圣事物保持内部的和平与和谐……所有这些都必须认为只不过是近代的愚蠢的想法罢了。"①他以带有讽刺意味的口气说:"最高度的、最不神圣的矛盾其实是:企图把宗教的良心拴在它看来是非神圣东西的世俗立法上并使之服从于它。"②

黑格尔认为,在古希腊柏拉图心中,就已经对这种分裂有了较清楚的认识,而在他那个时代,这种分裂出现在以现存的宗教与国家制度为一方和以正在意识到精神的自由向宗教和政治状况所提出的更为深刻的要求为另一方之间。基于这个原因,黑格尔也就在这里回顾了柏拉图对他那个时代的宗教、国家制度和哲学理念之间的关系问题的看法,并附带地讲到亚里士多德,认为他提出来的"隐德来希",即思想的思想超出了柏拉

---

① [德]黑格尔:《精神哲学》,杨祖陶译,人民出版社 2006 年版,第 366 页。

② 同上。

图的理念。黑格尔认为，就时间而言，对绝对理念的意识首先是在感觉、直观和表象的形态里被把握到，由于这个原因，所以在古希腊，对绝对理念的意识首先作为宗教而不是哲学在其直接现实性中存在。然后是国家，尔后是哲学，才在这个基础上发展起来，而且仅当哲学在其完全确定的本质性中把握，并用概念认识了那首先在宗教里显示出来的精神的原则时，它才达到了自己的完成。

这样，现在就有了宗教、国家和哲学三个东西。黑格尔认为，国家权力、宗教和哲学的原则重合为一，也就是说，国家与宗教良心，同样与哲学知识之和解的实现，"只有在知着自己的本质的、自在地绝对自由的和在其解放活动中拥有其现实性的精神的原则中，才有这种绝对的可能性和必然性存在"①。所以，宗教本身如同国家本身一样，作为原则实存在其中的一些形式，其中就都包含着绝对真理，而绝对真理在它作为哲学时，自身就只不过是在其种种形式之一当中。然而，宗教的定在就可能，甚至必然在其最初的、直接的，就是说片面的方式中出现，因而其实存就可能、甚至必然堕落到感性的外在性，并因而进一步堕落到压制精神自由和颠倒政治生命的地步。但是，现实精神的原则包含着绝对形式的无限的活力，来克服宗教的形式规定的腐败，和由此而来的内容的腐败，并导致精神在它自身内的和解。"这样，宗教良心的原则和伦理良心的原则最终就在新教（指路德宗新教——引者）的良心里成为同一个东西，这就是在其合理性和真理性中自知着的自由精神。"②黑格尔说过："我个人是属于路德宗并愿意继续属于这宗。"③这也许就是黑格尔那么激烈地谴责天主教会的邪说和仇恨思想自由的原因之一吧。由马丁·路德领导的宗教改

① ［德］黑格尔：《精神哲学》，杨祖陶译，人民出版社 2006 年版，第 369 页。
② 同上书，第 370 页。
③ ［德］黑格尔：《哲学史讲演录》第一卷，贺麟、王太庆译，商务印书馆 1959 年版，第 72 页。

革,即上述新教所产生的后果就是:宪法和立法及其种种活动就都以伦理的原则和发展为其内容,而这个伦理原则是从其本源的原则上,因而是从现实的宗教真理本身中产生出来的。这样,国家的伦理和国家的宗教精神性就是彼此互为巩固的保证的。

在论述了"世界历史"这个环节,尤其是国家与宗教的关系之后,黑格尔便由客观精神哲学过渡到关于艺术、宗教和哲学的绝对精神的哲学了。

第三篇　绝对精神哲学

绝对精神哲学的对象是绝对精神。在展开对黑格尔绝对精神哲学的具体论述之前,让我们先看看他对绝对精神的理解。

对黑格尔而言,精神概念在人的精神中有其实在性。当这种实在性与精神概念达到同一时,人的精神中的精神概念的这种实在性就是绝对理念的知。这个知的过程中的必然方面在于:人的自由理智在向概念的现实性的发展中得到了解放,以便作为与概念相称的形态。主观精神和客观精神必须被看作精神概念在人的精神实在性或实存中的形成,即对绝对理念的知的发展的"道路",这条道路的终点就是绝对精神。

绝对精神是主观精神和客观精神的统一的、无所不包的整体,它既是唯一的和普遍的实体,又是将自己一分为二的对自身的一种知,而且它对于这个知来说就是实体。这样,它就在更高层次上恢复为一个主客统一的整体。因此,黑格尔说:"绝对精神是永恒地在自身内存在着的、同样是向自身内回复着的和已回到自身内的同一性。"①

---

① 　[德]黑格尔:《精神哲学》,杨祖陶译,人民出版社 2006 年版,第 371 页。

黑格尔认为,一般把绝对精神这个最高领域叫作宗教,这样的称呼当然也是可以的。不过,宗教不仅必须被看作不仅是来自主观的并在这个主体中,而且应该客观地来自绝对精神。但在黑格尔看来,这个绝对精神作为精神存在于其"宗教会社"(教会)中。宗教是对于作为绝对精神的上帝的信仰。他说:"信仰在这里不是、而且根本不是同知对立的,前者只是后者的一种特殊的形式。"①所以,信仰也有其客观的方面,不过,它所要求的只是主观的方面,而不是主客统一的真理本身。所以,上帝就必须正确地被理解为在其宗教会社中的精神。

黑格尔认为,"绝对精神的主观意识本质上是自身内的过程"②。这个过程,就是从信仰客观真理的直接确定性,经过中介去证实那最初的确定性和获得这种确定性的具体规定,即和解,也就是精神的现实性。

对绝对精神的意识或知,经过了三个阶段:艺术、宗教、哲学。三者的对象都是绝对精神,只是意识或知的形式不同,这些不同的形式标志着所知的内容本身从低到高的发展过程。

一、艺　术

客观而言,黑格尔在《精神哲学》中对艺术的论述是很简略的,人们要想更具体、更全面地了解黑格尔的艺术哲学思想,可以参阅《美学讲演录》。《美学讲演录》的对象是广大的美的领域,其范围就是艺术,或者说,就是美的艺术。黑格尔站在艺术美远远高于自然美的立场上,对艺术

---

①　[德]黑格尔:《精神哲学》,杨祖陶译,人民出版社 2006 年版,第 371 页。
②　同上书,第 372 页。

美或美的艺术展开了极为详细、具体的阐释。但是,《美学讲演录》中的
主要观点,我们都可以在《精神哲学》中找到。在这里,黑格尔阐释了艺
术是对"绝对"的一种直接的、感性直观的呈现,具有感性直观性;他也对
艺术进行了分类,将其分为古典的艺术、象征的艺术和浪漫的艺术;此外,
他还明确反对了艺术模仿说,推崇了只有在宗教中才得以体现的美的艺
术,等等。《精神哲学》中对艺术的阐释尽管比较简略,但依然是很值得
我们加以了解的。

　　黑格尔认为,艺术作为对绝对精神的第一种知的形态,其有限性的
环节在于它是直接的。这就是说,一方面,它是一个有关外部一般定在
的作品,和产生着这个作品的主体,以及对作品进行直观(观赏)和崇
敬(崇拜)的主体;另一方面,"这个形态是对于作为理想的自在的绝对
精神的具体直观和表象"①。这就是说,不论是艺术作品还是创造、并
直观这个作品的主体(艺术家)都具有直接性,而且艺术对于作为理想
的自在的绝对精神的把握,是以直观的方式进行的。因此,在艺术的观
照中,"自在的绝对精神"这个理想还不是抽象的思想,而是从产生这
个作品的主体的主观精神中所产生出来的具体形象,在这个具体形象
里,自然的直接性已为想象着的精神改变其容貌,从而成为理念的表
达,以至于不再显示其他别的什么东西。这个形象就是美的形象,即艺
术美的形象。

(一)艺术的直观特征

　　黑格尔认为,美的东西的感性外在性,即直接性,本身不仅是形式,而
且是内容的规定性,就是说,这个形式表达着理念。他说:"[艺术之]神
在拥有其精神的规定的同时在它里面还具有某种自然成分或定在的规

---

①　[德]黑格尔:《精神哲学》,杨祖陶译,人民出版社 2006 年版,第 372 页。

定。神包含着所谓自然和精神的统一，——就是说直接的统一，即直观的形式。"①这就是说，艺术采取了感性直观的形式。所以，具有感性直观的形式是艺术的特征，艺术就是用感性形象化的方式，把理念或绝对（绝对精神）呈现于意识面前。黑格尔在《美学讲演录》中说："正是这概念（即理念——引者）与个别现象的统一才是美的本质和通过艺术所进行的美的创造的本质。"②

黑格尔进而指出，一方面，作为艺术之特征的感性直观形式是艺术创造出来的，为此，艺术需要一种外在给予的材料——主观的意象和表象也都属于这种材料；另一方面，为着精神内蕴的表达，艺术还需要从它所预感到的、掌握到的意义方面来看的种种给予的自然形式，也就是意义的形体化。黑格尔在《精神哲学》中指出："在这些形象中，人的形象是最高的和最真实的，因为精神只有在人的形象里才能具有它的形体性，并因而具有其可直观的表达。"③这就是说，精神在人体中直接的、以形体的方式直观地呈现出来了，而直接以形体的方式呈现精神的人体，也正好是艺术所需要的，各种人体艺术证明了这一点。关于人体对精神的直接呈现，黑格尔在主观精神哲学论述现实灵魂时已经阐释过了。他指出，在现实灵魂中，灵魂直接呈现在人的形体中，灵魂在其形体性上拥有其自由的形状，它在这个形体中感觉到自己，并使自己被感觉到。

由于黑格尔认为艺术的本质是要用直观的方式反映精神的本质，因此，他完全不赞成为许多美学家所拥护的"模仿自然说"。他写道："艺术中的模仿自然的原则就此结束了，用一种这么抽象的对立是不可能领悟艺术的，只要自然东西只在其外在性里来了解，而不是被了解为意味着精

---

① ［德］黑格尔：《精神哲学》，杨祖陶译，人民出版社 2006 年版，第 373 页。
② ［德］黑格尔：《美学》第一卷，朱光潜译，商务印书馆 1979 年版，第 130 页。
③ ［德］黑格尔：《精神哲学》，杨祖陶译，人民出版社 2006 年版，第 373 页。

神的、表示性格特征的和意义深长的自然形式。"①这就是说,自然模仿说仅仅是从外在于精神的角度来理解自然的,它看不到自然的东西的意味深长的精神性。他在《美学讲演录》中也对"自然模仿说"进行了详尽的批判,并以不无讽刺的口吻说:"靠单纯的模仿,艺术总不能和自然竞争,它和自然竞争,那就像一只小虫爬着去追大象。"②

黑格尔认为,绝对精神不能在定形的这种个别性里得到阐明,所以,美的艺术精神是一种有局限的精神。如前所述,艺术包含"有限性的环节",这种有限性的片面性还包含着相反的片面性,这就是艺术所表达的理想是由艺术家创作出来的东西。就是说,艺术品是通过艺术家个人的创造活动来表达"理念"、"绝对精神"的,这种创造就其自身而言还具有自然的直接性的形式,属于这个特殊主体的天才,同时是一种用技巧方面的智能和力学上的种种外在性所从事的劳作。"因此,艺术品正是一种自由任性的作品,而艺术家则是神的宗匠。"③

因此,在黑格尔看来,艺术品的一个方面是内蕴,即理念、绝对精神,另一个方面则是形象。在艺术品中,这两个方面的和解就这样开始了。

(二)艺术的分类

黑格尔认为,理念与感性形象的逐步和解经历了三个阶段,因此,艺术也就有三种基本类型:

1. 象征的艺术

在象征的艺术里,尚未找到与理念相称的形象,思想被表现为向外

---

① [德]黑格尔:《精神哲学》,杨祖陶译,人民出版社 2006 年版,第 373 — 374 页。

② [德]黑格尔:《美学》第一卷,朱光潜译,商务印书馆 1979 年版,第 54 页。

③ [德]黑格尔:《精神哲学》,杨祖陶译,人民出版社 2006 年版,第 374 页。

走出而又与形象挣扎,也就是说,被表现为对形象的一种否定态度,而它同时又力求使自己想起形象。在这里,内容(意义)表明,它尚未找到无限的形式,尚未意识到自己是"自由的精神"。因此,内容还仅仅是一种"对神的追求"。"这是一种无休止地和不妥协地在一切形象(指"作为自然对象的形象"——引者)里翻来覆去的追求,因为它不可能找到自己的目标。"①一方面,自然对象还是保留原来的样子不变;另一方面,实体性的理念又勉强地粘到上面去,作为这个自然对象的意义。

象征只是提示一种意义,而未将意义真正地表达出来。例如,原始民族用一块自然的木头来象征神。但木头这个东西表达不出神的理念。这是艺术的原始阶段,其主要代表是东方泛神主义的原始艺术。

2. 古典的艺术

在古典艺术中,实现了意义(内容)与形象的和解,也就是说,美圆满地完成了。象征的艺术具有双重缺陷:理念抽象的确定的或不确定的形式进入意识和形象的符合永远是有缺陷的,而且也纯粹是抽象的。而古典的艺术则克服了这双重缺陷,"它把理念自由地妥当地体现于在本质上就特别适合这理念的形象,因此理念就可以和形象形成自由而完美的协调"②。黑格尔还说,理念"在显现为有时间性的现象时即须具有的形象,也就是人的形象"③。

黑格尔所说的古典艺术代表艺术发展的成熟阶段,其主要代表是古希腊的神话,在这类神话中,诸神都是人的形象,但并不完全是人。

---

① [德]黑格尔:《精神哲学》,杨祖陶译,人民出版社 2006 年版,第 375 页。
② [德]黑格尔:《美学》第一卷,朱光潜译,商务印书馆 1979 年版,第 97 页。
③ 同上书,第 98 页。

3. 浪漫的艺术

黑格尔说:"浪漫艺术就放弃了在外在的形象中和通过美去显示神本身。"①因为无限的形式,即主体性不像在古典艺术中那样只是表面的人格,而是最内在的东西,而神则被知道不仅仅寻找自己的形象,或满足于外在的形象,而是只在自身里找到自己,因而仅仅把精神世界中的恰当形象给予自己。这样,浪漫的艺术就把神性的东西表现为内心情感,因而在这里,这种外在性对于它的意义来说只能作为偶然性出现。

关于浪漫的艺术,我们可以参阅黑格尔在《美学讲演录》中的相关论述。他说,在艺术发展的第三阶段即浪漫艺术中,"艺术的对象就是自由的具体的精神生活,它应该作为精神生活向精神的内在世界显现出来。从一方面来说,艺术要符合这种对象,就不能专为感性直观,就必须诉诸简直与对象契合成为一体的内心世界,诉诸主体的内心生活,诉诸情绪和情感,这些既然是精神性的,所以就在本身中希求自由,只有在内在精神里才能找到它的和解。就是这种内心世界组成了浪漫型艺术的内容,所以必须作为这种内心生活,而且通过这种内心生活的显现,才能得到表现。"②

典型的浪漫艺术有绘画,特别是音乐和诗。它们比起古典艺术来,更远离物质,绘画不是真正的立体,音乐只是在时间中进行,而诗则以感性形象的内在形式为中介。浪漫艺术的主要代表,是西方中世纪的基督教艺术,它可以说是艺术开始解体的阶段。

总之,"浪漫艺术"的内容是内心生活,这种内心生活不能完全以感

---

① [德]黑格尔:《精神哲学》,杨祖陶译,人民出版社2006年版,第375页。
② [德]黑格尔:《美学》第一卷,朱光潜译,商务印书馆1979年版,第101页。译文略有改动,如"精神"原译文为"心灵","感性直观"原译文为"感性关照"。

性的形象去表现,感性形象跟它是不相适合的。

显然,艺术发展的三个阶段(象征艺术、古典艺术和浪漫艺术)表明,艺术越来越摆脱物质性、外在性和客体性,而趋向于精神性、内在性和主体性。但是,所有这些类型的艺术,都不能完全摆脱感性形式的局限性。因此,即使是在艺术的最高阶段——浪漫艺术中,艺术的形式也不足以表现理念、绝对精神,而只有思想才能胜任。所以,艺术必然要过渡到宗教的表象形式,这种形式既有感性的成分,又有思想的成分。当然,最适合于表达绝对精神的是纯粹思想——哲学,因此,宗教还要最终过渡到哲学。

黑格尔认为,"绝对"的诸规定的进展是有逻辑必然性的。首先是宗教崇拜的方式,进而是世俗的自我意识——对"人的最高使命是什么"的意识,与此一起,还有一个民族的伦理本性,它的现实的自由和它的宪法的,以及艺术的和科学的原则等等,所有这一切都是和构成宗教的实体的那个原则相适应的。"一个民族的所有这些环节构成一个系统的总体,而且是一个精神创造它们和使它们生动起来的,这个见解就是宗教史和世界史是重合的这个见解的根据。"①

从以上所述可以看到,宗教和艺术是密切相关的。"美的艺术只能属于那样一些宗教,在它们里面作为原则的是具体的已成为内在自由的、但还不是绝对的精神性。"②黑格尔因此断言:"美的艺术(如同其特有的宗教一样)在真正的宗教里有其未来。"③于是,艺术的直观,即"直接的束缚于感性的知"便过渡到"自身内自我中介着的知",过渡到一种本身即是知的定在,即过渡到启示。

---

① [德]黑格尔:《精神哲学》,杨祖陶译,人民出版社 2006 年版,第 376 页。
② 同上。
③ 同上书,第 377 页。

二、启示的宗教

在《精神哲学》中,黑格尔对宗教的阐释也很简略,人们要想更具体地了解黑格尔的宗教哲学思想,当然可以参阅《宗教哲学讲演录》一书。在《宗教哲学讲演录》中,黑格尔不仅更详细地论述了宗教哲学的对象和任务,上帝与理念、精神、思想、自我意识的同一性,而且把宗教分为"特定的宗教"和"绝对的宗教"两大类。在论述绝对的宗教即基督教之前,他对巫术(直接的宗教)、中国古代的宗教、印度教、佛教、波斯教、叙利亚宗教(苦难的宗教)、埃及的宗教、犹太教(崇高的宗教)、希腊的宗教(美的宗教)总共十种特定的宗教作了论述。

《精神哲学》主要阐释了启示的宗教或绝对宗教(基督教),对其他各种宗教形式很少涉及。黑格尔所说的"启示的宗教",又被他称之为"绝对宗教",其实也就是基督教。他开章明义就指出:"在真正的宗教,即其内容是绝对精神的宗教的概念里,本质上包含着这样一点:它是被启示的,确切地说是被上帝启示的。"①这是因为,实体借以成为精神的原理的知,作为无限的自为存在着的形式,是自我规定着的东西,既然这样,它就是**显示**。而精神就它不是为别的什么东西,而是为精神,即为它自己而言,才是精神。所以,正是在绝对宗教,即启示的宗教中的绝对精神,不再是显示它的抽象的环节,而是显示自己本身。这就是说,只有在启示的宗教里的"绝对精神",才显示其自身为具体的精神。

---

① [德]黑格尔:《精神哲学》,杨祖陶译,人民出版社2006年版,第377页。

（一）上帝的可知性

黑格尔反对认为上帝是不可知的或不显示自己的种种"保证"（主张）。他宣称，如果这些保证或主张是在一种明确地被称为启示的宗教中作出来的，那就更不合逻辑了，而且持这些保证或主张的人，就会是对上帝一无所知的异教徒了。黑格尔提出，认为上帝不可知或不可认识，即否认上帝启示自身，这实际上就是柏拉图和亚里士多德所反对过的认为神灵的唯一特性是嫉妒的观点，而上帝当然是没有嫉妒心的。他在《小逻辑》（《哲学全书·第一部分》）中说："上帝是什么，他必须显示出来、启示出来。"①显示或启示，这也就是他所说的"启示的宗教"的本质所在。

黑格尔明确地指出：要正确地、明确地理解上帝作为精神是什么，这并不是一件轻松容易的事情，而是需要用概念进行的思维，即需要彻底的思辨。在这种思辨中，首先包含这样一些命题："上帝只有就其知自己本身而言才是上帝；进而上帝的自知就是上帝在人里面的自我意识和人对于上帝的知，而人对于上帝的知则进展于人在上帝中的自知。"②这就是说，上帝必须将自己本身启示于人的意识，因而上帝是可知的；而这也就意味着，人都具有神圣的普遍的精神方面，这个方面也可以说就是上帝本身。因此，人对自身的知，实即"上帝在人里面的自我意识"和"人对于上帝的知"；而反过来说，人知上帝，实即知他自身，即"人在上帝中的自知"，这是对人自身深入到精神本质的知。显然，黑格尔把人的精神本质与上帝的本质等同了起来，在他看来，人的精神性也就是神性。

---

① ［德］黑格尔：《小逻辑》，贺麟译，商务印书馆1980年版，第292页。
② ［德］黑格尔：《精神哲学》，杨祖陶译，人民出版社2006年版，第379页。

（二）宗教作为表象的认识

在宗教阶段，人对上帝的知起初是通过"表象的方式"的"主观的知"。一方面，表象（Vorstellung）使上帝，即绝对精神的内容的诸环节成为独立的，并使它们彼此互为前提，成为相互继起的现象和事件——它们依照有限反思的规定联系起来；另一方面，有限表象的这种形式，则在对于一个精神的信仰中和在崇拜和默祷中被扬弃了，这就是说，这些有限的表象方式都与一个"绝对精神的内容"结合起来了。

黑格尔指出："在这种分离中，形式离开内容，而在形式中概念的不同环节（指普遍性、特殊性和个别性——引者）就离析为特殊的领域或成分，绝对的内容则表现在它们的每一个里。"①

（三）上帝的三度显身

黑格尔认为，上帝把自身显示在三个领域或成分之中，这也就是上帝显示自身的三个环节：

1.普遍性环节

这是上帝显示自身的第一个环节——"作为在其显示里始终在自身中存在的、永恒的内容。"②

黑格尔对此解释说："在普遍性的环节，即纯粹思想的领域或本质的抽象成分中，本质就是这样的绝对精神，它首先是预先假定的东西，但不是始终封闭的东西，而是作为因果性反思规定中的实体性力量而为天和地的创造者。"③但是，在这个永恒的领域内，绝对精神宁可说只是产生着

---

① ［德］黑格尔：《精神哲学》，杨祖陶译，人民出版社 2006 年版，第 379 页。
② 同上。
③ 同上书，第 380 页。

自己本身作为它的儿子。它和它的儿子尽管有区别,却始终处于原始的同一性中。由此可见,绝对精神的第一个普遍性环节是纯粹思想,也就是基督教中所说的"圣父"。这个圣父,即纯粹思想并不能脱离它所创造的现实世界:圣父产生圣子——它们始终保持着同一性。当然,绝对精神又永恒地扬弃着自己的这个与普遍本质有区别的规定,通过这样的扬弃,最初的实体本质上就达到了具体的个别性和主体性,达到了精神,即现实的人的精神。

2. 特殊性环节

这是第二个环节——"作为永恒本质与其显示的区分,这显示由于这种区别而成为内容进入其中的现象世界。"①

黑格尔认为,在判断的这个特殊性的环节中,这个具体的永恒的本质是预先假定的东西,而它的运动就是现象界的创造。上帝的唯一的儿子,即圣子,被分解为一方面是天和地、基本的和具体的自然,另一方面是作为与自然有关系的精神,因而即是有限的精神。这个有限的精神作为己内存在着的否定性的极端而独立成为恶,而它之所以是这样的极端,是由于它与一个对立的自然的联系,并由于由此而确立起来的它自己的自然性。这种有限的精神作为能思维的精神同时指向着永恒的东西,但是,在这种自然性中也只能处于外在的联系中。这就是说,普遍性或永恒的本质是第一位的前提,自然与人的精神则不过是永恒的本质自我运动的产物,特殊性是普遍性自我分化的结果,圣子是圣父自我运动的产物。值得注意的是,黑格尔这里所说的圣子,似乎并不是指基督教通常所说的耶稣,而是指上帝所创造的自然,以及具有自然性的、有限的精神。人的精

---

① [德]黑格尔:《精神哲学》,杨祖陶译,人民出版社 2006 年版,第 379 — 380 页。

神似乎是从两个面向得到考察的,就它具有自然性而言,它属于第二个特殊性环节——圣子,而就它具有无限性而言,它和耶稣一样都属于接下来要考察的第三个个别性环节——圣灵。

3. 个别性环节

这是第三个、也是最后一个环节——"作为无限的回归和外化世界与永恒本质的调解,即永恒本质从现象返回到其丰富多彩的内容的统一性里。"①在个别性这个环节里,主体性和概念自身——作为普遍性和特殊性返回到了其同一根据的对立。黑格尔认为,这个环节表明了以下三点:

第一,"作为预先假定的普遍实体从其抽象性中实现为个别的自我意识,而这个作为与本质直接同一的自我意识则把那个永恒领域的儿子置于时间性中,而且在它里面恶是自在地扬弃了的;但是,进而绝对具体东西的这个直接的并因而是感性的实存则使自己受到判决,并在否定性的痛苦中渐渐死去,而在这个否定性中绝对具体东西作为无限的主体性而与自己同一,因而就从这个否定性中作为绝对的回归和普遍的本质性与个别本质性的普遍统一而成为了自为的,就是说成为了永恒的,但是活生生的和出现在世界中的精神的理念。"②在这里,黑格尔实际上是在叙述神化身成人(耶稣降生)、然后接受审判和受难、最后复活的故事。

第二,"这个客观的整体(指永恒的本质——引者)对于个别主体的有限直接性来说是自在存着的预先假定,因而在个别主体看来首先是一个他物和被直观的东西,不过是对自在地存在着的真理的直观;个别主体通过在它里面的精神的见证,由于其直接本性的缘故,首先自为地把自己

---

① [德]黑格尔:《精神哲学》,杨祖陶译,人民出版社 2006 年版,第 380 页。
② 同上书,第 381 页。

规定为微不足道的东西和恶,进而它按照它的真理的范例,借助于对这范例中自在地完成了的普遍本质性和特殊本质性的统一的信仰,也是这样一种运动:放弃它的直接的自然规定性和固有的意志,并在否定性的痛苦里与那个范例和自己的自在相结合,从而认识到自己是与本质结合为一的。"①在这里,黑格尔讲的是,神对于个体的人而言首先只是一个他物,他对神的直观也仅仅是对自在地存在着的真理的直观;人由于本性上的恶而具有原罪,但是,他按照耶稣提供给他的榜样,借助于对耶稣宣示给自己的真理(道、福音)的信仰,而弃恶从善,即放弃自己的恶劣的意志,皈依上帝。

第三,"这个本质通过这样的中介就使自己成为存在于自我意识中的,并且是作为普遍精神的自在自为地存在着的精神的现实出现。"②这就是说,圣父通过耶稣而出现在世界上的每个人的心中,他不再是仅仅自在地存在者了,因为他已经被世人所意识到,成为世人真实信仰的对象。显然,当人的精神通过耶稣这一中介而最终信仰上帝、与上帝合而为一时,人与神的界限就不再存在了。神是出现在人的自觉意识中的神,人则是具有神圣信仰的人。可见,这一个别性环节讲的其实就是圣灵。是人与神的同一,神为人所知,神现实地出现于人的自我意识中,而表象着人和神的同一的正是"圣灵"。

在《宗教哲学讲演录》第二卷中,黑格尔把上述第一个领域称为"在其永恒理念中自在自为的上帝,圣父的王国";把上述第二个领域称为"意识和表象环节中上帝的永恒理念,或差别:圣子的王国";把上述第三个领域称为"社团环节中的理念:圣灵的王国"。③

---

① [德]黑格尔:《精神哲学》,杨祖陶译,人民出版社 2006 年版,第 381 页。

② 同上。

③ 这三个引文见于[德]黑格尔:《宗教哲学讲演录》Ⅱ,燕宏远、张松、郭成译,见张世英主编:《黑格尔著作集》第 17 卷,人民出版社 2015 年版,第 165、181、221 页。

从黑格尔关于"圣父—圣子—圣灵"三位一体的观点来看,在他的哲学体系中,耶稣,这个降生于人间的、具有肉身的上帝的独子,似乎更多地在充当圣灵的角色。圣子,主要是指自然,包括人外部的自然以及人身上的自然,也包括具有自然性和有限性的人的有限精神,这个精神主要表现为恶。人具有二重性,他既具有神性即无限的精神性,具有善的一面,又具有自然性即有限的精神性,具有恶的一面。圣灵的作用就是要把人的无限的精神与神本身联系起来,达到统一。

在《精神哲学》中,黑格尔还把上述普遍性、特殊性和个别性三个环节叫作"三个推论",并认为这三个推论最终构成绝对精神与"自己本身的绝对中介的一个推论",即构成一个整体。在启示的宗教中,绝对精神是贯彻在其表象的具体形态中的"精神的生命"。绝对精神的绝对中介的展开离开表象的形态的相互分立和时间上的、外在的前后相继,而在其结果、即精神与自己本身的结合里不仅"集中为"信仰和虔诚情感的单纯性,而且也"集中为"思维。他说:"不过被知是普遍的、单纯的和永恒的精神在自己本身内的一种不可分的联系,在真理的这种形式中,真理就是哲学的对象。"①

黑格尔在本节的［说明］中特别指出,作为哲学的对象的真理所在的那种思维是一种"自由的思维"。这种思维"抛弃了它在其中是思维的空虚的那种主观东西的片面性",它"有其同时作为绝对的、自在自为地存在着的内容的无限规定,而且有这个内容作为它在那里面同样是自由的客体",就此而言,这种思维本身"就只是绝对内容的形式方面"。②

---

① ［德］黑格尔:《精神哲学》,杨祖陶译,人民出版社 2006 年版,第 382 页。
② 同上。

三、哲　　学

《精神哲学》对哲学的阐释也比较简略,篇幅不大,要全面细致地了解黑格尔的哲学观,人们自然可以参阅黑格尔的《精神现象学》,或者《哲学史讲演录》等著作。众所周知,在《精神现象学》中,黑格尔曾把哲学作为绝对知识来加以阐释。在《哲学史讲演录》中,黑格尔不仅批评通行的关于哲学史概念的定义,提出了自己对于哲学史概念的界定,而且论述了哲学与其他知识部门的关系,包括哲学与科学知识的关系、哲学与宗教的区别、哲学与通俗哲学的区别,等等。当然,黑格尔以很大的篇幅论述了哲学的历史发展。在论述西方哲学史之前,他概述了包括中国哲学和印度哲学在内的东方哲学。接着,他详尽地回顾了西方哲学从古希腊哲学开始、经过中世纪哲学到近代哲学的发展过程。他还特别论述了他那个时代的德国哲学,包括雅可比、康德、费希特、谢林等人的哲学。

然而,尽管《精神哲学》对哲学的论述比较简略,但依然值得我们高度关注,因为在这里,黑格尔不仅一般性地阐释了哲学是一种凭借概念来展开的认识,因而高于直观的艺术和表象的宗教,而且对哲学与宗教的关系、哲学的推论形式作出了富有特色和饶有趣味的论述。

（一）哲学作为概念的认识

关于哲学,黑格尔在《精神哲学》中首先指出:"这门科学是艺术和宗教的统一。"[①]艺术需要进展到宗教,而宗教又需要进一步进展到哲学,因

---

① 　[德]黑格尔:《精神哲学》,杨祖陶译,人民出版社 2006 年版,第 383 页。

为艺术按形式而言是一种外在的直观方式,也就是说,艺术的创造活动是一种主观的创造活动,是把实体的内容碎裂为许多独立形象的活动,因而有必要过渡到宗教的表象;而在宗教的总体性里,即在其表象中,自我展开的分离活动和对展开的东西的调解活动,不仅被集中在一起成为一个全体,而且也被统一到精神的直观里,从而被提高为有自我意识的思维,最终过渡到哲学。黑格尔说:"这种知因而即是艺术和宗教的思维着地认识了的概念,在这个概念里内容上有差异的东西被认识到是必然的,而这必然的东西被认识到是自由的。"①

黑格尔在《美学讲演录》中也指出:绝对精神的这三个领域——艺术、宗教、哲学——的分别,只是使绝对精神呈现于意识的形式上的区别。艺术是一种直接的、亦即感性的认识,一种对感性的和客观的东西本身的形式和形态的认识;宗教的形式是"表象"的意识;哲学的形式则是绝对精神的自由思维,是一种概念的认识。

由此也可以看出,艺术的缺陷在于借外物以认识绝对精神,即还未摆脱外在的感性的东西,未摆脱对象性。到了宗教阶段,人的精神才把自己的内心看作是体现真实的,只有在这种形式里,内心才找到满足。宗教意识的形式是表象,因为"绝对"离开艺术的对象性,而转到了主体的内心,以主体的方式呈现于表象,所以心、情绪、内在的主体性,就成了主要的环节。具体地说,宗教的内在主体性表现在对"绝对"的"内心虔诚态度",而不只是表现于艺术的外在感性方式。宗教高于艺术之处在于:宗教好像"吞食消化了对象性"。但是,黑格尔认为,情绪的虔诚或表象的虔诚依然不是最高形式的内在性,宗教仍带有艺术的外在性,只有"自由思维"才是"最纯粹的知识方式",而哲学就是用这种自由思维,即系统思想去掌握和理解原来在宗教里只是主观感受或表象的内容。

---

① 　[德]黑格尔:《精神哲学》,杨祖陶译,人民出版社 2006 年版,第 383 页。

正是在这种概念的认识方式下,艺术和宗教这两个方面在哲学中统一起来了。一方面,哲学有艺术的对象性,当然,在此已抛开了外在的感性因素,但在抛开以前,它已把感性因素转换为最高形式的客观事物,即转化为思想的形式;另一方面,哲学有宗教的主体性,这个主体性已纯化为思想的形式,因为思想是最内在、最真实的主体性,真正的思想、即理念同时又是最实在的、最客体的普遍性,这只有在思维本身以内并且用思维的形式才能掌握。①

黑格尔认为,哲学把自己确定为关于绝对表象的内容的必然性的认识,以及关于两种形式的必然性的形式。这两种形式是:第一,直接的直观及其诗歌和预先假定着的表象、即客观的和外在的启示的形式;第二,起初主观地进入自身、然后主观地向外运动以及信仰与预先假定的同一化的形式。所以,哲学认识是对绝对表象的内容及其形式的**承认**和从形式的片面性中的解放,它把那些形式提升为绝对的形式。这种绝对的形式确定自己本身为内容,而在这个内容里,则是那个自在自为地存在着的必然性的认识。"这个运动——哲学就是这个运动,——在它最终把握到它自己的概念,即只不过回顾它的知时,就发现自己已经完成了。"②

(二)哲学与宗教的关系

在本节的[说明]中,黑格尔提出:"看来这里可能是对哲学与宗教的关系进行一番明确的讨论的地方,在这里全部的关键只在于思辨思维的形式和表象与反思知性的形式的区别。"③哲学与宗教的内容相同,即都

①　参见[德]黑格尔:《美学》第一卷,朱光潜译,商务印书馆1979年版,第129—130页。
②　[德]黑格尔:《精神哲学》,杨祖陶译,人民出版社2006年版,第383—384页。
③　[德]黑格尔:《精神哲学》,杨祖陶译,人民出版社2006年版,第384页。

以真理和"绝对"为对象,但是,两者的形式各异。就是说,哲学以概念的形式把握"绝对",而宗教则是以表象的形式把握"绝对"。而现在,最重要的是要注意到二者内容上的同一。黑格尔说,如果对"理性主义"的有限反思、即抽象的知性思维让步,那么,它就会将宗教的内容有限化,并且事实上消灭这个内容。由于这个原因,宗教就有充分的权利来抗议这种理性和哲学,并对它表示出敌意。但是,如果宗教反对概念式的理性和一般的哲学,尤其是反对其内容是思辨的、因而是宗教的这样一种哲学,那就是另外一回事了。显然,黑格尔认为自己的思辨的哲学是与宗教"合一"的,因而不值得宗教加以反对。

有一种观点过于重视哲学与宗教在形式上的不同,它非难哲学,说哲学是无神论,其中"上帝太少了"。这样的观点,已逐渐少见了。但是,又有一种流行的观点指责哲学为"泛神论",认为在它里面"上帝太多了",而且把这当作无须证明的事实。另一方面,浅薄的知性与所谓的虔诚放肆地保证,说"哲学是一切是一的学说或泛神论"。当它们说到这一点时,好像只不过在提到一件众所周知的事情似的。

黑格尔指出,对于哲学和宗教的区别的另一方面是:"哲学虽然能在宗教的表象方式的范畴里认识到自己的形式,并因而在宗教的内容里认识到它自己的内容,而且公平地对待这个内容,但却不能倒过来说,因为宗教的表象方式不将思想的批判应用到自己本身上,和不理解自己,因而在其直接性中是排他的。"①在这里,他显然主张哲学高于宗教。

黑格尔进而指出,以泛神论代替无神论来指责哲学的,主要属于近代的教养,即新虔诚和新神学。在它们看来,哲学"有太多的上帝",多到按照它们的保证来说,上帝甚至应是一切,而一切都应是上帝。新神学使宗教成为一种主观感情,但并不否认对上帝本性的认识,因而它保留下来

---

① 　[德]黑格尔:《精神哲学》,杨祖陶译,人民出版社2006年版,第385页。

的,就是一个没有客观规定的一般上帝,而对具体的充实的上帝概念则没有兴趣,甚至把凡属上帝具体性的学说或东西,都当作某种历史的东西来处理。

黑格尔认为,不确定的上帝在一切宗教里都能找到,如印度人对于猴、牛等等的虔诚或对达赖喇嘛①的虔诚等等。总之,对一个对象的崇拜,不管这个对象如何荒谬,还是包含着对一般上帝的抽象。上帝在哲学中也是被承认的,因而再也不能以无神论罪责于它。因此,无神论的谴责减轻而为泛神论的谴责,不过,将上帝稀薄和抽空而成的那种表象,是以同样的肤浅性为根据的。他们认为世俗事物的存在就是上帝,而正是这种漫不经心和对概念的歪曲,产生出哲学是泛神论的表象和保证。他们必须证实事实上有某个哲学家曾把实体性归之于一切事物,并把它们都看作上帝,而除去他们以外,没有任何人有过这种想法。

在黑格尔看来,如果我们想把所谓的泛神论在其诗意的、最崇高的,或者如果愿意的话,在其最粗陋的形态中来理解的话,那就必须到东方诗人那里去看看。黑格尔首先挑选出了"薄伽梵歌"(汉译"世尊歌")中最富有表情的段落。② 他并且评论道:与其称之为泛神论,不如归结为一种多神论,而且是"最放纵的多神论"。

接着,黑格尔谈到了生于阿富汗、后定居土耳其的伊斯兰教徒德拉德汀·鲁米的最上乘的纯洁性和崇高性的诗歌。他说,在这些诗歌里,"精神的统一性就是对于有限东西平庸东西的某种超越,就是自然东西和精神东西的某种神化,在这样的神化中直接的自然东西的外在性和暂时性

---

① 在西藏佛教格鲁派(黄教)中,达赖,全称为"达赖喇嘛",是与"班禅"并列的两大宗教领袖之一。"达赖"是蒙古语"海"的意思,"喇嘛"是藏语"上人"的意思。

② [德]黑格尔:《精神哲学》,杨祖陶译,人民出版社2006年版,第387—388页。

和经验的、世俗的精神东西的外在性和暂时性一样都被排出和吸收了"①。他还在此引证了几个诗段，并且声称："我克制自己不去增多通常称之为泛神论的宗教与诗歌观念的例子。"②

对人们称之泛神论的伊利亚学派或斯宾诺莎哲学，黑格尔早在《哲学全书》的逻辑学部分中就已经指出，斯宾诺莎的哲学不是无神论，而宁可说是"无世界论"，说它是泛神论也是不正确的，因为他并没有将上帝与世界同一起来，从而使上帝成为有限的。他认为，伊利亚学派和斯宾诺莎的哲学可以最确切地规定为那样一些把绝对只理解为实体的体系。"所有这些表象方式（特别是伊斯兰教徒的表象方式——引者）和体系的缺陷就是没有进展到实体作为主体和作为精神的规定。"③

黑格尔指出："这些表象方式和体系都是从一切哲学和宗教的一个共同需要出发的，这就是作出关于上帝以及进而上帝与世界的关系的某种表象。在哲学中更进一步认识到上帝与世界的关系是由对上帝的本性的规定所决定的。"④反思的知性总是把作为本质的上帝与作为现象的上帝分开，把无限的东西与有限的东西分开，从而出现了他们对两者之间的联系的信念和问题，而把这种联系称为"不可理解的东西"。而在黑格尔看来，上帝的本性就决定了他与世界的关系：上帝固然是本质，但这个本质必定会作为现象而显示于世界。

黑格尔认为需要提出的一点是："哲学诚然是和统一有关，但它并不是和抽象的统一、单纯的同一性和空洞的绝对有关，而是与具体的统一（概念）有关，并且在它的全部进程中完全只与具体的统一有关……它的进展的每一阶段都是这个具体统一的特有的规定，而统一的诸规定的最

---

① ［德］黑格尔：《精神哲学》，杨祖陶译，人民出版社2006年版，第391页。
② 同上书，第392页。
③ 同上书，第393页。
④ 同上书，第394页。

深刻的和最终的规定就是绝对精神的规定。"①而那些想对哲学进行判断和发表意见的人,却对此了解得非常之少,更没有费力去加以了解,所以,他们对于哲学不能说出什么,而只会说枯燥的同一性是哲学的原则和结果,以及哲学就是同一性体系。他们所说的同一性是一种浅薄的同一性,据此,他们就会把上帝与世界万物视为简单的同一性,进而认为每个个体的东西就其直接性与特殊性而言就是上帝。

这样,泛神论"就会把上帝的现实性无限地分裂为无限的物质性,就会拥有他们称之为泛神论或一切是一论的坏表象,而这个坏表象实际上只不过是他们关于上帝和世界的那些坏表象的固有的必然的结论"②。那些以此来指控哲学的人,他们从对上帝与世界的研究中获悉,属于联系这个范畴的就是同一性,于是,他们就停留在理解的半途上,而且事实上错误地保证说,哲学主张上帝与世界的同一性,而因为在他们看来世界和上帝同时具有坚固的实体性,他们因而就推论说,在哲学的理念里,上帝是由上帝和世界合成起来的,这就是后来作出的关于泛神论的观念,而且就把这个观念归之于哲学。长久以来,主张哲学是泛神论、同一性体系、一切是一论,这已成为某种不容置疑的成见,以致不知道这个事实的人就会被认作无知。"对于上帝和同一性的深奥研究,正如对认识和概念的深奥研究一样,就是哲学本身。"③

(三)哲学概念运动的三个推论

黑格尔不仅指认了哲学是一种概念的认识,而且进一步对哲学的概念作出了界定。他说:"这种哲学的概念,就是思维着自己的理念,进行着知的真理,(§236),具有这样一种意义的逻辑东西:它是那在具体内

---

① ［德]黑格尔:《精神哲学》,杨祖陶译,人民出版社 2006 年版,第 394 页。

② 同上书,第 396 页。

③ 同上书,第 397 页。

容中即是在其现实性得到了证明的普遍性。"①这就是说,哲学就以这种方式回复到了它的开端,而这样逻辑的东西就是科学的结果,即是这样的精神性的东西:它从预设的、在那里面概念只是自在的、而开端则是一个直接的东西的判断中,因而从它身上所具有的现象出发而上升到了它的纯粹原则,同时即上升到了它的要素。

按照黑格尔的观点,这个过程可以表述为三种不同的推论。

第一个推论:"这个推论以逻辑东西为基础作为出发点,而以自然为中项,这个中项把精神和逻辑东西结合起来。逻辑东西向自然生成,而自然则向精神生成。"②概言之,这个推论把自然当成了逻辑理念和人的精神之间的中介。因为这个推论是在理念中,自然本质上只是被规定为通道和否定的环节,而且自在地是理念。而哲学则有着必然性进程的外在形式,以致概念的自由只是作为它与自己本身的结合而被设定在这一个极端里。

第二个推论:上述第一个推论在该推论已经是精神自身的观点的范围内被扬弃了。第二个推论的中项是精神,它预先假定着自然并把它与逻辑东西结合起来,或者说,这个推论把人的精神当成了自然和逻辑理念之间的中介。黑格尔说:"科学(即哲学——引者)显现为一种主观的认识,这种认识的目的是自由,而认识本身就是自由产生出来的道路。"③

第三个推论是哲学的理念:这个推论是从哲学理念的角度展开的,它把逻辑理念当作联结精神和自然的中项,或者说,把逻辑理念当成了自然和人的精神之间的中介。黑格尔说:"这个理念以自知着的理性,绝对普遍的东西为其中项,这个中项分裂自己为精神和自然,使前者成为预先假定,作为理念的主观活动的过程,而使后者成为普遍的极端,作为自在地、

---

① [德]黑格尔:《精神哲学》,杨祖陶译,人民出版社 2006 年版,第 397 页。
② 同上书,第 398 页。
③ 同上。

客观地存在着的理念的过程。"①理念之自我分割为这两方面的现象,在它里面结合着如下两个方面:"正是事情的本性,即概念自己在向前运动着和发展着,而这个运动同样是认识的活动,即永恒的自在自为存在着的理念永恒地作为绝对精神实现着自己产生着自己和享受着自己。"②这两个方面,实际上是本体论过程和理念的自我认识过程,二者是一致的,都是永恒的。

其实,这两方面的过程也都是逻辑理念的发展过程。因此,这个过程就是理念本身的本体论的过程、认识论的过程和逻辑学的进程的统一,而这三个过程之统一的结果就是绝对精神。当人的精神达到哲学的认识时,就与"绝对精神"合而为一,从而达到了精神的最高境界和最高形态。至此,黑格尔的精神哲学就全部宣告终结。

---

① ［德］黑格尔:《精神哲学》,杨祖陶译,人民出版社 2006 年版,第 398 页。
② 同上书,第 398—399 页。

总评:黑格尔精神哲学的人学意义

在讲解了黑格尔的主观精神哲学、客观精神哲学和绝对精神哲学之后,我们再看看其精神哲学有何独特的意义。在此,我想从人学角度来阐释黑格尔精神哲学丰富的人学意义。当然,这一阐释不可能离开对黑格尔精神哲学所包含的辩证法思想的发掘。黑格尔的精神哲学不仅是一种人学,而且是一种富有辩证意味的人学,因此,我们始终不能忘记其"人学辩证法"的珍贵价值。

一般认为,黑格尔的精神哲学是建立在其客观唯心主义基础上的,他以所谓永恒的、无人身的纯思维,即理念作为他全部哲学的出发点。他把自然和人的精神的千差万别的现象,都看作这个永恒理念为了认识自己而外化自己和扬弃外化回到自身的外部表现。由于黑格尔哲学固有的这种唯心主义思辨的"原罪"(马克思语),他就不仅给自然和人的精神蒙上了层层面纱,而且往往为了其体系的需要而以虚构的联系代替应当去发现的事物之间的真实联系。但是,黑格尔的唯心主义是辩证的唯心主义,他把辩证法和唯心主义结合起来了,因此,就在他上述的唯心主义出发点中,同时也在西方哲学史上第一次提出了把整个自然的、历史的和精神的世界看作一个不断运动、变化、转变和发展的过程的观点,提出了揭示这种运动和发展的内在联系的任务,并在这方面作出了空前的贡献。这是他的伟大功绩,也是他留给后人来进一步发展和推广的遗产。① 恩格斯的这个观点,是我们对黑格尔的作为人学的精神哲学进行研究和评价的应有出发点。

一、作为人学的精神哲学

黑格尔的精神哲学作为主观精神哲学、客观精神哲学和绝对精神哲学构成的有机总体,可以从不同的角度加以审视,但从根本上看,这个总体就是黑格尔关于人的学说。② 原因很简单,因为黑格尔精神哲学的对象不是无人身的精神,而是与人的身体有机联系在一起的人的精神。

(一)黑格尔之前西方哲学家的人学探索

在西方哲学史上,人很早就是哲学思考的对象。普罗塔哥拉提出"人是万物的尺度"就是一例,而苏格拉底更是把阿波罗的神谕"认识你自己"作为哲学所应思考的首要问题提了出来。但只是从文艺复兴时期起,人的问题才突出出来。理性派由于把人看作互相对立的精神实体和物质实体的二元结合而陷入困境,经验派、特别是机械唯物主义则干脆把人看作是机器。因此,卢梭不无理由地发出了这样的感叹:人最少研究、最无知的就是人自己。他认为,把人和动物区别开来的,与其说是理智,

---

① 见恩格斯:《反杜林论》,见《马克思恩格斯选集》第 2 卷,人民出版社 1995 年版,第 362 页。

② 参见张世英:《论黑格尔的精神哲学》,上海人民出版社 1986 年版,第 266 页。

不如说是人的"自由主动者的资格"①,即人的自由意志。

卢梭的这个思想启发了康德。在康德那里,人的问题成了他思考的中心。他在其"三大批判"和《单纯理性范围内的宗教》等著作中回答了人能够认识什么、人应当作什么和人可以希望什么这三个问题之后,又提出了与之相联系的一个总问题:人是什么? 他在《实用人类学》中对此的回答是:人是这样一种地球生物,他能够通过自己的创造行动使自己从"天赋有理性能力的动物"成为一个现实的"理性的动物",而这是在人类的世代延续中,通过社会中的劳动和社会的、政治的、法的制度和整个文化的进步实现的。②

康德的这个思想,为他的后继者解决"人是什么?"的问题指明了唯一正确的方向。但是,只是经过费希特和谢林,直到黑格尔精神哲学才建立起系统的关于人的学说。

(二)精神哲学是一种关于人的本质的学说

黑格尔本人曾明确指出精神哲学就是关于人的哲学,如前所述,他在《精神哲学》绪论中一开始就把精神哲学与"认识你自己"这个德尔菲神庙上的箴言,即与人的自我认识联系起来。

黑格尔并不满足仅仅指出精神哲学是人的一种自我认识,他并且指出:精神哲学这种关于人的知识,"不只是一种对于个人的特殊的能力、性格、倾向和弱点的自我知识,而是对于人的真实方面——自在自为的真实方面,即对于人作为精神的本质自身的知识"③。在此,他把人的"自在

---

① 卢梭:《论人类不平等的起源和基础》,李常山译,东林校,商务印书馆 1994 年版,第 82 页。

② 参见杨祖陶:《康德黑格尔哲学研究》,人民出版社 2015 年版,第 135—136 页。

③ [德]黑格尔:《精神哲学》,杨祖陶译,人民出版社 2006 年版,第 1 页。

自为的真实方面"与人的"本质自身"(das Wesen selbst)等同起来,同时又把人的这个"本质自身"理解为"精神"(der Geist)。对他而言,精神是人的本质,所以,关于人的精神的哲学,就是关于人的本质的学说——精神哲学就是关于人的精神本质的学说。

正是基于"人的本质是精神"这一理解,黑格尔才把他的关于人的哲学,即把他的关于人的本质的哲学命名为"精神哲学"。不论是关于主观精神的哲学,还是客观精神和绝对精神的哲学,都属于人的本质之学。我们因而也可以说,黑格尔的精神哲学在力图揭示人的精神本质的意义上是一种人学。

在黑格尔看来,主观精神是一个从最初只有自然的质、自然的变化和被动的感受能力到最后发展成为具有理论能力和实践能力的自由精神、即自由意志的过程,其中的任何一个环节,无论是自然层面的或是精神层面的,哪怕是这个过程的顶点——自由意志或所有这些环节的总和都不能看作就是现实的人,因为这只是现实的人的一个方面,即其主观精神方面,这样来看的人还只是抽象的、片面的人。

自由意志的实现或人之成为现实的人是在外部世界,即所谓客观精神的发展中,也就是在人与人的法的、经济的、政治的等等关系中,在所有这些关系的历史发展中,而所有这些社会关系就构成人的现实性,现实的人是在历史中行动着的人。

但是,在黑格尔看来,人之为人还不止于此。真正的人是在社会历史中行动而同时发挥思维的主观能动性"回顾"自己的本质——自由——的实现过程、认识自己本身及其和宇宙(绝对精神)的同一性、最终达到无限的、绝对的、完全的自由境地的人。

二、精神哲学中的"人学辩证法"

在精神哲学这种关于人的本质的学说中,黑格尔表达了极为丰富的人学辩证法思想,他对人的主观精神、客观精神和绝对精神都是从运动、发展或历史的角度来描述的。因此,我们可以分别从其主观精神哲学、客观精神哲学和绝对精神哲学三个方面,来理解和把握其人学辩证法。对黑格尔而言,这种人学辩证法并不只是我们认识人的精神本质的一种主观的认识方法,而是同时存在于人的精神本质的辩证运动之中的客观辩证法。

(一)主观精神哲学展现了人类认识运动的辩证法

黑格尔的精神哲学作为主观精神、客观精神、绝对精神的总体,也是他关于人类认识绝对真理的认识论思想:人的主观精神只有作为社会的人在社会历史的发展中,即只有透过客观精神而与之结合起来,才能达到绝对真理,而这种认识也经历了从感性直观的形式(艺术)到表象思维的形式(宗教)再到纯粹思维的漫长历程。但是,黑格尔的严格意义的认识论研究,是在其主观精神哲学中展开的,这种认识论充分展现了人类认识运动的辩证法。

我们知道,近代西方哲学才开始把对认识的研究提到首位,而康德对于人类认识能力的批判研究,则标志着认识论研究走上了成为一门独立哲学学科的道路。作为康德哲学的后继者,黑格尔在充分肯定其功绩的同时,也指出了其必须予以克服的缺点。这就是说,康德离开认识的实际发展过程,把认识主体(先验自我意识)、各种认识能力(感性、知性、理性等)作为现成给予的东西来研究。康德的做法,黑格尔曾讽刺为"不下水学游泳"。黑格尔的《逻辑学》作为本体论、认识论、辩证法(方法论)和逻辑学的统一,无疑也就是他克服康德"不下水学游泳"的认识论著作。但在这里,认识是就概念是主客同一的纯概念的自己运动来研究的,就是说,在此研究的是认识的逻辑形式或逻辑规定。当然,《逻辑学》以《精神现象学》为前提,即纯概念的到达是人的经验认识,即主体和客体统一的长期发展的结果。但《精神现象学》仅仅局限于始自"意识"的运动,却未涉及"意识"的前提即自我是如何来的,且对于认识的知性阶段的后续发展,即更高级的理性认识阶段,只限于点到其原则为止,未作更多地发挥。

黑格尔主观精神哲学系统地研究和阐述了人的认识的主观条件、能力和发展过程:

1.在人类学中探讨了从只有被动感受能力、主客未分的自然灵魂经过感觉灵魂和现实灵魂而发展到纯粹自我、从而有了主客之分的过程。自我是认识得以开始的主观条件,它是灵魂在其发展过程中克服可能的"病态"和"极端"、经过反复的练习(习惯)而最后产生的。

2.有了主客之分,才有主体和客体(外部世界)的认识,才有精神的"现象学"的运动,即从直接的感性确定性到经验科学的经验认识的发展。

3.为了达到对事情的本质和全体的认识,就必须上升到黑格尔主观精神学说中的"心理学"所研究的理性认识(黑格尔称为用概念进行的认识)。这就是从具有理性内容的直观开始,经过表象阶段的分离和深入(回想、想象力、记忆)而达到主客统一的纯思维,而这纯思维又是和实践精神、即意志的能力或活动同一而不可分的。

在黑格尔看来,人的各种认识能力都是作为认识、意识或精神自身发展的阶段出现的,是从自然、物质到精神的飞跃所产生的精神所固有的、然而还是潜在的"观念性"向其现实形态的发展和完善化。在这整个过程中,每一个阶段都是以往阶段发展的结果,但它们并不是抛弃了过去的阶段,而是将其内容扬弃在自身之中,是这些内容的发展和提高;它们本身也不是绝对的、故步自封的,而是在自身内包含向更新更高的阶段发展的动因和萌芽,因而是走向新阶段的开始。人的认识过程,就是这样一个由内在矛盾环环相生、层层递进、从量变到质变的否定之否定的过程。

当然,由于黑格尔所受的时代局限,加上其唯心主义出发点,他的主观精神哲学中的认识论思想也有一些在现代看来已经过时的或纯属虚构的东西。但是,它所蕴含和体现的宏伟的辩证法思想在今天依然保持其力量和价值,是我们为了真正理解和发展马克思主义认识论所必须认真研究的。现代西方哲学在认识的某些个别环节上(如语言、意向性等)有了更深入的研究,但往往由于把认识过程的一些环节或方面夸大为全体而陷入困境。为了摆脱这种困境,以不同的方式和途径回到黑格尔认识论的辩证法,"与黑格尔同在"(伽达默尔语)就几乎是不可避免的了。

黑格尔把主观精神哲学称为"一般心理学",他的意思是,主观精神哲学不是对人的心理现象作经验科学的研究和描述,而是作哲学的研究,他因而从实体和主体、主体和客体、思维与存在的对立同一的哲学观的高度来考察人的一切心理现象。但他并不因此而忽视心理现象的生理基础,相反地,他对此十分重视,甚至谈到应当有一门"生理心理学",而心理学的发展完全证实了黑格尔的科学预见。黑格尔由此出发,把从自然灵魂到自由精神的整个发展过程都看作心理学的研究对象,他的这种意义上的"心理学",其实是亚里士多德的《论灵魂》一书所开启的心理学在近代发展的一个里程碑。在黑格尔之后,随着20世纪中期开始的心理科学、神经科学、人工智能科学等交叉与综合性学科的发展,在对心理、精神、意识的研究中出现了一些新材料和新观点,从而对心理现象的研究提出了新问题,产生了各种派别的现代西方心灵哲学。①

从总体上看,现代西方心灵哲学几乎涵盖了黑格尔主观精神哲学的主要内容。特别值得提出的是,黑格尔把对千里视、心灵感应等特异心理现象的考察作为其主观精神哲学的对象,而对这类现象的哲学思考也是现代西方心灵哲学研究的"主要问题"之一②。但是,现代西方心灵哲学似乎还处在对构成其内容的各个方面的问题作分别研究的过程中,这些方面之间的内在联系还需要作进一步的研究和阐明。为了做到这一点,我认为现代西方心灵哲学的进展恐怕难以避免和绕过黑格尔的主观精神学哲学,而是需要对它进行一番"再回顾"和"再考察"。

(二)客观精神哲学展现了人类社会运动的辩证法

黑格尔不仅在主观精神哲学中充分展现了人类认识运动的辩证法,而且在客观精神哲学中进一步展现了人类社会运动的辩证法。主观精神哲学侧重于描述个体精神的发生发展,客观精神哲学侧重于描述具有社会性的群体精神、民族精神、国家精神的发生和发展。实际上,黑格尔在客观精神哲学中揭示了人与人之间的多层次的社会关系,包括外在的法律关系和内在的道德关系,以及在家庭、市民社会和国家中的伦理关系。在论述抽象法(权利)时,他始终把财产权作为重点加以考察。在论述市民社会时,他谈到了普遍需要的体系,这涉及人们彼此之间的物质利益关系或经济关系。虽然黑格尔的法哲学颠倒了市民社会和国家之间的关系,但他毕竟表达了丰富的、与现实生活密切相关的内容。

---

①　心灵哲学的英文为 Philosophy of Mind.黑格尔的"精神哲学"(Philosophie des Geistes),英译本也译为 Philosophy of Mind.但黑格尔"精神哲学"包括主观精神、客观精神、绝对精神三个部分。现代西方心灵哲学的内容大致相当于黑格尔"精神哲学"的主观精神部分。

②　参见高新民:《现代西方心灵哲学》,武汉出版社 1994 年版,第 8 页。

在客观精神哲学的末尾,黑格尔还论述了世界历史,即由各个民族和国家的运动所构成的历史。在其历史哲学中,他进一步把这部世界历史当作自由意识的进展加以描述。在他看来,世界历史经历了东方世界、希腊世界、罗马世界和日耳曼世界等多个历史阶段。

对于黑格尔的客观精神哲学,我曾经指出:"在西方哲学史上,黑格尔第一个把主体与客体、思维与存在、自由与必然的关系追溯到人类现实的社会生活和历史活动的本质,把这些历来被当作抽象的哲学问题的对立范畴的同一理解为活生生的人类活动,到客观的人类文化生活、政治经济关系和意识形态变迁中去寻找其答案——这是黑格尔的一个巨大贡献。"①

(三)绝对精神哲学展现了"意识形态"运动的辩证法

上面这段关于黑格尔客观精神哲学的评语,也完全适合于用来评价其绝对精神哲学。在绝对精神哲学中,黑格尔描述了艺术、宗教和哲学这三种社会意识形态的历史运动和辩证发展。当然,这里所说的"意识形态"是一个狭义概念,因为黑格尔在客观精神哲学中已经论述了道德和政治法律思想这些社会意识形态了。而在最广泛的意义上,我们甚至可以像《精神现象学》那样,把人类全部意识运动都当作诸意识形态的依次更替。

对黑格尔而言,艺术、宗教和哲学都是在历史中不断地演变和发展的。例如,他把艺术描述为从象征的艺术、经过古典的艺术而演变为浪漫的艺术的发展过程;他在《精神哲学》中虽然主要阐释的是启示的宗教,即基督教,但在《宗教哲学讲演录》中,却在把基督教当作"绝对的宗教"加以阐释之前,描述了形形色色的"特定的宗教",包括巫术(直接

---

① 杨祖陶:《德国古典哲学逻辑进程》,人民出版社 2016 年版,第 239 页。

的宗教）、中国古代的宗教、印度教、佛教、波斯教、叙利亚宗教（苦难的宗教）、埃及的宗教、犹太教（崇高的宗教）、希腊的宗教（美的宗教）；他在论述哲学这种最高形态的绝对精神时，也指出哲学有一部从古希腊哲学、经过中世纪哲学和近代哲学而最终发展到黑格尔本人哲学的漫长历史。

从总体上看，黑格尔的整个精神哲学都富有历史感，他始终把人类精神当作一个连续不断的辩证运动的过程来加以描述和刻画。对黑格尔而言，精神的不断发展过程，也就是人类不断成长、不断展现其内在精神本质的过程。他所阐释的人类精神发展历程是：（1）人的精神从与动物意识无别的自然精神发展成为自由精神的历程；（2）人的自由意志在人与人的各种社会关系的发展中实现的历程；（3）人的精神在世界历史中通过艺术、宗教、哲学达到绝对自由境界的历程。正是在这样一个不断辩证运动的历史过程中，人类精神极其丰富的内容充分地展现出来了。

黑格尔在其《精神哲学》中对人类精神辩证运动的充分展现，构成了黑格尔整个哲学体系中的辩证法的一个极为重要的内容。黑格尔的辩证法思想当然不只是体现在其精神哲学之中，在他的逻辑学和自然哲学中，也同样有丰富的辩证法思想，因为黑格尔的整个哲学思维方式都以其历史感作为基础。正如恩格斯在 1859 年给马克思的《政治经济学批判》第一分册所写的评论中所说："黑格尔的思维方式不同于所有其他哲学家的地方，就是他的思维方式有巨大的历史感做基础。形式尽管是那么抽象和唯心，他的思想发展却总是与世界历史的发展平行着，而后者按他的本意只是前者的验证。真正的关系因此颠倒了，头脚倒置了，可是实在的内容却到处渗透到哲学中；何况黑格尔不同于他的门徒，他不像他们那样以无知为自豪，而是所有时代中最有学问的人物之一。他是第一个想证明历史中有一种发展、有一种内在联系的人，尽管他的历史哲学中的许多东西现在在我们看来十分古怪,如果把他的前辈,甚至把那些在他以后敢于对历史做总的思考的人同他相比,他的基本观点的宏伟,就是在今天也还值得钦佩。在《精神现象学》、《美学》、《哲学史讲演录》中,到处贯穿着这种宏伟的历史观,到处是历史地、在同历史的一定的(虽然是抽象地歪曲了的)联系中来处理材料的。"①

在《路德维希·费尔巴哈和德国古典哲学的终结》中,恩格斯进一步指出:"……黑格尔的体系包括了以前任何体系所不可比拟的广大领域……阐发了现在还令人惊奇的丰富思想。精神现象学……逻辑学、自然哲学、精神哲学,而精神哲学又分成各个历史部门来研究,如历史哲学、法哲学、宗教哲学、哲学史、美学等,——在所有这些不同的历史领域中,黑格尔都力求找出并指明贯穿这些领域的发展线索;同时,因为他不仅是一个富于创造性的天才,而且是一个百科全书式的学识渊博的人物。……人们只要不是无谓地停留在它们(指黑格尔建构体系的'强制性的结构'——引者)面前,而是深入到大厦里面去,那就会发现无数的珍宝,这些珍宝就是在今天也还保持充分的价值。"②

恩格斯的这些论述,充分肯定了黑格尔的宏伟的历史观或辩证法思想可以从黑格尔的整个哲学体系中找到,但是,既然精神哲学是黑格尔哲学体系中一个最高的、最困难的部分,一个关于人的精神发展的最富有内容的部分,我们也就可以毫不犹豫地断言:精神哲学最为充分地体现了黑格尔的历史感,体现了他对于人类精神的历史发展的辩证思考和理解。这就是说,黑格尔的关于人类精神历史发展的人学辩证法,构成其整个辩证法体系的一个最为重要的部分。

---

① 《马克思恩格斯选集》第 2 卷,人民出版社 2012 年版,第 12—13 页。
② 《马克思恩格斯选集》第 4 卷,人民出版社 2012 年版,第 225 页。

三、马克思恩格斯对精神哲学批判继承和发展

尽管黑格尔的精神包含极为丰富的人学辩证法思想,触及到了丰富的现实内容,但它毕竟是以其唯心主义的神秘形式出现的。由于过分强调人的精神本质,以至于他把具有意识、自我意识、理性和精神的现实的人的发展,就说成是精神本身的发展。因此,即使它触及到了人的现实生活的丰富内容,也始终是以扭曲的、颠倒的形式去容纳这些内容的。一句话,黑格尔把具有精神的人就说成是精神,好像精神可以作为独立的主体自行发展似的,这是对现实的人的一种唯心主义的歪曲,其结果必然是对现实的人的遮蔽。

正是针对黑格尔的这种思辨唯心主义的人的本质理论,费尔巴哈在自己的"感性哲学"中凸显了感性人本学的地位。费尔巴哈提出:感性哲学必须以感性的、现实的人为自己的出发点。对费尔巴哈而言,所谓现实的人,就是有血有肉的、始终依赖于自然界的人,是具有感性直观能力和丰富感觉、首先是爱的情感的人,因此,他把自己的感性人本学(人本主义)与感性的自然学(自然主义)紧密地结合在一起。

但是,虽然费尔巴哈一再强调他所说的人是现实的人,却依然停留在对人的抽象理解上。正如马克思在《关于费尔巴哈的提纲》中所批评的那样:他没有看到人的本质在其现实性上"是一切社会关系的总和"[①]。费尔巴哈没有看到,人首先在从事现实的物质资料的生产和生活,因而离不开各种现实的物质生活条件,处在各种社会关系之中。人们一方面通

---

① 《马克思恩格斯选集》第 1 卷,人民出版社 2012 年版,第 135 页。

过自己的活动结成这些关系,同时又始终受这些关系的制约。正是由于费尔巴哈对人的本质的理解依然是抽象的,所以,恩格斯在《路德维希·费尔巴哈和德国古典哲学的终结》中甚至认为他对道德、政治的理解反而比黑格尔哲学在内容上更加贫乏。在恩格斯看来,费尔巴哈"不能找到从他自己所极端憎恶的抽象王国通向活生生的现实世界的道路","他仅仅抓住自然界和人;但是,在他那里,自然界和人都只是空话。无论关于现实的自然界或关于现实的人,他都不能对我们说出任何确定的东西。"①因此,恩格斯提出:"要从费尔巴哈的抽象的人转到现实的、活生生的人,就必须把这些人作为在历史中行动的人去考察。"②这就要求用"关于现实的人及其历史发展的科学"即历史唯物主义理论,来代替费尔巴哈的新宗教的核心即对抽象的人的崇拜。

我们看到,费尔巴哈的感性人本学是由黑格尔的精神哲学发展到马克思恩格斯的"关于现实的人及其历史发展的科学"的一个重要中介,在超越费尔巴哈的感性人本学的过程中,马克思和恩格斯实现了对黑格尔的精神哲学的批判继承和发展。

今天,认真研究黑格尔精神哲学对于正确理解和发展马克思与恩格斯关于人的理论有很现实的意义。同时,由于黑格尔的精神哲学是现代西方哲学中许多人学理论得以产生的源头、土壤和背景,所以,对它的认真研究对于正确理解和评价这些人学理论也是很有必要的。

---

① 《马克思恩格斯选集》第 4 卷,人民出版社 2012 年版,第 247 页。
② 同上。

整 理 附 记

永恒的精神，无愧的人生

2017年1月22日，是一个特别令人悲伤的日子。那天中午，我正在新民路口的蒙娜丽莎餐厅吃饭时，武汉大学的曾晓平教授来电告诉我：杨老师今天去世了。这个噩耗让我极度震惊，也使我悲痛万分！24日上午，萧静宁师母以无比的坚强，带着女儿女婿，与杨老师生前的少数好友以及他所带的十多位学生一起，同杨老师作了最后的告别，并将他送至龙泉山孝恩园中一棵桂树下安息。就这样，杨老师以他一生始终不变的质朴风格，在明媚阳光的温暖中，在徐徐清风和音乐的陪伴下，安详地永别了他所挚爱的亲人，终止了他退休后一直不停的劳作。

是啊，自从1997年退休之后，杨老师便一直过着退而不休的生活。读书、思考、翻译、写作，就是他的生活的主旋律。让我们先看看他的翻译工作吧！正如众所周知的那样，从1997年退休一直到2004年为止，他呕心沥血地合作完成了影响巨大的康德三大批判著作的翻译和校改工作；接着，在2005年期间，他集中全力根据格洛克纳本翻译了黑格尔的《精神哲学》即《哲学全书》第三部分（人民出版社2006年版）；这件工作刚刚完成,他又记起了恩师贺麟先生多年前的嘱托——翻译黑格尔的《耶拿逻辑》,于是立马投入了黑格尔的《耶拿体系1804—1805:逻辑学和形而上学》的翻译(人民出版社于2012年12月出版);后来,他又根据"理论著作版"20卷本《黑格尔著作集》第10卷——莫尔登豪尔和米歇尔编辑的《哲学全书第三部分精神哲学及附释》对《精神哲学》进行了改译(此译本收录于张世英先生主编、他任副主编的《黑格尔著作集》第10卷,人民出版社2015年7月出版),从而超额完成了贺麟先生交给他的黑格尔精神哲学的翻译任务。

在中国,黑格尔的其他著作早就有了中译本,但唯独这个《精神哲学》即黑格尔哲学百科全书体系第三部分,却一直没有中译本。多年来,对不能直接阅读黑格尔德文原著的中国读者而言,要想了解黑格尔的《精神哲学》,只能借助于黑格尔的其他相关著作(如早期的《精神现象学》和系统阐释客观精神哲学的《法哲学原理》等等)的中译本。所以,杨老师根据格洛克纳本首译黑格尔的《精神哲学》,并且根据理论著作版改译《精神哲学》,最终推出两个《精神哲学》的中文译本,实为我国德国古典哲学研究领域的一件大事,是一个巨大的学术贡献。同样,他所翻译的《耶拿逻辑》的问世,也具有填补空白的意义,有助于学界更好地了解黑格尔早期的哲学思想。2012年12月28日,在武汉大学召开了"杨祖陶先生首译黑格尔《耶拿逻辑》座谈会",杨老师作了题为"黑格尔《耶拿逻辑》的历史地位"的主题发言。

除了完成上述翻译工作,杨老师还对早期出版的代表作进行修改完善,在人民出版社推出新版。这就是:武汉大学出版社2001年初版的《康德黑格尔哲学研究》,被列入哲学史文库第2辑,2015年8月由人民出版社再版;武汉大学出版社1993年初版的《德国古典哲学逻辑进程》,亦被列入哲学史文库第2辑,2016年3月由人民出版社再版。杨老师的治学原则是"必得其真,务求其新"。他把"求真"放在第一位,主张在求真的基础上"务新",即力求在前人止步的地方有所前进、有所发现和创新。上述两部著作都极为鲜明地体现了"求真务新"的治学原则,但是各有其特色。《康德黑格尔哲学研究》是杨老师深入研究康德黑格尔哲学的一部重要著作,全书分"康德开创的德国哲学革命的持续发展进程"、"康德批判哲学的体系和基石"、"黑格尔理性哲学的体系和基石"三篇。其中尤为重要的内容,是他对康德范畴先验演绎的构成问题的研究,对黑格尔逻辑学中的主体性的研究,以及对黑格尔建立逻辑学体系的方法论原则和黑格尔关于认识论研究原则的研究。代序"德国古典哲学研究的现代价值"具有特别的意义,因为它郑重地提出:德国古典哲学集中地体现了"为真理而真理的理论精神"和"为自由而自由的实践精神",这两种精神也是德国古典哲学的现代价值所在。《德国古典哲学逻辑进程》则是对德国古典哲学的一种系统性的研究,堪称方法论的典范,它运用辩证逻辑,以主观能动性和客观制约性的矛盾为纲,揭示并叙述了德国古典哲学从康德到费尔巴哈及向马克思的实践唯物论发展的辩证逻辑进程,这在国内外德国古典哲学的研究中尚属首见。

值得一提的是,杨老师还在人民出版社出版了两部厚重的散文随笔集《回眸——从西南联大走来的六十年》(2010 年 11 月)和《哲学与人生漫记——从未名湖到珞珈山》(2016 年 1 月)。前一部书 45 万字,除了译事回眸,还回顾了求学为学历程,列举了要文要点等。后一部书 59 万字,用随笔的方式展开了"燕园结缘"、"珞珈情怀"、"巴黎散记"、"社会透视"、"译事续篇"、"论题新议"等几个板块的叙述,不仅表达了对美好爱情的回味,对从前工作岁月的留恋,对巴黎美好人文景观的欣赏,对翻译和学术的新思考,而且表达了对社会现实问题的高度关切。

杨老师之所以选择这样一种退而不休的生活,之所以不安于闲散,而始终坚持工作,是因为他认为只有工作,而且是富有成就的工作才使人的心灵感到充实,感到生活才有意义。求学问道,思索钻研,只有真正的学者才可以体会到其中包含的无上乐趣。关于这一点,可以从《康德黑格尔哲学研究》(人民出版社 2015 年版)后记中的一段话看得很清楚,杨老师在后记中写道:

"回过头来看看自己走过的路,暗中有一种自我充实感,为自己在各个时期,特别是在斗争哲学和大批判年代也能作出这样的学术而自豪。在看清样的时候,我对自己的作品充满情意。本来出版社只要求我提供本书的一些关键词,但我不辞辛苦,不怕麻烦,将挑出的人名、术语按照汉语拼音从 A—Z 排列开来,就差最后一步落实关键词所在的页码了。我在此可以把即将问世的此书的索引称为人工排序与电脑终端检索的一种'结合体'了。"

杨老师的内心充实感在这里得到了充分表达,他也自豪即使在"文化大革命"时期,因为自己的坚持而没有荒废学业,没有浪费时间,一直在坚持研究。所以,支撑他退休之后继续工作的动力和信念,就是这种对于学术的热爱之情,对于内心充实的由衷向往,而这种对于学术的热爱势必转化为勤奋的思考和探索,这种对内心充实的向往同样会促使他不安于清闲,而总是乐于工作。其实,自己喜欢做的事情,自愿做的事情,都不是苦差事,而是充满了乐趣。

杨老师一生都淡泊名利,低调行事,但他对通过自己的工作而取得的收获,是满怀喜悦的。在《回眸——从西南联大走来的六十年》(人民出版社 2010 年版)后记中,我们读到这样几段话:

"在史无前例的'文化大革命'的极端特殊条件下,我仍然守住自己的学术良知,既不趋炎附势,也不媚世迎俗。教学中我不顾上管改的工农兵学员的大字报的非议,拒受校领导'宁可信其有,不可信其无'的指示,顶住媒体的压力,挺直脊梁,孤军奋战。在校操场大会的讲台上,面对黑压压的人群,力排众议,坚持真理,主张古希腊没有所谓的奴隶哲学。"

"改革开放以来真正迎来了科学的春天。我在繁重的第一线教学之余,仍然坚持翻译和学术研究,大踏步地走在贺麟先生倡导的教学、科研、翻译'三结合'的道路上。写出了一篇篇关于德国古典哲学的论文。我给自己提出的学术研究原则是'必得其真,务求其新'。每篇论文都是在开辟一个新的领域,永远从第一手资料做起,永远在对大量新的材料进行分析综合、殚精竭虑力图找出哲学发展的实质性规律的基础上写成的,不是随意发挥或因袭成见之作。"

"我历来就是,而且也安于是一个默默无闻的耕耘者。我看重的是从自己学术研究成果的质量和新度上得到的愉悦,而把一切名利得失置之度外,甚至拱手相让。我这样的工作模式,亏得上帝给了我足够的工作时间,就算博士生导师七十岁退休,我加了十年没有任何报酬的退而不休。"

这些话是在《回眸》的后记中说的,事实上,在《回眸》出版之后,他在日益衰弱的暮年又继续工作了将近十年! 我认为,这些话极为真实地表达了杨老师对自己生存状态的一种积极的自我认识和评价,他因为自己坚持了真理和原则而自豪,他真正做到了不图虚名,只求心安。

在《回眸——从西南联大走来的六十年》的后记中,他把与天益网(后改为爱思想)结缘、开通学术专栏称为自己学术生涯中的一件难以忘怀的大事,认为这是一片崭新的天地。是的,没有这片新天地,怎么会有《回眸》和《哲学与人生漫记》的问世呢?

杨老师的幸运,不仅在于有了充足的时间去思考和研究康德黑格尔哲学,而且因为有师母萧静宁老师的一生真爱。多年来,师母不仅对杨老师的生活给予无微不至的照料,而且在杨老师的工作方面也给予全力支持。杨老师不会操作电脑,他的大量手稿,都是由师母亲手打印的。正是在师母的全力支持下,杨老师在退休以后高效率、高质量地完成了大量翻译和写作任务。两位老师真挚的爱情令人深受感动,最后这部《哲学和人生漫记》作为两人共同完成的著作,是一份美好的爱情纪念物。杨老师深知师母所付出的一切,对师母的帮助也是充满了感激。在《德国古典哲学逻辑进程》人民出版社 2016 年版后记中,他告诉我们本书在引文出处方面有了改变:"本书此次再版,尚需具体说明一下有关引文的出处的改变。为了便于读者和研究者查阅,第一章有关康德《纯粹理性批判》和《实践理性批判》的引文,除引自人民出版社 2001 年出版的《康德三大批判精粹》的以外,现都依据人民出版社分别于 2004 年和 2003 年出版的两书各自的译本引用。第三章有关黑格尔《精神哲学》的引文则依据人民出版社 2015 年刚出版的《黑格尔著作集》Ⅲ引用。"接着,他特别提到了师母对自己修改工作的支持:

> "……她几乎是抛开一切全力投入,几天来终于完成了注释本校改的电子文本,共计改动注释 32 条、计 4800 余字。这只是工作的第一步,下一步的工作是要将电子文本落实到清样上,这是更恼人的工作。她自己说是用了极'笨'的办法,就是剪刀加固体胶,一行一行、一条一条剪贴到清样相应的位置上,其中有的一条注释要动十余次剪刀,就这样一页一页的推进,边操作边核对,终于圆满地完成了注释的校改工作,使清样校改稿看上去还蛮干净的。"

已经很清楚了,杨老师晚年的许多工作,都是他与师母两人合作完成的,有些书或栏目的标题,也是两人一起设想的。

现在,在回顾了杨老师退休之后的工作情况之后,我必须着重说说《黑格尔〈精神哲学〉指要》这本书,这是杨老师一生中最后完成的一件工作。由于他翻译了两个版本的《精神哲学》,所以,人民出版社的张伟珍编审在计划出版关于黑格尔《哲学百科全书》的三部导读性著作时,便首先想到请杨老师来撰写黑格尔《精神哲学》的导读。此时,杨老师确实年纪大了,身体状况不是很好,听力也大大减弱,他起初也曾犹豫是否还有必要去承担这样一件工作。但是,自从他答应了撰写这部导读性著作之后,却又一如既往地鼓足干劲,全力投入了本书的写作。

根据师母的介绍,杨老师已经拟定好了一个名为"黑格尔《精神哲学》导读"的写作提纲,他基本上是按照这个提纲而展开写作的。他的写作程序大致是:第一步,根据提纲找出黑格尔原著中的重要段落,并做下记号,以便在写作时可以作为原文引用;第二步,把自己的一些理解和体会先写在一些纸片上,文字密密麻麻,字迹潦草,估计只有他自己才能全部认出来;第三步,再把这些留在纸片上的文字誊写在另外的稿纸上,此时字迹变得工整一些,容易辨认了。在这个过程中,杨老师不断地翻阅自己翻译的《精神哲学》,用师母的话来说,"差不多把书都翻烂了"。由于年事已高,他在写到客观精神部分时就感到有些吃力,但他坚持一直写完了绝对精神部分,其遗稿的最后一句话是:"至此,黑格尔的精神哲学就全部宣告终结。"这表明,他实际上已经完成了对黑格尔主观精神哲学、客观精神哲学和绝对精神哲学的提纲挈领式的讲解。他留下了将近10万字的遗稿。

在杨老师写出大概三四万字的时候,师母就根据杨老师誊写好的文稿开始了打印工作。由于杨老师突然得病去世,打印工作便停顿了一段时间。2017年春节过后,萧师母强忍悲痛,以坚强的毅力又继续展开了遗稿的打印工作。她用不到一个月的时间,最终完成了全书的打印。2017年2月28日,我收到了她发给我的遗稿打印稿。在来信中,她告诉我:她在打字的时候,发现最后8页刚劲有力的秀丽字迹不见了,显然是注意力转移病痛,挣扎着画完最后一个句号。这当然算是幸运的,因为有一个完整的初稿。"他是倒在他钟爱的学术工作的岗位上的。"我当然能够理解,这份遗稿是杨老师用生命换来的,是师母在音乐陪伴下强忍悲哀赶着打印出来的。师母还特别交代:杨老师生前曾经跟她有过交流,告诉她等稿件打印出来之后,会对初稿进行修改,其目标有二:一是适当地减少对原文的引用;二是将有些"欧化"的句子转换为更符合中国人阅读习惯的表达,将过长而费解的句子适当缩短并使之简明易懂。遗憾的是,杨老师尚未来得及修改就撒手人寰了。

非常感谢萧师母对我的信任,让我有机会作为读者第一个阅读到杨老师的这份珍贵的遗稿,并万分荣幸地承担了整理遗稿的工作。为了表示对杨老师生前已经完成的工作的尊重,我给整理工作定下了如下原则:尽量不随意改动杨老师留下的文本,以便让读者更好地了解他的遗稿的原貌。依照这个原则,我展开了如下几个方面的工作:

一是内容的补充。通读遗稿之后,我决定在尽量不改动遗稿原文的情况下对遗稿的内容做适当的补充。这主要包括:有极少数地方,杨老师只留下了几段引文,尚来不及做任何讲解,为了便于读者理解,我增加了一些必要的解说;《指要》的导论,遗稿的原标题是"黑格尔精神哲学的问世",其中对黑格尔精神哲学酝酿和形成和过程有很详细的叙述,但其他内容写得过于简略,只有一些有原则性的提示,所以,我在取得师母赞同的情况下,把"精神哲学的问世"改为"黑格尔《精神哲学》指要导论",并按照杨老师生前已经出版的其他著作的一些说法,在内容上做了适当的补充;最后一部分的内容,根据杨老师留下的"写作提纲"上的提示,基本上采用了《精神哲学》2006年版译者导言第四部分"黑格尔精神哲学的意义",但我读完,觉得杨老师的这个文本其实是把黑格尔的精神哲学当作一种人学来加以解读,同时突出强调了其中所包含的辩证法思想,所以,便斗胆把标题改为"黑格尔精神哲学的人学意义",并按照增设的次级标题补充了一些内容。在适当补充内容的过程中,我给自己定下的原则是:

要尽量不违背杨老师的原意。所以,这些内容所包含的基本观点都已经在遗稿中有所提示,或者已经出现在杨老师已经发表或出版的其他论著之中。

二是句子和段落的处理。对极少数太长的句子,尤其是译文,我做了分句表达的处理,即将长句变成几个短句表达。这些长句可能显得晦涩,我想通过对句子的处理让读者读起来感到更加简明易懂。同时,对于包含不少层次的过长段落,也都做了分段处理,以便读者读起来感到更有层次性,也是为了让读者不觉得引文过多或过于密集。通过这样的处理,密集的引文似乎在一定程度上得到了"稀释"。

三是添加标题。在分段的过程中,我增加了一些标题,以便对叙述的内容加以提示。同时,我发现在杨老师原先的写作提纲(目录)中,不是所有章节都统一到了三级标题,所以对目录中的标题做了统一处理,即都设计了三级标题,正文的大部分内容,甚至都有了格式基本相同的四级标题。需要说明的是,导论和最后一部分标题的添加,与其内容的补充是连在一起的。

四是纠正极少数抄写和打印错误。我把遗稿与杨先生送给我的《精神哲学》译本(人民出版社 2006 年版)进行对照,发现有极少数抄写或打印的错误,也都作了改正。我的博士生刘丹凤同学曾帮助我认真仔细地校读了我的整理稿,并标出了一些错误,在此表示感谢。

还有一点需要说明的是:杨老师在讲解黑格尔客观精神哲学时,用的是范扬、张企泰的译本(商务印书馆 1961 年版),这个译本比较老了,所以,当师母和我得知邓安庆教授最近推出了一个新的译本(见张世英先生主编的《黑格尔著作集》第 7 卷,人民出版社 2016 年 12 月版),也曾考虑是否用新译本来代替旧译本,但后来我们感到,这样改动工作量很大,而且杨老师生前并未看到过新译本,这样改动反而不符合遗稿的原貌,所以最终放弃了改动。

我在阅读杨老师遗稿的过程中,时刻感到他在朝着自己的目标努力前进。他的目标就是:要让读者即使不读《精神哲学》的原著,也能够通过阅读他的指要,而很好地把握黑格尔这本书的实质性的要点,亦即精髓,同时了解黑格尔这本书的逻辑结构,尤其是范畴过渡的线索。所有这一切,都需要建立在对黑格尔这部著作的准确而深入的理解的基础上。我相信,杨老师达到了自己的目的。他对《法哲学原理》的参照,还意味着超额完成了任务。在整个解读的过程中,他也总是具有自己的理解角度,所以在材料的取舍方面,在用笔的轻重方面,他都有自己的独特考虑。

以杨老师一贯的治学风格,他肯定不会满足于简单地发挥一点自己的感想了事,而是要用自己的语言、把自己对黑格尔《精神哲学》的主要思想以及逻辑发展线索的理解表达出来。他对黑格尔精神哲学的解读虽然已有了很好的基础,即他已经翻译、出版了两个中译本,但是依然需要开展大量的研究工作。这些工作包括:

(1)要把黑格尔《精神哲学》全书的逻辑线索理得更清楚。翻译的时候是紧跟着黑格尔走,而一旦要用自己的语言进行介绍和解读,就需要重新斟酌和思考,要把一些可疑的地方想得更明白。

(2)要重新推敲《精神哲学》全书中的大量术语和句子。黑格尔的许多术语和句子是晦涩难懂的,虽然杨老师在翻译时已经仔细推敲过了,但是,一旦要用自己的语言进行介绍和讲解,他又需要重新去推敲这些术语和句子。

(3)要着力讲解主观精神哲学的部分。主观精神哲学是《精神哲学》中的重头戏,它阐释主观精神哲学的篇幅,是黑格尔其他哲学著作都无法可比的,尤其是对研究灵魂的人类学和研究精神的心理学的阐释最为详细。我相信,这部分的许多内容是激动人心的,杨老师内心也肯定受到强烈的刺激,所以他写得非常流畅,也富有激情。

(4)要参照《法哲学原理》讲解客观精神哲学。由于《精神哲学》的篇幅有限,加上有一个专门讲客观精神的《法哲学原理》,所以杨老师不满足于只讲《精神哲学》中的客观精神哲学,而是力图把《法哲学原理》也参照着写进来,这当然增加了很大的工作量。从最后完成的稿件来看,讲解客观精神哲学的篇幅居然与主观精神哲学部分大体相当。完全可以说,杨老师在完成《黑格尔〈精神哲学〉指要》的同时,实际上也附带地完成了对《法哲学原理》的"指要"。

(5)要讲出绝对精神哲学部分的特色。《精神哲学》对绝对精神的论述,虽然与黑格尔其他著作中对绝对精神的论述有相同之处,但也有一些区别,尤其是对哲学与宗教合一的论述,其他著作好像没有讲得这样透彻,杨老师在这些方面也给予了很大的关注。

在杨老师的所有学术成果中,这本书是有自己的特色的。这本指要的类型大致与《〈纯粹理性批判〉指要》(合著)相同,即都是导读性或解读性的著作,但又不同于一般的教材,具有很强的学术性。在杨老师为《〈纯粹理性批判〉指要》所写的序言中,有一段话非常重要,它不仅构成了撰写《〈纯粹理性批判〉指要》一书的指导思想,也是他撰写《黑格尔〈精神哲学〉指要》的指导思想:

"我们撰写这部《指要》所抱定的宗旨是:逐章逐节地解读《纯粹理性批判》,既要指要,又要解惑,以帮助读者参照着原著逐章逐节地弄懂,这样地循着原著固有的框架和线索而最后达到读懂全书的目的。从这一宗旨出发,我们在解说时虽然必须考虑和尽量地吸收国内外有关的研究成果,但从根本上来说,我们是立足于对原著的本意的理解,以原文为依据和准则去正面地解读,而避免陷入烦琐的历史考证和众说纷纭的歧义争论。在整个解说的过程中牢牢地抓住系统地阐明康德这部著作的根本目的、中心问题和基本线索这个纲,避免因逐章逐节解读而容易陷入的'见树不见林'的误区。我们的目的是要对原著、原文、原意作'客观的'解说,引导读者去理解真义和把握真相,但我们是从人类认识已经达到的当代高度来解读的,因此我们就不可避免地要对康德著作中所展示出来的各个基本观点的是非得失、经验教训作出简要的评论,使读者在读这部'康德书'(海德格尔的用语)时能始终保持更为广阔的视野。"

　　虽然这两部《指要》在写作的指导思想和方法方面是一致的,但是,两本书写作的情况毕竟有了很多不同:一是写作《〈纯粹理性批判〉指要》一书时,杨老师尚未退休,还不到 70 岁,而在撰写《黑格尔〈精神哲学〉指要》时,他已经 89 岁高龄了;二是在撰写《〈纯粹理性批判〉指要》时,杨老师事先写有《纯粹理性批判》的讲课稿,而《黑格尔〈精神哲学〉指要》并没有事先写好的讲稿,杨老师在退休前也没有专门给学生开设过这门课程,因此,他必须依据自己的译本重新开始撰写;三是《黑格尔〈精神哲学〉指要》是杨老师独立撰写和完成的一部专门讲解黑格尔精神哲学的著作,而且是在退休之后的高龄期间完成的,更是杨老师生前的最后一部著作,所以具有特殊的意义。

　　总之,这本《黑格尔〈精神哲学〉指要》是杨祖陶老师给中国学术界留下的最后一部著作,它完美地、但多少有些令人悲伤地诠释了一位纯粹学者的人生志向,那就是为了学术事业而"春蚕到死丝方尽"的精神。在杨老师用生命来撰写这部著作的过程中,萧静宁师母无私地奉献了自己的全部心血。两位八十多岁的老人不是在清闲中安享晚年,而是把自己的热情和精力全部投入于黑格尔哲学的研究和解说,这不能不使晚辈感到由衷的敬佩!在失去了至爱的杨老师之后,萧师母忍住悲伤,把自己的全部精神都寄托于本书的打印和整理之中。我们每次通信,她都极其关注我的整理工作的进展,并随时提出她的自称外行、而实际上很是内行的意见。当我把初步整理好的稿件寄给她后,她从头到尾仔细阅读了一遍,并用红色和蓝色字体作了大量标记,提出自己的看法,这些标记和看法有助于我进一步修改和完善。但愿这部著作的出版，能够安慰杨老师的在天之灵，也能够抚慰萧老师悲伤的心。

人是有限的存在物，我们每个人能够来到这个世界，最终也总是会离开这个世界，而且还必须孤独地面对着死亡，因为生死必然由个体自己独自承受和体验。也许，当死亡真的降临时，我们并不会感到那样痛苦，反而很可能有一种奇妙的体验，就像一个人在恍惚中永久沉睡了一样。我相信，像杨老师这样的纯粹学者，一定会带着一种内心的满足离开这个世界，因为他在永不停止的精神追求中实现了精神的永恒，也成就了圆满的人生。他的生存的意义和价值，就寓于他曾经那样投入的思考和研究的过程中，只要他是自我满足的，喜悦的，他的意义也就在那里。何况他留下了那么多的珍贵的文字，是他的学生和其他哲学爱好者可以继续分享的，那是一个打破了时空限制的意义王国，可以在思想者的精神交流中永恒。在此，让我引用黑格尔《精神哲学》中一段极富哲理的话吧！"当然人的精神能够提升到超越那种只从事于对感性上在场的个别性的知之上；但是绝对的超越那种知只发生在对永恒东西的用概念进行的认识中；因为永恒的东西不像感性上个别的东西那样受到产生和消灭的更替的影响，因而也就既不是一个过去的东西，也不是一个未来的东西，而是一个超越了时间、把时间的一切区别作为扬弃了的包含在自身之中的绝对在场的东西。"

愿吾师在自由而永恒的精神世界中安息！

舒远招

2017 年夏，长沙岳麓山下

6 月 13 日起草，6 月 22 日修改，

7 月 25 日再改，8 月 3 日定稿

后　记

一位联大学人超越生死的学问

我一辈子称之为杨工的、与我终生相伴的痴心爱人、毕生从事西方哲学史研究的纯粹学者杨祖陶先生，在我没有丝毫思想准备的情况下，2017年元月5日一下子上了120急救车，从此踏上不归路。在我们钻石婚前三天，在武汉中南医院重症监护室（ICU）驾鹤西去，就这样匆匆忙忙地结束了我们60余载的苦乐年华，让我徒然坠入了痛苦的深渊……

杨工离我而去，不仅给我带来一大堆无法自制的悲伤。更重要的是，他还留下一本未竟的著作——《黑格尔〈精神哲学〉指要》。我急切地把全部遗稿集中，当我看到第13本誊写清楚的稿子的最后一句话"至此，精神哲学就此宣告终结"时，心里一块石头顿时落了地。亲爱的人，你总算挣扎着完成了一个相对完整的初稿，这为后续整理工作提供了绝对重要的条件。我完全不能想象和接受的是，精神哲学解读的终结竟是你生命的终结，怎么会是这样？这两个终结几乎达到无缝对接，你最终倒在正在撰写的学术工作中，谱写了一曲"春蚕到死丝方尽"、"油尽灯灭"的人间悲歌。

　　令人有些心酸、但禁不住深感自豪的是,杨工的有些重要的学术工作都是在 80 岁到 90 岁之间完成的,这种高龄笔耕不止的为学精神在学界并不多见。如 2006 年《精神哲学》中文首译本问世时他已进入耄耋之年。继 2010 年《回眸——从西南联大走来的六十年》后,杨工以 86 岁高龄奋力首译出黑格尔《耶拿逻辑》。2012 年 12 月 28 日,他在新书发布会上当众宣布了这是他的收官之作。但是,收官何易? 88 岁时,他完成了受学长张世英先生之托按理论著作版重译黑格尔《精神哲学》的任务;稍后,完成了先前出版的、后有幸被纳入人民出版社"哲学史家文库"的两本学术专著——《德国古典哲学逻辑进程》和《康德黑格尔哲学研究》的再版工作,其中后者被评为 2015 年人民出版社"十大优秀学术著作"(位列第 3);再后,就是《回眸》的姐妹篇、我与他共同署名的《哲学与人生漫记——从未名湖到珞珈山》了。

　　2016 年 5 月 16 日,一个不期而遇的电话再次证明了收官之不易。张伟珍编审热情地来电话约稿。她说,她打算编一套黑格尔《哲学全书》(由小逻辑、自然哲学和精神哲学三部分组成)的三个相应导读本,想约请杨老师写《精神哲学》导读。时间很宽松,2017 年年底交稿,大约 10 来万字,适合大学生阅读。她说杨老师翻译了《精神哲学》两个译本,译者导言有 3 万多字,还有关于黑格尔哲学体系方面的论著,希望留下他对精神哲学的理解与思考,有助于学界。她再三强调,不要有压力,不要作为任务,慢慢搞。我对此次约稿没有说话。因为我感到他 2016 年以来逐渐消瘦,饮食与睡眠都大不如前,心想不应再继续工作了。但当我把约稿一事告诉杨工,他考虑了一天后表示同意写时,我也没有劝阻。张编审得此消息非常高兴,说不能用"兴奋"二字来表达。于是,杨工又接受了这项新的学术任务。现在看来,他完全是出于对黑格尔哲学的虔诚与钟爱而乐于承担的。

　　杨工承诺之事说干就干起来了。他先拟了一份详细的目录,手写在他自己用铅笔划好线条的 A4 打印纸上,以免写歪了。我为他买了 40 本高档的稿纸和一大把圆珠笔。由于他在写《精神哲学》译者导言时对"主观精神"部分作了一番认真的考察,所以开始写作还比较顺利,他也很有信心。他不顾七八月份酷暑炎夏而坚持工作,8 月份誊写清楚的手稿已近 4 万来字。以后,就没有这么顺利了。当写到"客观精神"部分时,他感到比较棘手,说平时接触的少,而黑格尔《精神哲学》的这部分写得很简略,他需要花大量时间重读主要讲客观精神的黑格尔的《法哲学原理》(范扬、张企泰译,商务印书馆 1961 年版)。那是一本纸质低劣发黄、字迹不甚清楚、看起来很费劲的一本 55 年前的旧书。但他十分认真地在书上划出许多重点,旁边写下许多批注小字。杨工做起事来几乎是全神贯注,坐下来就不大动弹。我在家时总是劝他停一下,走一走,喝点水。"绝对精神"是精神哲学发展的最高阶段,他是比较熟悉的,他可以充分发挥一些,但写得比较精练。全稿最后一句话如前所述:"至此,精神哲学就此宣告终结。"就这样,他留下了近 10 万字的遗作。起初刚劲有力的字迹不见了,最后的 8 页显然是挣扎着写出来的,字迹凌乱乏力。

这次写《指要》,看来好像是一件比较轻松的事,应该是水到渠成的事,其实不然。他在《耶拿逻辑》译后记中曾谈到写译者导言之不易,说它是一项源于译文又超越译文的研究性工作,其难度甚至超过翻译,虽然难度的性质不同。《耶拿逻辑》译者导言是这样费尽心机完成的,《精神哲学》译者导言也是如此费尽心机完成的。但是,撰写解读性的著作比起译者导言来又是一次性质不同的超越。像《精神哲学》这样关于人的精神的最高最难的学问,是很难想当然地自由发挥的。这对于一个 89 岁高龄体弱多病的学者来说,是一个过于沉重的负担,对于能否顺利成书也是带点冒险的事。

2016 年的 10 月下旬,我们平静的生活出现了变故。我由于劳累与反复受凉、受热,原有的"支气管扩张"合并感染,在校医院门诊部挂了 12

天抗生素吊瓶。我冒着雨去医院,点滴完后还可买菜做饭,家中生活并无太大影响。万万没有料到的是,吊针打完了,改用口服药之后,原本应该更简便,可是我的健康反而出了大问题。由于药物对胃肠道副作用太大,以致我出现严重的恶心呕吐不能进食,人的元气大伤,竟卧床不起20余天。其间,还半夜在房间跌了一跤,面部与胸腹部着地,挣扎着数十分钟最后才自己爬上床,右眼跌成了熊猫眼。这样,我一病倒,家里困难就大了,杨工的生活得不到原有的照顾,还要照顾我。有时我在床上休息,他坐在旁边陪着我,我就说你还是再写几句吧,就这样,他还在断断续续地坚持写作。写到这里,我心里非常痛苦,我生这场大病,在很大程度上是我自己不注意造成的,也是对该药物口服副作用的无知造成的。否则,我会像往常一样给他更好的照顾,调配好饮食,绝不会出现令他最为苦恼的严重便秘。11月的天气已渐寒冷,我也没有关心他的冷暖,不知道是不是已埋下后来重症的祸根?

　　杨工在撰写过程中多次问及"合同"问题,我婉转地告诉张编审,她总是说没有问题,那只是一个程序。我进一步说,杨老师对你是绝对信任,是怕大环境有变,西方哲学出书受累而白干。直至11月30日,终于收到了人民出版社的《黑格尔〈精神哲学〉指要》合同书。谁知这份合同,后来竟成了作者与出版社的一纸生死契约。

　　合同签订后,整个12月份杨工的写作是高度紧张的,每天工作时间很长。我记得很清楚,12月23日那天,我烫发回来已是中午一点,他还在伏案工作,注意力高度集中,我站在他跟前都没有觉察到,我问他我的发型好不好,他才说:好,好。他说他希望快点搞完,我们好好地过点轻松的日子,这些年来他的确是太累了,他还说把我也拖累了。谁料他的这点并不奢侈的愿望没有打动上天!

　　最后这一个月,杨工跌跤好几次,我几乎是求他要小心一点,心想,如果真的骨折了,怎么办啊? 现在看来,他不是不小心,而是他的身体潜伏着巨大的危机。除了跌跤，如前所说，由于我的那场病，生活状况的变化使他出现的严重便秘一直得不到解决，服药不当又转而腹泻，真是狼狈不堪。还有长期以来十分困扰他的皮肤瘙痒和红斑，每天抹药花很多时间，长期抹含激素的药和服抗过敏药可能大大降低他的免疫力。一向睡眠好的他要用安眠药了，食欲也差了许多，腰疾行动不便，听力日益下降，言语更少。他以极大的隐忍力面对着自己如此不良的生存状态。但当他坐在书案旁，思想集中，呼吸平静，一切不适仿佛都被掩盖了，好像不存在了。

　　杨工在自述性的文字中经常出现"笨"字和"慢"字，如"笨办法"，"慢慢推进"，"笨鸟先飞，笨鸟多飞，笨鸟晚归"，等等。我不认为这是贬义词，这是真实情况。他一生为学走的就是一条辛苦的、自我折腾的路子，从来没有举重若轻的爽快。难怪他要在自己的《精神哲学》译本上做那么多的摘记、心得、批注，以致把一本精装书翻得快散架了。亏得他用最后的一点生命之火完成了初稿。只要看一看他赖以写作"指要"的《精神哲学》这本书，你不得不为一个学者的最后奉献所打动。《精神哲学》篇幅大，全书400页，保守、粗略地估计一下，每一页作10个标记，就是4000个标记，每一页注上10个字的批注，就是4000字，何况还划出许多线条和记号。这样做的根本原因在于，他没有讲过《精神哲学》这门课，自然没有讲稿的积累，虽然完成了翻译，撰写了译者导言，但要撰写一部用作逐章逐节解惑、指要的导读性著作，可能有些问题还需要更深入地弄得更清楚明白，才能自如地表述出来。他就是用这种"笨办法"反复研读，做摘记，写心得，来为《指要》的撰写积累材料，其辛苦与压力对于一个如此衰弱的老者是难以想象的。最后，对《精神哲学》全书（包括《法哲学原理》）挑选出来的注释总共用上的达400条之多。这可以说是他独特的工作方式，他正是经过这一艰苦的繁重的工作来把握《精神哲学》的精髓所在。令我注意的是，分散在近10万字中的400条引文，与他自己撰写的文字达到浑然一体，并无断裂拼凑之感。只是如前所述，有的地方他的论述过于简略,有的长句颇为费解。在写完"绝对精神"后,他本打算对《指要》的最后一部分关于"精神哲学的意义"还要重新考虑得更具体一些,并开始起草了一部分,但是他来不及完成了,《指要》只好使用《精神哲学》译者导言的相应部分,并加以深化与扩充,这是必须说明的。

我体会他的工作程序是,反复读译本,找出要点作为注释之用标记出来,并在书的空白处作有限的批注与发挥,当某一部分他认为基本上弄清楚后,然后开始撰写,他总是先写出大致的草稿,他在从月历撕下的纸(纸质尚好)的反面上打草稿,草稿上的字迹极为细小密集,顶天立地写的满满的,每一页大约有 2000 余字。他还在草稿上反复修改,用红笔改来改去,别人是完全看不清的,这样的草稿共有 28 页。当草稿完成一个段落后,就边誊写、边思考、边改正落实到正式的稿纸上去,如此一页一页推进。《指要》虽是有待完善的初稿,还是大体上体现了他的作品一贯求真的追求和文字表达的特色。如果上帝再给他几个月的生命,那肯定是另一番景象了。他多么渴望他也能如他最推崇的黑格尔说的那样:"一本属于现代世界的著作……就应该让作者有自由的闲暇作七十七遍的修改才好。"①

杨工总算踉跄地度过了 2016 年,2017 年元月 15 日是他的 90 岁的寿辰,元月 25 日是我们的钻石婚的日子,虽然 2016 年第四季度我们的生存状态很不好,但还是期待来年有一个好的开局,平平安安快快乐乐地来庆贺自己生命中的两个节日。

二

2017 年一开年,接踵而来的就是我们最意想不到的不幸的日子。2017 年元旦是法定假日,与双休日构成小长假,下着小雨,天色灰蒙蒙

① 参见杨祖陶译:《精神哲学》"译者导言",人民出版社 2006 年版,第 1—2 页。

的。元旦的早餐,我特地煮了水饺。杨工还是如往常一样坐在他的书桌旁,有时翻翻唐诗宋词。由于头一天解除了多日来便秘的苦恼,他的精神稍好一些。后来赵林博士来了,我连忙从书房中叫他出来,他推着助行车在门口迎接,心中很是高兴。赵林非常关心老师的健康,觉得老师更消瘦了。我特地拿了老师写的《指要》底稿和誉写清楚的 13 本书稿给他看。赵林很感慨地说:老师太辛苦了,不能再这么累了。送走赵林,杨工回到书房,他在 2017 年 1 月"今日元旦"的红色日历页上,用铅笔写下了"赵林来访"四个字,谁料这竟是他一生最后留下的字迹。元旦晚上,我们还颇有兴致地看完了新年晚会。

　　元月 2 日仍是假日,雨有点大。上午 10 时杨工没有像往常一样到书房去,也没有说有什么不舒服,他独坐在木沙发上,口中念念有词,我问他在干什么,他说在默诵唐诗。就像我喜爱古典音乐一样,传统文化古诗词成为他的最爱,充当着他艰苦思维转换的精神调节素。

　　我端个小椅子坐在他旁边,我与他讲我打字过程中对书稿的感觉,就是注释太多,相对自己评论较少,还有就是有的句子太长太拗口,他表示修改时再处理。在短短的接触中,我发现有热浪袭来。我慌了,连说,你发烧了,你发烧了。我马上给他量体温,腋下竟有 38.9 度。可以说,我完全是偶然发现杨工发烧的,他没有明显的感冒症状,也不咳嗽气喘,外面下雨又冷,又是假日,行动不便。我想即使设法送他到校医院,当时只有一个值班医生,肯定会让转院的,这对我来说是极其难办的事。现在想来,主要还是我对高龄突发高烧的严重性没有足够的认识。于是,就先在家观察吧。经服用剂量较大的维 C 银翘片,多喝水,冷毛巾敷额,还服了一片我上次发烧留下来的退烧片(嘱 38.5 度以上用一片)的简单处理,烧慢慢退了,他还是坐在木沙发上。我劝他到床上静养休息,他同意了。11 点钟左右,前哲学学院院长、现国学院院长郭齐勇教授捧了一大束鲜花来看望。杨工对郭说:"萧老师发现我发烧,先是 38.9,后降到 38.3,现在是 37.5。"他言语清晰,呼吸平稳,感谢郭来看望。我把花抱给他看,他露出喜悦的笑容。多少年来,无论在任或不在任,郭齐勇教授都保持了这种对长者的心意表达。谁知他竟成为最后一个给杨工送花的人!这一抱花至今仍放在窗外花架上。人已离去,花已枯萎,包装纸已褪色,我却不忍丢弃。当天下午和晚上他没有再发烧,出汗多,不停地喝水。我给他用热水擦身,全部换上干净衣服。中午和晚上都是照样坐在桌子旁用餐的。吃的小米粥,蒸蛋羹,还有菜心,榨菜。他没有什么不舒服,自己洗漱上床休息。

元月 3 日,我非常关心杨工第 2 天还烧不烧。那天杨工起得比较早,他还像往常一样将全部窗户打开换气,这是他一贯的工作。我听到动静连忙劝阻他,说你才发高烧,千万不能一大早再受冷空气刺激,不能再着凉了,他接受了我的意见。唉!元月 3 日上午又烧到 39.2,比头一天还烧高了,也没有别的症状,我心里有些着急。天在下雨,虽然校医院已正式上班,也没法去,还是照样观察处理吧。到了下午烧又退尽,晚上也没有再烧。他的精神也没有明显改变,还具有生活自理的能力,自己淋浴换衣就寝。只是站着穿睡裤跌了一跤,他自己还不好意思地说我的脚不稳,好在跌倒没有造成伤害。发烧第二天,我还没有把病情看得很重。他在床上静卧休息时,我继续帮他打字。元月 3 日这天是我在他出事前最后一次打文稿。

元月 4 日,下雨,上午又烧到 38.8。我开始忧虑,这是连续 3 天上午高烧了,虽然没有什么症状,总有潜伏的炎症才会这样的。我去请校医出诊未成,请求开了抗生素头孢克肟用上了,继续用维 C 银翘片,下午烧又退尽了,晚饭坐在桌子上吃的。我们历来都是分食,饭菜都是一分为二,各自包干。那天,杨工还面带微笑的到我碗里来拈青菜吃,这是他留给我的最后微笑。晚饭时他对我说:"我这次三天发烧,又是你救了我。"他可能以为,加了抗生素不会再烧了。这是在病情急转直下前,他对我说的唯一的一句完整的话。亲爱的杨工，你是多么热爱生命啊，你以为自己没事了。写到这里，我不禁泪水夺眶，我没能救住你啊！那天下午还有一件事，考虑到他昨天淋浴时跌倒了，不安全，我给他准备了一大盆热水，还放着一个随时可以添加的热水瓶，我帮他擦洗了后背，我让他坐在小椅子上自己继续擦身，再泡泡脚，他说好。我就做饭去了，没多久，只听到他大声呼叫我，快来，快来呀！哎呀，我一看水漫金山，他说怕把拖鞋踩湿，就把脚踩在盆子边上，打翻了水盆。我生怕水漏到楼下去，眼快手疾地赶快抱着一大堆破布甩在地上吸水，一面帮他擦干双脚扶他上床半坐着休息，安慰他没关系。再用大拖把把地上的水一点点拧去。杨工心中好像有点歉意，也没有说话。我只希望明日别再烧，压根没有考虑有什么意外的险情发生。

元月 5 日，这是一个令人恐怖和窒息的日子。在熬过 3 天非持续高烧后，意想不到的可怕的时刻来临了，杨工病情急转直下，命悬一线。我一般睡觉很晚，零点时我看了一下他，睡眠没有什么异常。早上 6 点天还没有亮，杨工就在穿衣起床，我说天未亮，多睡一会儿，他又继续睡了，我摸他的前额有点冷汗，没有引起注意，只是感到不烧了。过了一小时他又要起床，我又劝住了他，后来快 8 点时，他自己把衣服都穿好了，说要小便，他下床时先坐在床边上准备站起来，突然滑溜在地上，他起不来，我拉不动，还是打电话请钟点工来抱他上床的。我还以为是发烧致身体虚弱所致，并没有想到病情的严重性。他上床后，神志清醒，示意要求枕头垫高一点，看来平卧已经不行了。体温 36.7，是不烧了，我喂他一杯水，问他要不要吃点小米粥，他点头同意了。第一口很配合，第二口就不吞了，我一看情况不对，吓坏了，这时已是 9 点，连忙打电话给赵林，他一般不在校，刚好这天在。我请他到校医院开转诊单和直补单，他说还颇费了一点周折。我一面叫 120 急救车，9 点半担架将杨工抬下楼进了救护车。我当时觉得这下有救了，万万没有想到，120 的医生说情况非常危险，瞳孔散大80%,血氧饱和度仅有20%(正常在90%以上),这真是晴天霹雳,怎么会这么严重?120医生紧急鼻孔插管给氧,并静脉输液,我看到血氧在上升。陪同我的赵林看到我浑身在发抖,而我并没有意识到。120直奔中南医院抢救科,二话没说马上气管插管,没多久,瞳孔总算有了对光反应,血氧也达到80%—90%,血压也上去了。我以为杨工命大,已经逃过这一险境呢?

接着,抢救科马上送杨工做CT,不让我进去,全靠熊汉莲老师陪同,扫描结果发现肺部感染呈弥漫性分布,非常严重,很多部位呈网格影,片状影,有的肺组织影像呈葡萄那么大的全白色,这种CT表现俗称"白肺",有点像"SARS",又不是SARS。CT医生看到这个结果直摇头,这预示着极其可怕的结果。抢救科诊断为重症肺炎,感染性休克,立即下了病危通知。现在想来,那三天发烧是不是他的机体在与病菌作殊死决战呢?是不是年纪太老,长期劳累,免疫力低下,没有表现出局部症状,肺部感染却迅速蔓延扩散、直达致命的感染性休克呢?三天高烧他没有得到及时的医疗救治,想到这里,我是多么的痛苦、悔恨与遗憾啊!我不知道在那个时刻、那个环节、有什么法子能阻断这种悲剧的发生?这是我心头一个永远没有答案的结,虽然我自己也是高龄,又是大病初愈,我也是无能为力的啊!

希望并未泯灭,抢救科工作是有效的,科主任要我们转到重症监护室(ICU),她已经给医院各部门打了一圈电话,实在没有床位。还是赵林脑子快,说"找领导",刚好哲学学院党委正副书记陈祖亮、徐萍正在中南医院看望资深教授,二位书记连忙来到,陈书记直接与中南医院院长联系,才马上住进仅有的一张ICU病床。接着我用微信紧急告诉在巴黎的女儿爸爸病危,她以最快的速度于第3天(元月7日)赶来病房,两年多未见的父亲一下子这样危险,她心痛不已!她本来已经买好1月14日抵汉的机票为父亲庆生的,怎么也没有料到会是这样!虽然父亲发烧的事子女都是知道的,天高路遥他们也没有主意啊!

　　住进 ICU 开始还带来希望,主管的李医生说,没见过这么烂的肺,没见过一治疗就见好。医生比较在床边拍的两张小 X 光片子,看出后一张稍稍清晰一点。元月 9 日、住进 ICU 第 5 天上午拔了气管插管,杨工能自主呼吸,停用升压素,能自身维持血压,都要考虑转出 ICU 联系住院病房了。由于病房非常紧张,特别是呼吸科走廊都满是病床,又是学院党委陈书记设法解决了条件较好的病房,真是关怀备至,非常感谢。只是由于病情的变化,杨工始终没有离开 ICU 而转入病房。当我听到要联系病房了,不禁松了一口气,心想终于闯过来了。这其实是过于简单和乐观的想法。

　　元月 9 日晚上,拔掉气管插管还不到 12 小时杨工就不行了。值班医生考虑是再插管还是戴面罩给氧,她担心再插管会影响病人的信心,决定用面罩连接呼吸机给氧。事后回想起来,气管插管是不是拔早了。这是医生的决定,也不便多想。这一天杨工用残存的呼吸功能在没有供氧的情况下与病魔抗争着,消耗之大可想而知。

　　元月 9 日至 12 日这几天,医生形象地说,好像病人与疾病处于一种拔河状态,难分胜负,这样总是给人一线希望。医生有时还取下面罩,让杨工可自由呼吸一段时间。医生说,如果今天能自主呼吸 30 分,明天增加到 40 分,慢慢延长就有希望。在去掉面罩的时候,杨工意识清楚,护士鼓励他自己咳痰也能配合,我还用棉签帮他从口腔中裹出一些痰液,还用注射器每次滴少量的水润润嘴唇。我和女儿每天的中心任务就是利用这宝贵的探视时间(每天下午 4 点到 4 点半)多与杨工在一起,多了解一点病情。可惜这样相对稳定的时间是如此短暂!

　　元月 13 日是杨工病情发生转折的日子,医院再次下病危通知,虽然每天在 ICU 都是病危,这次是极其严重。关键问题是肺部的严重感染一直没有得到控制,细菌进入了血液,发展为脓毒血症(俗称败血症)了。

我不禁心头紧缩,绝望扑面而来。

由于病情危重,医生说这两天是最危险的,还有子女亲人没有见面的要赶快来。这时才赶紧叫在美国的儿子回来,女婿回国在深圳办事,他们二人同时以最快的速度于元月 15 日半夜赶回武汉,第二天双双赶到医院。

元月 15 日是杨工 90 寿辰,他早就婉谢了弟子们希望搞一次祝寿活动的善意。他很少过生,只有两次大生有印象。记得他 70 岁时女婿与外孙女还在国内,我们 4 个人愉快地在"小蓝鲸"餐厅举杯祝贺生日快乐;80 岁时(79 岁过),儿子一家 4 口,和女儿一家 3 口相继于 2006 年回国为父庆生,虽然都不在生日那一天到达。2006 年有一件事令人难忘,就是从未听说学物理的儿子做过诗,那年他却为父亲写下了:

> 七旬九载仙寿来,
> 身硬脑灵心胸开;
> 西哲精髓东人悟,
> 笑看当今学坛衰。

杨工被我"逼"得合上一首:

> 老骥伏枥八旬来,
> 更喜齐眉云雾开;
> 西天仙境似可辨,
> 志在千里力未衰。

回忆往事,想当年杨工的"西天仙境似可辨,志在千里力未衰"的诗句,表明那时的他还处于又一个学术黄金时期,亲人的团聚与祝福给他留下多么美好的印象。如今杨工身陷 ICU,身上布满各种管子,痛苦不堪。这与当年完全不可同日而语。但是,值得庆幸的是,杨工在 ICU 病房 22 病床总算度过了 2017 年元月 15 日他的 90 大寿,谱写了一曲极为罕见的一个纯粹学者在生命之火熄灭前的生命的赞歌!早早赶回国的女儿非常细心,她经医护同意买了鲜花为他祝寿,生日那天,是他最为罕见的良好状态,手也松了绑,当告诉他今天是你的 90 大寿,把鲜花抱到他的胸前,他还用手摸了一下花,眼睛睁开了。我紧紧握住他的手,感到他也在用力。我不断地说"平生第一邂逅,平生第一邂逅",我等你回来!你很坚强!我感到他懂了。女儿不停叫爸爸,生日快乐,会好的,顶住!顶住!病房的两个护士暂时停一下工作走过来祝老爷爷生日快乐!后来细心的孙思博士也匆忙赶来,祝杨老师生日快乐!这场景是我永世不忘的,杨工在 ICU 病房度过悲壮的 90 大寿。从少见的面部表情看出,杨工的内心有些激动,对生命充满渴望。

　　元月 16 日上午,医生破例在上午让儿子与女婿探视,我与儿子先进去,我发现这与头一天已形成鲜明对比,杨工表现极为衰弱,双眼紧闭,气息奄奄。当儿子对着他的耳朵不停地呼喊"爸爸,爸爸,我是杨铸,我回来了,我回来了,给你拜生"时。杨工眼睛微微动了一下,眼角流出了泪水,这表明他心中是明白的,此情此景也永远定格在我们的记忆中。从 16 日以后,我们与杨工再没有任何的、哪怕是微小的交流,再没有见过他的感应与反应了,他始终闭着眼保持着平静,直到生命的终点。

　　看来杨工的病情已经回天无力,医生也没有办法了。医生让我们自己去买进口的昂贵的达托霉素,说此药在美国、香港用过,国内还没有用过,先买进三支,又再买三支,共用了 6 天(自费花了近万元),感染仍然得不到控制。感谢校党委骆郁庭副书记此时专门来看望,ICU 中心主任表示很尽力。我问主任还能撑多久,他说拖不过春节。是的,感染得不到控制,又发了一次高烧,并出现心功能不全的系列症状,大剂量的升压素也不能维持血压,病情急转直下。感谢院党委陈祖亮书记、吴根友院长自始至终的重视和关切,多次来看望。我一方面对主管医生说,病情如此,听其自然,不要再采取加重痛苦的措施;另一方面对陈祖亮书记说,事到如今,已无计可施,根据杨老师生前与我多次商定的,不搞遗体告别,不设灵堂,不留骨灰,书记当即表示尊重。儿子因为刚刚找到新的工作,十分忙碌,只请了一周的假于元月 21 日带着遗憾和牵挂先回美国去了,那天就是他与父亲最后的诀别。他再三叮嘱,骨灰一定先留着。好在 2015 年 5 月儿子带着孙女回到武汉,杨工看到大学生孙女成长的这样出色,中文说的也不错,心中很是喜爱。那次杨工就十分感慨地对儿子说,今生不知还能见几面。谁知这就是在家中见的最后一面。幸好儿子与孙女在武汉大学新牌坊,在汉林花园,在家中留下了与父亲的珍贵的合影。

元月 22 日是杨工最终告别人世的一天,他走完了自己毕生追求学术、特立独行、不图虚名、但求心安的平凡而又充实的一生。我目睹他在 ICU 病房顽强地与病魔抗争 17 天。我与女儿女婿,还有赵林,小英,何卫平,小熊,孙思,徐萍副书记,办公室小邓等等,亲历这悲壮的时刻——他平静地走了,从显示屏上我们看到他的血压直线下降,心跳越来越弱、越来越慢,最终停止了跳动! 这是元月 22 日上午 9 时 13 分。最后护士拔下了气管插管,这时是上午 9 时 20 分,后来晓平也赶来了。一代哲人就这样静悄悄地走了! 我和在场的亲人,学生无不悲痛欲绝! 但是 ICU 病房还有重症病人多人,我们没有哭出声来,就赶紧离开了连续 17 天探视的 ICU。我泪如泉涌,心脏在阵阵紧缩……

我喃喃地自言自语:他真的走了,是的,是的,我亲眼看见的,他怎么就走了呢? 在我们钻石婚纪念的前三天! 从此天地相隔,我没有杨工了,我没有杨工了……我还有继续活下去、孤独地走完自己余生的意义和勇气吗?! 我是离不开杨工的啊! 在 ICU 宣布"脓毒血症"之前,我心中总还有一丝希望,现在一切都结束了,命运是多么残酷无情啊! 记得 12 年

前,在我 70 岁生日时做了一个可怕的梦,梦见杨工死了,我从梦中哭醒,
明知是个梦,起来后还是不停地哭。杨工不停地亲切地劝说,别傻,别傻
了,我这不是好好地吗。亏得那天电视上放映黄梅戏《莫愁》,情节感人,
看完了才缓过劲来。当我把这事告诉挚友乐黛云时,她说你的那个梦迟
早会到来,要有准备。并引用陶渊明的诗开导我:

纵浪大化中,

不喜亦不惧;

当尽便需尽,

无复独多虑。

三

当死神突然降临,当务之急是尽快处理好杨工身后事。儿子临走前
一再强调骨灰先留着,以后再考虑如何处理。逝世次日,即 2017 年 1 月
23 日,当女儿偶然得知武汉市龙泉山孝恩陵园有树葬区时,我们决定先
实地看一看。我与女儿女婿一道去了,我们决定采取这种目前并不普及
的安葬方式。我极力说服女儿由我交不算低的树葬费用。我十分理解女
儿的孝心,也请她理解我的心情。一是杨工发烧前几天刚刚收到人民出
版社汇来的 8 万元稿酬(包括"三大批判"改版和重译《精神哲学》的稿
酬),这是他殚精竭虑为学术的经济上的回报吧!此时不用,我留着它于
心何忍!二是记得上世纪的 1968 年,"文化大革命"进入"斗、批、改"阶
段,武汉大学哲学系还有其他文科"一锅端"到襄阳农村办分校,武汉大
学的房子也被收回了。亏得我在武汉医学院相对平稳,搞到一间 16 平方
米的房间,我带着两个孩子住下,杨工回武汉时也有个落脚之地。基于这
两点,我坚持,我在世时,他长眠之地的资金必须由我支付,这其实是在一
种特殊的背景下的、我的不可或缺的情感依托!

　　2017 年 1 月 24 日，这场本由亲人送别杨工的活动，最亲近的在汉弟子和从上海、北京、南宁、长沙纷纷专程赶来的亲密弟子们还是闻风而动参加了。共 20 余人，在武昌殡仪馆向这位毕生潜心哲思、品性高洁的纯粹学者杨祖陶先生作最后的告别。他穿着去美国时儿子买的黑色西服、女儿带回的新的法国格子衬衫，安详地静卧在鲜花丛中，虽然历尽磨难，异常瘦削，还是有几分生前的哲人神情。在女婿录制的莫扎特的安魂曲中，送行者缓缓前行，鞠躬致敬。我用额头贴近他的脸，冰冷冰冷的直至透心凉。60 多年前的炽热的爱情化作眼前的冰凉，悲从心来，悲痛欲绝。告别后一条龙进行火化。女儿女婿为杨工精心挑选了一个檀木的、造型似一间高雅古典的房舍的骨灰盒，除放入全部骨灰，还有他平时用的助听器、眼镜等。

　　接着是骨灰安放仪式，风和日丽，入土为安。亲人和部分弟子随车到达武汉市龙泉山孝恩陵园树葬区的桂花园区，那里风景秀丽，依山傍水。陵园方已在我们前一日挑选的 4—8 号桂树旁，用鲜花与彩带搭建了礼仪棚，并铺上了红地毯。弟子们送的两个大型鲜花花篮点着桂花树，树上挂着红彩带。树旁预先挖掘了放入骨灰盒的土坑。我的女儿捧着骨灰盒，女婿捧着遗像，我与大家缓缓走在红地毯上，莫扎特的安魂曲再次响起。骨灰盒放入坑内，填上土，杨工啊，你就在这美丽的桂树下安息了，旁边有一块较小的醒目的花岗岩墓碑，上而刻着杨祖陶的名字以后再配上烤瓷的遗像。礼仪棚的桌面上安放着杨工的慈祥微笑的照片。大家怀着沉重和敬仰的心情，一一向杨祖陶先生作最后的内心表达和鞠躬，感情真挚动人。我怀着复杂的心情感谢亲人、学者的送行，在桂树林中并没有特别的伤悲，因为这样的安排是再妥善不过了。我为自己亲自参加了、在我的生命中占有重要意义的、杨工树葬的重要仪式而心安。我是考虑到明天就是我们的钻石婚的日子，我忍住悲痛给杨工念了 60 年前我在金岳霖先生亲自参加的、隆重朴素的婚礼上的那首诗：

当我翻阅着爱的历史，

竟想象不出这么件事，

从前我们是个陌生人，

而我对你一无所知，

不知道经过多少岁月，

不知道走过多少道路，

那条引导我俩见面的路，

我永远从心底里感激！

　　亲爱的爱人，我们相识相知、相依相伴 60 多年的苦乐年华如今就这样落幕了！我们年轻时的纯真炽热的爱情经过岁月的历炼已经不断地升华。感谢你对我 62 年人生旅程的陪伴、包容和无私的爱的奉献，你总是把我的学习与成长放在首位，我与你相识时还是一个刚刚动完大手术的大一学生，我能以优良的成绩完成大学学业、并经组织推荐考上研究生并毕业，这与你的帮助支持是密不可分的；更值得一提的是，我中年转身从一个生理学教师成长为一名科学技术哲学教授，没有你的支持与帮助是绝对不可能的。中年转身这件事当初只在某种意义上反映了我的略带侥幸的成功，日后却日益显示出在支撑你的学术事业上的某种作用，我成了你的贴心打字员、有人戏称兼“学术秘书”了。例如，在 2007 年那件众所周知的“网络事件”后，经人推荐在天益网（后称“爱思想”）建立了“杨祖陶学术专栏”，具体是由我操作的。你曾说这一学术平台是你人生旅程和学术生涯中一件难以忘怀的大事。是的，别的不说，其副产品竟是人民出版社相继推出的《回眸》与《漫记》两部学术人生回忆录。这是两个年老体弱、内心仍很强大的退休者珠联璧合的产物，也是自己给自己的一份沉甸甸的学术礼赞！

　　亲爱的爱人，你能以树葬的方式入土为安，可以说是一场回归自然的美丽的告别，极小规模的仪式，彰显出简朴、庄重、真诚的氛围，使你的生命得以延续,灵魂得以升华。这完全符合你的淡泊人生的境界,弟子们对此都非常感动,我的心头也有一种踏实和圆满的感觉。

四

杨工的身后事,除了树葬入土为安外,最重要的就是他为之付出最后的一点生命之火,抢着完成的《黑格尔〈精神哲学〉指要》(简称《指要》)遗作初稿的后续工作问题,这在当时我还顾不上考虑。

1月24日充满真情厚意的告别,我心中很是慰藉。但是当曲终人散的次日,我一个人静下来时,悲伤就涌上心头,几乎无法控制。因为1月25日是我们的钻石婚的日子,那天晚饭后,女儿女婿要回宾馆了,我是那样悲伤。女婿当机立断说,一起走,我也就到宾馆去了。这太重要了,后来我称之为这是对我的第一次救赎。1月27日是除夕,我们在宾馆过了一个没有杨工的特殊的春节。我要感谢女儿女婿,本来办完树葬,他们是可以回巴黎的。可是他们放不下我,决定最大限度的请假陪伴我,在宾馆的这一周我们朝夕相处。他们无微不至的孝心感染了我,对我的心情是很大的宽慰。树葬第3天、第7天,他们又与我一道按照风俗前去扫墓,每次都准备了贡品和鲜花。2月1日晚,我与他们在武汉大学家中告别,因为第二日凌晨他们就要飞回巴黎了。这次告别,我没有哭,我要让他们安心,祝他们一路平安!女儿1月7日飞到武汉,2月2日飞回巴黎,在汉前后达25天。她是丢下重要的工作专程回家探视和料理父亲后事并安抚我的。儿子与女婿同天到达,儿子刚换了工作不便请假延期,心里也是与我息息相通、时时牵挂的,听到我在电话中的哭泣他也很伤心,尽量给予安慰。这段悲伤的时间恰逢孙子中学毕业被理想大学录取,孙女大学毕业成绩斐然,儿媳多次发来令人赞美的照片,她知道这些照片最能宽慰我的心。外孙女灿灿与我们感情很深,她工作能力强,已是小部门领导,因工作走不开,没能回国送外公,特别发来微信悼念,她对我也有许多安慰。女婿工作担子重，非常忙碌，本来在深圳出差要立即赶回去的，发现情况危急主动留下来。在汉半个多月的日子里，他与女儿一道办事高效，井井有条。杨工有这样的好后代，应该是含笑九泉了。

在这里，我要向所有善良的人们在杨工住 ICU 期间及谢世之后付出的人间真情，表达我和我的子女们最诚挚的谢意！2017 年 1 月 22 日杨工在 ICU 谢世的消息，当天就由澎湃网发出，不胫而走，学界一片惊愕。媒体的反映快速，纷纷对这位西南联大时即投身哲学，毕生酷爱真理、追求自由，矢志不渝地研究康德黑格尔哲学的重要学者表达了真诚的敬意和哀悼；校院两级领导高度重视和关切，除前述校党委副书记去 ICU 探视，令人感动的是，杨工去世的第二天校党委韩进书记将一个重要的会议推迟，亲临寒舍，亲切地表达慰问和悼念之情，令人深深感激；弟子们一片悲恸、惋惜，纷纷发来许多感人的挽联与悼词，高度颂扬先生一生潜心治学的学术贡献和崇高品格。在此一并再次表示衷心的感谢！

段德智教授的悼文颇具代表性。他在年初本来为老师的 90 大寿构思了祝词，不料老师突然倒下了，他把祝词改为悼词，这一悲剧性的转变，令人扼腕叹息。悼文如下：

> 为真理而真理，无雨无情①，心无旁骛，学界一荷；
>
> 为自由而自由②，不亢不卑，特立独行，世间一雄。

---

①　"无雨无晴"取苏东坡《定风波》末句"归去，也无风雨也无晴"之意，以昭示杨祖陶先生"不以物喜，不以己悲"及"虚壹而静"的学术意境。

②　杨祖陶先生 2001 年曾在《哲学研究》上刊文《德国古典哲学研究的现代价值》，"首次"用"为真理而真理的理论精神"和"为自由而自由的实践精神"来集中概括和表达"德国古典哲学的精髓及其现代价值"。段德智认为，他的这样一个说法既是他对德国古典哲学精髓的高度提炼，也是他自己学术人格的真情吐露。本挽联在上下联中分别嵌入"为真理而真理"和"为自由而自由"正在于彰显杨祖陶先生的这样一种学术人格。

这里值得一提的是,武汉大学哲学学院的讣告是一篇不同凡响的学术性的讣告,对杨祖陶先生的学术成就、他的为人治学精神作了充分地表述。讣告最后写道:"杨祖陶先生一生埋头学术、心无旁骛、潜心治学。直至生命最后一刻都还在思考和写作他的未竟著作——《黑格尔〈精神哲学〉导读》。他的学术研究领域虽然主要集中于德国古典哲学,但他的这样一种学术人格和治学精神将不仅惠及我国整个哲学界乃至整个学界,而且还必将永世长存、泽被后学!"①

因此,我的当务之急是将杨工入院前几天还在伏案的未竟的书稿继续打完,再考虑如何办。春节黄金周刚过,我强忍悲痛,便在我喜爱的古典音乐的安抚和陪伴下开始打印稿件。终于,我在杨工离开我一个月的2月22日,将手写稿全部打完,此后,我又马不停蹄地用了近一周的时间将打印稿仔细地校阅了一遍。以此表达对他的无处不在、无时不在的深切怀念和我悲伤中的精神的依托。

自从杨工走后,很多弟子、友人都对我非常关心,他们所做的一切永远铭记在我的心中。我在此要提到湖南大学教授、博士生导师舒远招博士。他是杨工的硕士生,还是招收博士生的开门弟子,很是优秀。1991年他在武汉大学博士毕业之后,杨工曾作了很大的努力将他留校,在西方哲学史教研室工作,但是后来,经过种种努力都没能解决他的家庭困难,只好忍痛成全他到湖南师范大学去了。为此,杨工曾老泪纵横。好在他后来学术发展很好,成为一名有真才实学的知名中青年学者。更令人难忘的是,他看了天益网(后改为"爱思想")杨祖陶学术专栏后,主动以优美的文笔,富含哲理的构思写下了散文《宁静的幸福》(此文已收入《回眸》),我曾经视之为春的信息。我曾看过杨工为他的《西方哲学原著精义选讲》写的读后感,对他的忠于原著、文笔流畅、说理透彻而留下了深

---

① 见武汉大学哲学学院官网,新闻资讯—院务公告,2017年1月25日。

刻的印象。在杨工去世后,他能感受我的全部痛苦。他告诉我,他感到无尽的爱已经将两位老师的生命深深融为一体了,他还说,越是为一个人心痛,就说明爱一个人越深。他不断地开导我,为我推荐针对性强的名篇名作和直击心灵的音乐,帮助我尽可能地减少苦痛与伤悲。

我庆幸杨工有这样的好弟子,他成为我人生之大不幸的又一救赎者。

善解人意的远招博士知道我在为那本未竟著作纠结,所以当我提出请他来整理老师的遗作时,他二话没说就应允了,而不考虑任何其他问题,这令我非常感动。但是,这不是个人行为,不是友情相帮。最后张伟珍编审请人民出版社的法务部制定了一个一式三份的"三方备忘录"文件作为正式合同的附件。其宗旨为保证作品的完整出版,备忘录确定丙方舒远招为整理人以完成后续工作,因而《黑格尔〈精神哲学〉指要》的署名更改为:杨祖陶著舒远招整理。由于整理是一个很泛化的概念,整理人与我都会在后记中具体说明。在此,我要向张伟珍编审对这一特殊书稿的出版付出的辛勤与智慧表示由衷的谢意!

2017 年 2 月 28 日,我用电子邮件将遗稿发给了舒远招博士。他马上意识到这部遗稿是老师用生命换来的,老师是倒在他钟爱的学术工作岗位上的,他深受感动,他表示能为老师的遗著尽力是他的荣幸。由于书稿全部打字和初校是我做的,我知道初稿有待完善。现在由舒远招博士承担《指要》的后续工作,使我对未来的出书充满信心。果然,他集中了半个月的时间对初稿作了高效的、有些是编辑意义上、更多更深是学术层面上的处理。他于 3 月 16 日以"注释稿"为题发来了第一次的处理稿并附有信件,我对他的工作深表钦佩与感激。

远招博士给自己整理工作定下了如下原则:尽量不随意改动杨老师留下的文本,以便让读者更好地了解到他的遗稿的原貌。依照这个原则,他对遗稿作了如下的整理:1. 内容的增补;2. 句子和段落和处理;3. 增加标题;4. 纠正极少数抄写和打印的错误。

他称之为"注释稿"的稿本的最令人注目之处是：在老师目录的基础上，他重新拟定了一个目录，对原有内容新设定一些标题，并将标题号码统一到四级，绝对精神目录也设定到三级，对原来过长的段落和长句作了分段处理；尤其是引用原文不完整而导致意思不清的情况，他都根据原文来增补，以便意思更清楚。对过于简略的论述作了适当的补充，他还将全部注释作了校对，纠正了少量误差，而且将注释的译者名、校者名全部列出，这是一件极费神的琐细工作。经过这样的后续工作，我在杨工发高烧与他谈及的"注释太多，自己论述太少，有些句子太长太拗口费解"的问题，初步得到了较妥善的解决。

远招博士体会到，杨老师的目标就是要让读者即使不读《精神哲学》的原著，也能够通过阅读他的《指要》，而能够很好地把握黑格尔这部经典的实质性要点，亦即精髓，同时了解黑格尔这部著作的逻辑结构，尤其是范畴过渡的线索。这一切都需要建立在对黑格尔这部经典的准确和深入的理解的基础上。他说，杨老师达到了自己的目的。远招博士的话令我感慨万千。

从收到他的"注释稿"后，我抱着学习的态度，就全力投入到将之与杨工原稿的对照阅读中去了，这时我还是处于十分悲痛的状态，常常伤心不已。经过将近 50 天断断续续仔细对照，我心中有底了，远招博士几乎完全保留了原稿的风格和内容，而作了必不可少的上述几方面的工作，他的处理是专业化、规范性的。我一边读，一边在他的"注释稿"上几乎每一页都作了标记，我用红色标出的是请他再考虑或删去的内容，用蓝色标出的是我提出的参考或添加的意见。我不懂行，我是基于长期为杨工打字形成的一种感觉和习惯这样做的，我的标记绝大部分是对他的处理的点赞。远招博士很谦虚，没有因为我不懂行而忽视任何一点意见，这使我感到极大的宽慰。

2017 年 5 月 10 日，我以"通读稿"为名发给了他，他称之为"标记稿"。他年富力强,有驾驭思想与文字的能力,效率很高。但到此,后续工作就先搁下来了。他忙于一项国家教育部课题的结题,学院要他再申请课题。特别是,五六月份是硕士生、博士生答辩的高峰季节,他只能等暑假期间再集中时间来精心整理了。他说7月份可以完成。

7月份放暑假了,他已经在进一步整理了,2017年7月25日,我收到他在原来"注释稿"、"通读稿"的基础上,进行了大量精益求精的工作之后完成的《黑格尔〈精神哲学〉指要》整理文本。我不禁展开紧锁的双眉,露出少有的笑容,向远招博士致意! 对于他的专业整理的工作给予由衷的赞美! 仅举数例:杨工原稿没有对全书整体框架作相应说明,一上来就依据"译者导言"内容开门见山地讲"精神哲学的问世"。远招博士妥善地处理了这个问题,增加了一个合逻辑的标题,内容一点没丢。此外,依据书稿原有的内容扩大充实增加了一个《指要》作者导论,并与黑格尔《精神哲学》原著的绪论相区分。还有,杨工文章句子往往很长,有时费解。远招博士把长句分解为较易理解的短句,这对导读性的书是很重要的。远招博士是在查阅黑格尔译本原文(我将原文本快递给他的),吃透精神后,才作了费解长句的分解的。我在阅读他处理的文字后,觉得流畅了,可读性增强了。有一件事令我特别感动,就是对于内容的增补,他是非常谨慎的。他从杨老师的其他著作中寻找思想资源,与自己的见解融会贯通加以发挥。一个中青年学者能这样做,令人钦佩不已! 对远招博士出色完成的后续工作岂能用一个"谢"字来表达?

杨工生前的最后一部学术著作,可是真正的呕心沥血,在生命的最后时刻,他挣扎着完成初稿,体现了一个老"联大人"对学术的无比忠诚的毕生追求。为了更好地出版,远招博士承担了精心的后续工作,逝者在天之灵一定会感应到的,他的遗憾会释怀的。我也因此得到心灵的救赎。一部未竟之作能有这样的完美结果是令人欣喜和感动的,远招博士的真情,专业严谨的整理,使逝者的学术生命得以延续。天地相隔的师生情,为学术的执着共同谱写了一曲学界的永恒的赞歌!

萧静宁

于武汉珞珈山麓

2017 年 7 月 22 日——杨祖陶谢世 6 个月的日子里初稿

2017 年 7 月 25 日第一次修改,2017 年 8 月 1 日定稿

责任编辑:张伟珍

图书在版编目(CIP)数据

黑格尔《精神哲学》指要/杨祖陶 著;舒远招 整理. —北京:人民出版社,
　2018.1(2018.9 重印)
ISBN 978-7-01-018278-0

Ⅰ.①黑…　Ⅱ.①杨…②舒…　Ⅲ.①黑格尔(Hegel,Georg Wehelm
　1770-1831)-精神哲学-研究　Ⅳ.①B516.35

中国版本图书馆 CIP 数据核字(2017)第 233437 号

黑格尔《精神哲学》指要
HEIGE'ER JINGSHEN ZHEXUE ZHIYAO

杨祖陶 著　舒远招 整理

人民出版社 出版发行
(100706　北京市东城区隆福寺街 99 号)

北京汇林印务有限公司印刷　新华书店经销

2018 年 1 月第 1 版　2018 年 9 月北京第 2 次印刷
开本:710 毫米×1000 毫米 1/16　印张:15.5
字数:226 千字　印数:3,001-6,000 册

ISBN 978-7-01-018278-0　定价:38.80 元

邮购地址 100706　北京市东城区隆福寺街 99 号
人民东方图书销售中心　电话 (010)65250042　65289539

版权所有·侵权必究
凡购买本社图书,如有印制质量问题,我社负责调换。
服务电话:(010)65250042